엄마만 남은 김미자

| 엄마만 |

| 남은 |

| 김미자 |

(김중미 에세이)

사계절

What World is This? by Judith Butler. Copyright
© 2022, Judith Butler, used by permission of The Wylie Agency (UK) Limited.

'나'는 타자들의 지지와 그들과의 동행이 없이는, 삶의 과정들을 통하지 않고서는, 그리고 살아 있는 생물들이 의존하고 있고 필수적으로 연결되어 있는 사회적 기제들을 통하지 않고서는 결코 존재할 수 없다. 타자들의 욕망과 행동들, 그들이 나를 다루거나 무시하는 방식들은 기쁨과 고통을 가져오고, 때론 상실에 고통받게 하며, 상실에 대한 회복을 갈망하게 하는 일종의 세속적인 결속을 만들어내면서 나를 움직이게 하고, 나에게 형태를 부여하며 나를 욕망이 있고 행동할 수 있는 사람으로서 각인하고 확립한다.

『지금은 대체 어떤 세계인가』, 76쪽, 주디스 버틀러, 창비, 2023

차례

[9] **프롤로그**
엄마, 내가 누구야?

[16] 가난은 힘이 없지만 사랑은 힘이 있다고, 진짜?

[29] 엄마의 편지

[45] 아버지의 부러진 날개

[61] 누구든 올 수 있던 할머니의 밥상

[77] 외할머니가 물었다. 중미는 꿈이 뭐니?

[88] '엄마'만 남은 김미자

[99] 밥 한 알이 귀신 열을 쫓는다

[112] 가난은 엄마에게
이웃조차 허락하지 않았다

[124] 그 돌봄이 나를 살게 했다

[138] 팬데믹이 드러낸 노인 돌봄의 현실

[154] 딸 등록금과 폴 모리아 악단의
내한 공연 사이에서

[172] 너희 엄마 아빠는 진짜 열렬히 사랑했어

[193] 애증과 존경 그 사이 어딘가

[218] 아버지, 기다려줘서 고마워

[235] 맏딸콤플렉스에서 벗어나 새로운 길을 가다

[254] 곁을 느끼고 배운 동두천 시절

[264] 언니, 손잡고 자면 안 돼?

[285] 꽤 쓸 만한 방어기제, 나는 강한 아이야

[304] 내가 꿈꾼 예술이 준 위로와 힘

[321] 엄마의 꿈은 무엇이었을까?

[337] 엄마의 양은 찬합 속 딸기와 배

[358] 나는 왜 과업중심의 엄마가 되었을까?

[382] 나만 여기 있어요?

[392] **에필로그**
행복한 삶은 혼자 이룰 수 없다

[402] **작가의 말**

일러두기
에세이 속 접사 '친-'과 '외-'는 인물 구분을 위해 사용되었다.

(프롤로그)

엄마, 내가 누구야?

첫딸을 낳았을 때 엄마가 손녀를 보며 말했다.

"너는 딸한테 예쁘다, 사랑한다는 말 자주 해줘. 자주 안아주고, 입맞춤도 해주고. 내가 우리 엄마한테 배우지 못해서 너희한테도 그렇게 못 했어."

동화나 소설 속 절절 끓는 모성애는 우리 엄마와는 어울리지 않았다. 그래서 그런지 모성애를 아름답게 이상화한 시나 소설을 읽으면 거부감이 들었다. 언제 엎어져도 괜찮은 너른 품을 가진 존재, 어느 때나 기댈 수 있는 강인한 존재가 어머니의 흔한 표상이라면, 우리 엄마는 세상이 말하는 어머니상과 어딘가 달랐다.

10여 년 전, 제주 강정에서 해군기지 반대 행동을 하기 위해 카약을 타고 바다로 나간 적이 있었다. 바다를 무서워하는 내게 평화 활동가가 말했다. 바다는 어머니와 같다고, 아무런 두려움 없이 바다에 몸을 맡기라고. 머릿속으로는 그게 무슨 뜻인지 모르지 않았다. 그러나 바다가 어머니 품이라면 나는 두려움 없이 몸을 맡길 수 없었다.

엄마에게서 한없이 넓은 바다와 같은 품을 느껴보지 못했기 때문이다. 엄마는 그 바다를 내주지 못한 자책으로 힘겨워했다. 언젠가 엄마는 자신도 그런 엄마를 갖지 못했었다고 말했다.

엄마는 안전한 바다와 같은 존재는 아니었지만 경우 바르고, 자녀들에게도 지공무사해서 언제든 조언을 구하고, 지혜를 빌릴 수 있는 사람이었다. 엄마는 다른 사람의 말에 귀 기울이고, 공감해주는 사람이라 동네 아주머니들 사이에서 인기가 많았다. 그런 엄마가 인천으로 와서부터 우울하고 히스테릭해졌다. 몸도 자주 아팠다. 엄마는 아무리 아파도 병원에 가지 않았다. 아니, 갈 수 없었다. 엄마가 겔포스 대신 병원의 신경성 위염약을 복용하기 시작한 건 전국민의료보험이 시행된 뒤였다.

 2018년 이후 인지장애가 급격하게 진행되면서 엄마는 기억을 하나씩 잃어갔다. 어쩐 일인지 '중미'와 사위인 '단비 아빠'를 가장 오래 기억했다. 물론 중미라는 이름과 당신 앞에 앉은 사람을 일치시키는 데 늘 시간이 필요했다.
 2023년 여름, 탈장 수술을 위해 병원에서 검사를 받는 엄마에게 물었다.
 "엄마, 내가 누구야?"
 "중미지. 내 딸, 내 소중한 딸이지."
 "엄마, 내가 그렇게 소중한 딸인데, 왜 평생 그런 말을 않고 살았어?"
 엄마가 이해하지 못하는 표정을 지었다.
 "엄마, 나는 어떤 딸이었어?"
 "힘든 딸."
 "내가 엄마를 힘들게 했어?"
 "아니, 내가 힘들게 했지. 너는 늘 나를 이렇게……

가르쳐주고, 도와주고."

엄마는 잠시 기억이 나지 않는 듯 말을 멈췄다가 다시 이었다.

"그러니까, 이제 걱정 같은 거 하지 말고 살라고. 그렇게 말해주고 싶어."

가슴 깊은 곳에서부터 뜨거운 것이 올라왔지만 애써 담담하게 말했다.

"엄마, 지금이라도 이렇게 말해줘서 고마워. 엄마도 우리 걱정 말고 건강하게만 살아. 백 살까지 살아."

"세상에! 그렇게 오래?"

"응. 그렇게 오래 살아."

"나는 아무것도 못 하는데?"

"못 해도 괜찮아. 그냥 여기 이렇게만 있어줘."

엄마가 장난스럽게 말에 리듬을 실어 대답했다.

"알겠습니다."

엄마는 자신의 인지장애를 '인지'했다. 그래서 자신이 바보 같다는 말을 자주 했다. 2024년 1월에는 처음으로 죽고 싶다고 말했다.

"엄마, 왜? 왜 그런 말을 해? 왜 죽고 싶어?"

"나는 모든 걸 못 해요. 바보 같은 내가 미워요."

가슴이 철렁했다.

"엄마가 왜 아무것도 못 해. 엄마, 노인들은 이 나이 되면 다 쉬는 거야. 그리고 아무것도 못 해도 괜찮아. 그냥 이렇게 우리 곁에 계시기만 해도 되는 거야."

엄마는 뭔가 하고 싶은 말을 찾다가 슬픈 표정을 지었다.

"아니에요. 내가 바보 같아요. 고맙다는 말밖에 못 하잖아요."

나는 기억을 잃은 엄마가 "고맙다, 예쁘다, 멋지다"라고 좋은 말만 해서 다행이라고 생각했는데, 엄마는 머릿속에 그 말만 떠오르는 게 답답한 거였다.

"엄마, 무슨 말이 하고 싶은데?"

내 질문에 엄마 표정이 굳었다.

"그건 모르겠어요."

나는 말없이 엄마 손을 잡았다.

인지장애가 심해진 뒤에도 엄마는 상황에 맞는 말을 하려고 늘 심사숙고했다. 그런 엄마를 보면서 인지장애가 온 이들도 '본래의 나'를 잃지 않으려고 무진 애를 쓴다는 걸 알게 되었다.

지금 계신 요양원에 온 지 3년이 넘었지만, 요양보호사님들은 여전히 엄마를 "착한 미자 씨" "예쁜 미자 어르신"이라고 부른다. 대소변을 가리지 못하고 때때로 수저를 드는 것조차 잊은 엄마한테 "미자 어르신 같으면 혼자서 열 명도 돌볼 수 있어요. 어쩌면 말 한마디도 그렇게 예쁘게 하시는지. 기저귀를 갈아드려도 고마워요, 식사를 도와드려도 고마워요 하세요." 한다.

사람들은 엄마가 착한 치매라며 다행이라고 한다. 엄마의 기억 속에 원망과 분노의 말보다 사랑스러운 말이 더 많이 남아 있어 다행이다. 그러나 그 말만큼이나 자주 하는 말이 있다. "할 수 없죠. 뭐" "할 수 없지" 그 말에 담긴 엄마의 체념과 힘들었을 삶이 떠올라 가슴이 저리다.

엄마는 우리를 만나면 뒤죽박죽된 말주머니 속에서 알맞은 낱말을 찾느라 애를 쓴다. 그런 엄마를 지켜보는 건 괴롭다. 엄마에게 묻지 못한 것이, 듣지 못한 것이 아직 너무 많은데 나의 게으름과 무심함으로 다 놓치고 말았다. 엄마의 기억이 엄마 자신조차 꺼낼 수 없는 곳으로 깊이 숨어버렸다.

엄마는 나도 엄마가 되었다는 걸 기억하고 있을까. 엄마는 내게 자신과 다른 좋은 엄마가 되라고 했지만, 나 역시 그 바람처럼 되지는 못한 것 같다. 일이 먼저였던 외할머니에게 받은 상처 때문에 오로지 자녀만을 위한 엄마로 살고자 애썼던 우리 엄마와 달리, 나는 일하는 엄마로 살려고 애썼다. 그러나 당시 신여성이었던 외할머니의 처절한 몸부림도, 자녀들을 위한 완벽한 엄마가 되려던 엄마의 노력도, 일과 양육의 균형을 이룰 수 있다고 자신했던 나의 안간힘도 홀로는 이룰 수 없는 꿈이었다.

가난은 힘이 없지만
사랑은 힘이 있다고, 진짜?

"엄마, 김창삼 기억나?"
"김창삼? 몰라. 누구지?"
"엄마 남편."
"내 남편?"
"응."
"나는 누군지 모르겠어."
"엄마가 잊고 싶었나 보다. 엄마를 힘들게 해서."
"나를 잊었나 보지, 뭐. 예쁘지 않아서?"
"그건 아니야. 올 형편이 아니라서 그래."
아버지가 병원에 있다는 말은 차마 못 했다.

"엄마, 있잖아. 내가 생각해보니까 엄마가 참 힘들었겠더라. 도대체 그런 남자랑 어떻게 살았어?"

분명히 그 남자가 누군지 자각하지 못하는 것 같았는데 엄마는 자연스럽게 대답했다.

"모르는 척하고 사는 거지. 화가 나도, 속상해도 모르는 척하고 그럴 수밖에 없었지. 그렇게 살아야만 하니까. 할 수 없이."

"엄마 딸은 그렇게 안 살려고. 그렇게 안 살 거야."

엄마가 "할 수 없지, 어쩔 수 없지" 하며 체념해온 것들과 그렇게 지나온 시간이 엄마의 기억을 지운 것 같아 마음이 아팠다. 외할머니에 이어 이모가 알츠하이머병을 앓다 돌아가시고, 엄마마저 중증 인지장애를 갖게 된 뒤 이종사촌과 농담처럼 말했다.

"유전인 것 같아. 우리도 위험해."

그러나 세 분의 인지장애는 유전보다 그들이 살아온 삶의 여정에서 갖게 된 가슴 아픈 유산인 것 같다.

20세기 초 조선에서 태어나 일찌감치 공부와 음악에 눈을 뜬 신여성이었으나, 일제강점기와 6·25전쟁에 휩쓸려 끝내 가족을 떠나 외롭게 살아야 했던 외할머니.

미국 유학이 결정되어 선교사와 함께 떠나기 위해 부산항까지 갔으나 외할머니의 반대로 돌아와 평생 노래를 부르지 않았던 이모. 그리고 6·25전쟁으로 인한 가족의 비극을 마음속 그림자에 꾹꾹 눌러 가둔 채 엄마와 아내로만 살았던 우리 엄마까지.

세 분 모두 어쩌면 찬란했을 미래를 빼앗긴 채 자신이 아닌 엄마로만 살아야 했다. 좌절된 꿈을 드러낼 수조차 없이 숨죽여 살아야 했던 세 여성은 결국 기억의 끈을 놓고 말았다.

2024년 3월, 신경외과 의사는 엄마의 인지장애가 중기에서 말기로 가는 중이라고 했다. 내가 보기에도 엄마의 상태는 1년 전보다 눈에 띄게 나빠졌다. 손놀림이 둔하고, 사물의 이름을 거의 기억하지 못하고, 음식 씹는 것을 잊어가고 있다. 무엇보다 가장 늦게까지 기억하던 자신의 이름, '김미자'를 잃었다.

그동안 엄마의 이야기를 충분히 들었다고 생각했고, 채 듣지 못한 이야기는 언제든지 더 들을 수 있을 줄 알았다. 그런데 엄마의 기억은 이제 쪼그라든 뇌 속에 갇혀버렸다.

2024년 여름, 막내가 아버지가 남긴 상자 이야기를 꺼냈다. 거기에 아버지가 대학 때 쓴 소설이 있는 것 같다고 했다. 동생에게 당장 가져다달라고 했다. 그러나 동생에게 받은 상자에는 우리 사 남매의 결혼사진과 서류 봉투, 손주들이 쓴 카드와 편지 몇 장, 비닐로 동여맨 케이크 데커레이션 두 세트와 영어로 된 제과 제빵 요리책뿐이었다. 허탈했다.

우리 사 남매의 단체 채팅방에 사실을 알렸다. 그러자 약속이나 한 듯 다들 버리라고 했다. 나도 이미 녹슬고 빛바랜 데커레이션과 요리책은 보관하고 싶지 않았다. 나중에 그 이야기를 들은 내 딸들은 그걸 왜 버렸냐며 아쉬워했다. 딸들은 사진조차 찍지 않은 나의 경솔함을 탓했지만, 나는 피터 팬 같은 아버지를 다시 직면하고 싶지 않았다.

우리 사 남매는 어릴 때 한 번씩은 아버지가 만든 생일 케이크를 받았다. 단칸방 한가운데 놓인 화려한 데커레이션케이크는 우리의 가난을 도드라지게 했지만, 한편으로는 가난해도 행복하다는 착각에 빠지게 했다.

어린 시절 내 주위는 실패한 사람들로 우글거렸다.

동두천은 실패한 사람들이 인생 역전을 위해 모인 곳이었다. 그들은 동두천을 통해 아메리칸드림을 꿈꾸는 사람들이었다. 아버지도 그들 중 하나였다. 아버지는 경제적으로 쪼들릴 때마다 국어 교사를 석 달 만에 때려치운 것을 후회하면서 늘 좌절한 꿈에 대해 말했다. 발레리노나 피아니스트가 되지 못한 건 6·25전쟁 때문이었지만 시인이 되려다 실패하고, 기자가 되려다 실패한 건 아버지의 역량 부족이거나 끈기 부족이었을 것이다. 청소년 시절 공장 한구석, 창문 없는 방에서 소설만 들입다 읽는 내게 아버지는 담당 교수였던 소설가 김동리 선생이 자신이 쓴 소설을 칭찬했다는 이야기를 들려주었다.

"그렇지만 계속 글을 쓰지 않은 건 후회하지 않아. 나는 내 꿈 대신 네 엄마를 선택했어. 사실 다른 대학으로 편입하고 싶은 마음도 있었지. 그런데 군대도 가야 하고, 한 여인을 지켜야 한다는 생각이 먼저였어."

중학교 때는 아버지의 그 말에 감동했다. 가난은 힘이 없지만 사랑은 힘이 있다고 믿었다. 창작을 포기하며 지킨 여인이 배를 다 내놓고 코 고는 중년 아주머니가 되었어도 세상에서 가장 사랑스럽다고 말하는 아버지가 멋있었다. 아버지를 닮았던 철부지 딸은 그런 사랑이면 나도 충분하다고 생각했다.

1999년 개봉한 이탈리아 영화 〈인생은 아름다워〉를 최고의 영화로 꼽는 사람들이 많지만, 나는 그 영화에 크게 감동하지 않았다. 영화 속 '귀도'가 아버지를 너무 닮아 익숙하면서도 불편했다. 특히 많은 이들이 감동적인 장면이라 하는 클라이맥스 때문에 더 그랬다. 내가 귀도의 아들 조슈아라면 영문도 모른 채 아버지와 영영 이별하게 된 순간이 두고두고 아프게 기억될 것 같았다.

막내가 태어날 즈음 미군 부대에 감원 바람이 불었다. 부서의 관리자는 아버지에게도 물었다. 휴일 없이 정규직으로 일할지, 아니면 주 5일 근무하는 계약직으로 일할지. 동두천에서 오래 있을 생각이 아니었던 아버지는 정규직 대신 주 5일 근무를 택했다.

엄마는 그때 일을 되뇔 때마다 깊은 한숨을 쉬었다. 아버지가 남들보다 하루 더 쉬는 날을 누워서 빈둥거린 건 아니다. 토요일에는 우리를 위해 카레라이스나 도넛 같은 특식을 만들어주었다. 아버지가 도넛 반죽을 시작하면 우리는 신이 나서 주전자 뚜껑과 밀대를 준비했다. 아버지가 반듯하게 밀어놓은 반죽을 동생들이 주전자 뚜껑으로 눌러 링을 만들면, 아버지는 링 모양의 반죽을 펄펄 끓는 기름 안에 천천히 집어넣었다. 다 튀긴 도넛에 설탕을 묻히는 건 내 몫이었다. 마당에 도넛 냄새가 퍼지면 한집에 사는 종태, 은희, 구진이, 윤상이뿐 아니라 골목에 있던 아이들까지 찾아왔다. 나는 도넛이 혹시 모자라지는 않을까 마음 졸였지만, 도넛은 늘 넉넉했다.

점심을 먹고 나면 아버지는 마당에서 뚝딱거리며 뭔가를 만들었다. 밥상이 높아 함께 밥을 먹지 못하는 막내를 위한 의자를 만들고, 단칸방을 효율적으로 쓰기 위한 선반을 만들었다. 아버지는 돈을 벌어서 집 살 생각을 하기보다 단칸방을 효율적으로 쓰기 위해 숙고했다. 이웃들은 우리 집의 조립식 방충망, 바람이 들어오지 않는 방한 문, 좌식이었다가 입식이 되는 책상 따위를 부러워했다. 틈날 때마다 청계천에서 따로따로 사

모은 턴테이블, 튜너, 스피커를 조립해 만든 오디오 시스템을 구경하며 감탄하기도 했다.

중학교에 들어가기 전, 주인집의 허락을 받아 마당 한구석에 내 방을 만들 때도 아버지는 모든 일을 자기 손으로 했다. 재주 많은 아버지 덕에 우리 사 남매는 아버지가 돌 선물로 만들어준 목마를 타고, 밥상 높이에 꼭 알맞은 의자에 앉고, 아버지가 만든 방에서 자랐다.

동네 사람들 사이에서 중미네 엄마 아빠는 재주 많고, 똑똑하고, 법 없이도 살 사람들이었다. 어릴 때는 그런 시선이 가난을 보상받을 만큼 좋았다. 우리보다 형편이 좀 나은 주인집도, 동네 돈을 다 끌어들인다는 구멍가게 가족들도 그다지 행복해 보이지 않았는데 나는 행복했다. 아버지는 내일을 위해 오늘의 행복을 포기하지 않는 사람이었다. 일제강점기와 6·25전쟁을 겪은 사람들은 이를 악물고 자식의 성공을 위해 노력했다는데, 우리 아버지는 지금 여기의 행복이 더 중요하다고 믿었다.

자녀에게도 성공을 강요하지 않았다. 우리에게 공부하라는 말을 한 적이 없고, 좋은 대학에 가야 한다고 닦달하지도 않았다. 아버지는 벚꽃이 흐드러지게 피는 봄이나 코스모스가 만발한 가을 토요일에는 학교 가지 말고 자전거를 타거나 산보를 가자고 했다. 우리가 학교 걱정을 하면 당신이 전화해주겠다고 했다. 엄마라도 옆에서 그러면 안 된다고 하면 좋으련만, 엄마는 산보는 일본말이니 '산책'이나 '나들이'라고 하라는 잔소리를 할 뿐이었다.

초등학교 5학년 때까지 나는 몸이 약해서, 인천 할머니 댁에 자주 가느라, 엄마 아버지와 놀러 가느라 결석을 하는 바람에 개근상 한 번 타지 못했다. 그래서 6학년 때는 엄마 아버지한테 말했다.

"나도 개근상 타고 싶어. 6학년 때는 1년 개근상이라도 타고 싶으니까 나 꼬드기지 마."

어려서부터 우리 집이 부자가 될 수 없다는 것을 알았다. 그래서 나는 감히 '우리 집'을 갖는 꿈은 꾸지 못하고, 그저 내 방 한 칸을 꿈꿨다. 동두천에서 잠시 가졌던 내 방을 인천으로 오면서 다시 잃었다. 엄마는 우리에게 늘 미안하다고 했다.

"옛날에 열두 가지 재주에 저녁거리가 없다는 말이 있다. 딱 네 아버지를 가리키는 말이다. 한 우물을 파야 하는데 너희 아버지는 재주가 많아서 여기 기웃, 저기 기웃 하다가 이 꼴이 난 거야. 좋은 기회는 다 날리고. 가다가 말려면 아예 가질 말아야 하는데. 문창과를 간 것도 그래. 차라리 미술 쪽으로 갔으면 지금보다 나았겠지. 그놈의 시에 꽂혀서는 마누라랑 자식들만 고생이지……."

가난의 책임을 아버지에게 돌리던 엄마도 6·25전쟁만 아니었다면, 외할머니가 대전에만 가지 않았더라면, 외할아버지가 일찍 돌아가시지만 않았으면, 달러 빚이라도 얻어 그 집을 샀더라면, 네 아버지가 그때 미국에 갔더라면 하며 입버릇처럼 지금의 가난을 변명했다. 엄마는 심지어 내가 딸이 아니라 아들로 태어났더라면, 둘째가 아니라 첫째로 태어났더라면 좋았겠다고도 했다.

돈 때문에 앞에 있는 기회들을 하나씩 포기할 때마다 자문했다. 내가 딸이 아니라 아들이었다면 엄마 아버지는 나를 위해 헌신했을까. 아버지 말대로 똥 구르마를 끌어서라도 나를 지원했을까. 아니다. 청국장도 냄새가 싫어 안 먹는 사람이 똥 구르마라니. 세상이 두 쪽이 나도 불가능했을 거다. 만약 내가 장남이고 오빠가 딸로 태어났다면, 오빠가 맏딸 노릇을 했을 것이다.

엄마 아버지는 자신들이 아들딸 차별 없이 키웠다고 믿었지만, 나는 엄마 아버지뿐 아니라 이웃 어른과 친척들한테 큰딸은 살림 밑천이라는 말을 진저리가 나도록 들으며 자랐다. 엄마 아버지는 당신들은 바란 적 없다고 할지 모르지만, 나는 살림 밑천까지는 아니어도 자꾸 기우는 집을 받치는 돌멩이라도 되어야 한다는 압박감에 시달렸다.

중학교 2학년 가을, 엄마 아버지가 동두천을 떠나게 되었다고 했다. 그 즈음 미군 부대에 다시 감원 바람이 불었다. 어렸을 때는 '감원'이라는 낱말이 호랑이보다, 곶감보다 무서웠다. 아버지는 미국이 주한 미군 2사단의 인원을 줄여 계속 부대에 있을 수 없을 거라고 했다. 때마침 인천에 좋은 일자리가 나왔고, 사택도 있다고 했다. 친구들이 있는 동두천을 떠나고 싶지 않았지만 어린 나에게는 선택의 여지가 없었다.

우리가 탄 열차는 상상했던 것보다 더 어둡고 긴 터널로 빨려 들어갔다. 아무도 터널의 끝을 몰랐지만 그래도 우리는 함께라서 다행이라고 여겼다. 가난해도 가족이 있어서, 우리가 화목한 사이여서 괜찮다고 위로했다. 그것은 사실이며 진실이기도 했다. 귀도를 닮은 철없는 아버지 때문에 그 어둠 속에서도 꿈을 꿀 수 있었고, 겁 많은 엄마 때문에 벼랑 끝으로는 가지 않았다. 그 '우리' 덕분에 위태롭고 불안했던 긴 터널을 무사히 지났고, 몸이 자라고, 마음이 자랐다. 그리고 어른이 되었다.

지금의 나는 내가 지나온 시간과 나의 어머니 김미자, 아버지 김창삼 그리고 외할머니 최어진, 친할머니 정옥생이 걸어온 시간의 결과물이다. 이제 더는 언어로 발화될 기회를 잃은 엄마의 시간과 아버지의 시간을 더듬어가는 데는 용기가 필요했다. 엄마가 언젠가 말했다. 삶은 소설보다 더 기구하고 더 극적이라고.

"소설에서는 개한테 물린 꿩이 어떻게든 살아남아야 독자들이 안도하고 감동하지만, 현실에서는 개한테 물린 꿩은 죽어. 사람들이 소설 같은 얘기라고 하지만, 현실은 소설보다 더 가혹하지."

과거 동두천 어수동역에서 탔던 그 기차에 다시 올라 터널을 거슬러가려 한다. 낯익은 역에 도착하면 기차에서 내리고 싶은 충동을 참기 힘들지 모른다. 그러나 용기 내서 가보려 한다. 지금의 나는 그 터널 저편에서부터 시작되었다. 엄마가 내게 남긴 퍼즐 조각을 맞추며 '엄마'를 되찾으려면 그곳으로 가야만 한다.

엄마의 편지

 중미야, 너에게 불쑥 이상한 말을 해서 공연한 상상을 하게 만드는 건 아닐까 싶으면서도 그래도 이야기하기로 했다. 옛날 얘기처럼 할 테니 수연이와 같이 들어봐라.

 내가 말하려는 것은 너희 외할머니 이야기다. 소설을 꼭 쓰겠다고, 원고 뭉치를 보물처럼 여기며 내가 소설을 다 쓰면 미자가 제일 먼저 보아라 했었지. 정신이 오락가락 치매로 사람을 못 알아보면서도 그 누런 봉투를 껴안고 다니고, 껴안고 자곤 했었지. 그 무슨 사연을 못 다 쓴 게 있어서 그렇게 혼미한 정신에서도 껴안고 다녔는지……

 (…)

 우리 엄마가 그토록 내게 얘기하고 싶어 했던 것처럼 내가 전하는 말이 혹 너희에게 괴로움을 주면 어떡하나, 후회되기 시작한다. 그냥 외할머니의 출생 얘기만 하려 했던 것이 길어졌다. 다음에 못다 한 우리 아버지의 연극 같은 역사를 다시 얘기해보자. 너희가 궁금하면. 글씨가 엉망이니 잘 새겨서 읽어라.

 서랍 속 깊숙이 넣어두었던 엄마의 편지를 다시 발견한 건 2023년 봄, 이사를 위해 짐을 싸면서다. 편지의 존재 자체를 까맣게 잊고 있었기에 마치 처음 읽는 것 같았다. 편지를 다 읽고는 후회와 죄책감으로 먹먹한 감정을 추스를 수가 없었다. 그제야 편지를 받았던 날의 절망이 떠올랐다. 그날 청소년 때부터 꼭 읽고 싶었던 외할머니의 소설을 엄마가 잃어버렸다는 것을 알게 되었다. 엄마는 편지 말미에 당신이 직접 외할머니와 외할아버지의 이야기를 해주겠다고 했지만, 더 청해 듣지 못했다. 이사를 앞두고 발견한 편지를 여동생에게 전하며 나의 무심함을 고백했을 때 동생이 위로했다.

"그때는 언니나 나나 사느라, 살아내느라 여유가 없었잖아. 어쩔 수 없었어."

동생의 위로도 나의 무심함과 이기심을 변명해주지 못했다. 엄마가 빌라 거실에서 외롭게 기억을 잃어가는 동안에도 나는 내 삶만을 생각했다. 지금은 외할아버지의 연극 같은 역사를 청해 듣지 않은 것을 후회하고 있지만, 그때는 지나간 꿈에 연연할 새가 없었다. 공동체로 살다 보니 하루, 일주일, 한 달 심지어 1년의 계획이 미리 세워져 있었고, 나의 일상도 거기에 맞춰져 있었다. 그때는 엄마한테 가서 외가 이야기를 들을 여유가 없었다. 명절이나 부모님 생신, 결혼기념일, 성탄절 때나 잠시 만나는 게 전부였다.

나는 엄마의 기억이 길을 잃고 뇌 속에서 딱딱하게 굳어가도록 모르는 척했다. 엄마를 외롭게 내버려둔 시간은 후회해도 소용없다. 뒤늦게 엄마의 뇌 어딘가로 숨어버린 퍼즐 조각을 찾으며 나의 어리석음과 게으름을 마주하는 일이 무척 고통스럽다.

청소년기가 되었을 무렵에서야 엄마는 내게 외할머니 이야기를 해주었다. 그 이야기는 대부분 엄마가 열일곱, 열여덟 무렵 외할머니의 일기에서 읽은 것들이었다.

"피란 가서 우리 엄마 일기를 처음 읽었어. 공책으로 스무 권 가까이 됐던 것 같아. 그걸 몰래 읽고 나서야 엄마를 한 여성으로 이해하게 되었지."

엄마한테 외할머니 이야기를 들을 때마다 막연하게 그 얘기를 글로 쓰고 싶다는 생각이 들었다. 친할머니 이야기도 마찬가지였다. 같은 시대를 살았어도 친할머니의 일생은 또 달랐다. 민며느리로 들어와 종과 다름없는 시집살이를 해야 했던 할머니는 언문조차 배울 기회가 없었다. 그러나 외할머니가 시대보다 앞서 신여성으로 살았음에도 자신과 가족을 온전히 지켜내지 못한 것과 달리 문자를 모르는 할머니는 사업을 일구고, 식솔들을 거느리며 살았다. 전쟁 때도 첩과 떠난 남편 대신 소작농과 마름, 그 가족들까지 이끌고 피란을 내려와 먹이고 살렸다.

고등학생이 될 무렵, 두 할머니의 삶을 씨실과 날실

로 직조해 그 어느 때보다 역동적인 시대를 산 두 여성의 이야기로 쓰고 싶다는 구체적인 꿈을 갖게 되었다. 그때도 작가가 되고 싶다고 생각한 건 아니었다. 그저 쓰고 싶은 이야기가 내 안에서 꿈틀거렸다.

1991년 봄, 외할머니가 실종됐다가 며칠 만에 돌아온 일이 있었다. 일주일 만에 수원역에서 외할머니를 찾았을 때, 할머니는 추레한 행색으로 묵직한 보자기를 품에 안고 있었다고 했다. 경찰은 할머니가 그 보따리에 손도 못 대게 한다며 안에 있는 물건을 궁금해했다. 엄마와 이모가 외할머니를 달래서 보따리를 풀어 보니 거기에는 스무 권이 넘는 공책 더미가 들어 있었다고 했다.

엄마에게 그 이야기를 듣는데 갑자기 가슴이 뛰기 시작했다.

"공책? 혹시 그거 엄마가 피란 때 읽었다는 외할머니 일기장이야?"

"그렇겠지. 나한테도 안 주더라고."

"엄마, 나중에 그 일기는 꼭 나 줘야 해. 꼭!"

중학생 때부터 해온 말이었지만, 실제 일기장이 존재한다는 걸 확인하자 더 욕심이 났다. 그러나 첫딸을 키우며 공동체에 몸과 마음을 쏟고 있던 때라 일기에 대한 생각은 곧 잊었다.

그리고 몇 년이 지난 어느 날, 엄마가 외할머니의 장례를 치렀다며 소식을 전했다.

"외할머니가 돌아가셨다고? 아니, 왜 우리한테 연락을 안 했어?"

"바쁜데, 뭐 좋은 일이라고."

"아니, 말이 돼? 외할머니가 돌아가셨는데 손주들이 당연히 가야지."

"외삼촌들이랑 이모랑 조촐하게 치렀어. 유골은 네 외할아버지 사고 당한 팔미도로 흘러가라고 영종도 을왕리 바다에다 뿌렸어."

"그러면 외할머니 유품은? 일기장은 어떻게 했어?"

엄마가 변명하듯 말했다.

"외삼촌들이 그거 남겨서 뭐 하냐고 해서 다 태웠어."

외할머니가 돌아가셨다는 걸 알리지 않은 것도 속상

했지만, 일기장을 태웠다는 말에 불뚝 성이 나서 원망을 쏟아냈다. 엄마는 내 투정을 잠자코 듣고는 말했다.

"미안하다. 그런데 그걸 기록해봤자 무슨 소용이 있겠니?"

"외할머니는 남기려고 했던 거잖아. 당신의 이야기를. 외할머니가 전쟁 때도, 치매에 걸려서도 끌어안고 있었던 그 이야기를 누군가는 남겨야지. 외할머니가 못 쓴 소설 내가 쓸 수도 있잖아."

"너 아직도 그런 생각을 하고 있었어?"

"내가 예전부터 그랬잖아. 우리 할머니들 얘기 쓰고 싶다고."

"내가 다 들려줬잖아. 일기장에서 본 거랑 내가 겪은 일들까지 너한테 거의 다 해줬어."

"그걸 다 기억하나? 아, 진짜. 어려서부터 내가 엄마한테 그렇게 부탁했는데. 내가 뭐 유산을 남겨달라고 해? 그냥 외할머니 일기장은 내가 꼭 갖겠다고 그렇게 노래했는데."

실망이 너무 컸던 탓에 엄마에게 서운한 감정을 숨기지 못했다. 그러나 다 타버린 일기장에 미련을 두어

봤자 아무 소용이 없었다.

그로부터 몇 년이 지난 어느 날, 엄마가 뭔가 할 말이 있는 듯 오랫동안 뜸을 들이다가 이모랑 수원에 다녀왔다고 했다. 수원은 외가와 아무런 인연이 없는 곳이었다.

"영자 언니라고 먼 친척 언니가 있었거든. 나 결혼하기 전에 몇 번 보고 몇십 년 만에 처음 본 거야."

"엄마 연락처를 어떻게 알았대?"

"영자 언니 남편이 미군 정보 계통에 있었대."

"대단하네, 몇십 년 전에 알던 사람 연락처를 찾을 수 있다니. 근데 그분은 왜 연락했대?"

"그냥 죽기 전에 나랑 영애를 꼭 보고 싶었대. 그 언니네랑 우리 식구랑 각별했거든. 근데 그 언니가 불교에 귀의했더라. 수원에 있는 작은 암자에 있더라고."

"수원이라고? 그럼 예전에 외할머니가 돌아가시기 전에 수원까지 갔던 이유가 그분 만나려고 했던 거 아니야?"

"그런가? 그건 생각도 못 해서 못 물어봤네."

"그래서 외할머니 얘기는 많이 들었어?"

"이모가 시간이 없어서 1시간이나 만났나? 그래도 오해 하나를 풀어서 마음이 가벼워. 휴전 후에 영자 언니가 인천으로 돌아왔을 때 나를 찾아와서는 우리 엄마가 동료 교사를 밀고했다고 말한 적이 있었어. 그래서 선생님들이 6·25 때 다 감옥 가고 죽고 그랬다고. 나는 믿지 않았어. 우리가 부산에서 대전으로 돌아와서도 엄마가 그 학교에 나갔거든. 내가 51년에 충남에 있는 학교에 고3으로 복학해서 종업식 마치고 인천으로 올라왔어. 졸업장은 우리 엄마가 나중에 보내줬지. 그때까지도 엄마가 그 학교에 있었어. 엄마가 동료를 밀고했다면 그럴 리가 없잖아. 그 뒤에 엄마랑 연락이 끊겼는데, 그때 학교가 좌익 문제로 쑥대밭이 되었다고 했었거든. 뭔가 아귀가 맞지 않았지만, 엄마가 밀고자라는 게 계속 걸렸었어. 우리 엄마가 동료들을 밀고할 만큼 파렴치한 사람일지도 모른다는 걸 받아들이는 게 힘들었지. 근데 그게 사실이 아니라고 말해준 거야. 가슴에 박힌 가시 하나를 뽑아버린 것 같이 시원해."

그로부터 2, 3년 뒤쯤 엄마가 아버지 몰래 막내한테

부탁해 수원에 다녀왔다고 했다.

"수원에? 혹시 영자 언니라는 분 아직 안 돌아가셨어?"

"아니, 돌아가셨지. 그때 만났을 때 암 투병 중이라고 했어."

"근데 왜?"

"갑자기 전화가 왔어. 자기가 영자 언니 수양아들인데, 예전에 어머니가 돌아가시기 전에 꼭 전해달라는 서류 봉투가 있었다고. 그런데 자기가 미국에 살아서 나한테 전할 여유가 없다가 이번에 한국에 오면서 가져왔다는 거야. 열어보니 엄마가 쓴 소설 원고였어."

"세상에, 소설 원고가 있었다고?"

"부산 피란 시절에 내가 엄마 일기장을 읽을 때, 우리 엄마가 그랬어. 언젠가 소설을 쓸 거라고. 그래서 일기장을 피란길까지 가지고 온 거라고. 근데 글쎄 엄마가 치매 오기 전까지 그 소설을 다 써서 영자 언니한테 맡겼었대. 자기가 죽으면 그때 미자한테 전해주라고. 그리고 영자 언니는 죽기 전에 그걸 수양아들한테 남기면서 꼭 미자한테 갖다주라고 한 거지."

심장이 마구 뛰기 시작했다. 일기장이 불태워진 뒤 완전히 포기하고 있었는데 소설 원고가 있다니, 기적이라고 생각했다. 더욱이 『괭이부리말 아이들』을 내고 어쭙잖게 작가가 된 이후라 더 욕심이 났다.

"그래서 그 원고 어디 있어?"

엄마의 표정이 갑자기 어두워졌다.

"근데 그게 이사하면서 없어져버렸어."

"없어지다니? 무슨 말이야?"

"그걸 비닐봉지에 넣어서 주방 쓰레기통 뚜껑에 매달아놨었어."

"아니, 왜?"

"네 아버지가 보는 거 싫어서."

"아버지도 외할머니에 대해 다 알 텐데, 새삼스럽게……."

"아니야. 너희 아버지는 외할머니를 잘 몰라. 내가 자세히 말한 적이 없어. 너희 아버지는 우리 엄마를 이해하지 못해. 북에다 모든 재산을 남겨두고 온 사람이잖아. 너희 아버지는 반공주의자야."

"거기에 외할머니가 빨갱이라는 얘기라도 있어?"

"아니, 확실한 건 아닌데 사회주의자였던 거 같아. 나는 결혼 전에만 그런 줄 알았는데 6·25 전후까지 그랬었나 봐. 그래서 고초를 겪고 가족까지 버리고 떠났던 것 같아."

"소설이라며?"

"그렇지."

"근데 그게 어떻다고?"

"소설이라고 해도 우리 엄마 얘기잖아. 그래서 보여주기 싫었어. 내 마음은 그랬어."

"그럼 당장 나한테 전화했어야지."

"너, 내가 전화하는 거 싫어하잖아. 나도 중미 너한테 꼭 주고 싶었어. 네가 늘 바쁘니까 오면 주려고 했지. 거기 매달아놓은 걸 깜박할 줄 몰랐어. 이사한 날 밤에 생각이 나서 새벽같이 갔는데 새로 온 사람이 쓰레기통 뚜껑에 매달려 있는 거를 쓰레기인 줄 알고 가위로 잘라 떨어트렸다는 거야. 그래서 일 층에 내려갔더니 이미 쓰레기차가 다녀갔더라고. 새벽이었는데도."

그날 밤, 잠을 이루지 못했다. 먼동이 틀 때까지 끙끙 앓다가 그 원고를 갖고 싶은 마음은 욕심이라고, 애초에 내 것이 아니었다고 털어내기로 했다. 외삼촌과 엄마가 외할머니의 일기장을 태운 데도 이유가 있을 거라고. 그렇게 영원히 묻는 것이 나을지 모른다고. 엄마는 내게 정말 미안했던지 편지로도 그때 당신의 마음을 전했던 거였다. 하지만 나는 애써 정리한 마음이 흔들릴까 편지를 서랍에 넣어두고 그만 잊어버렸다. 그런데 다시 꺼내 읽은 편지 속 엄마는 내가 더 묻기를 기다리다 서서히 자신의 기억을 지우기 시작했던 거다. 어쩌면 엄마도 외할머니 이야기를 세상에 내놓기가 두려웠는지도 모르겠다.

엄마는 외할머니에 대해서는 사소한 것까지 기억하며 이야기했지만, 외할아버지에 대해서는 늘 말을 아꼈다. 과묵하고 책임감이 강한 사람이었다거나, 다른 여성과 살면서도 외할머니를 향한 사랑이 지고지순했다는 정도가 전부였다. 엄마가 어렸을 때 외할아버지가 외항선 선장이어서 함께 있을 시간이 많지 않았다고 했다. 그러나 첫딸인 자신을 아꼈던 아버지에 대한 그리움은 두고두고 말했다.

외할아버지는 1949년에 우리나라 두 번째 도선사가 된 뒤, 첫 번째 도선사인 유항렬 도선사와 함께 인천항에서 일했다. 그러다 1957년 11월 도선 작업을 마치고 인천항으로 돌아오다 팔미도 근해에서 풍랑을 만나 돌아가셨다. 뒤늦게 외할아버지에 관한 자료와 정보를 찾았지만, 번번이 막다른 골목이었다. 외할아버지에 대한 정보는 1939년 조선총독부 관보에 실린 기사 속 갑종 1등 운전사 임명 기록과 짧은 신문 기사, 1984년 12월 21일 한국도선사협회가 세운 도선사 기념비에 적힌 비문이 전부다. 그나마도 정말 어렵게 찾았다.

'이 기념비는 유항렬 도선사가 우리나라 최초로 인천항에서 도선 업무를 개시한 것을 기념하고, 또 1957년 11월 22일 도선 업무 수행 중 순직한 김선덕 도선사를 추모하기 위해 이를 건립하다.'

엄마 말로 외할아버지는 유항렬 도선사와 인천상륙작전 때는 유엔군의 상륙을 도왔고, 1·4후퇴 때는 인천항의 선박들을 피신시켰다고 했다. 그러나 그 사실을 확인할 길이 없다. 지금 외할아버지의 모습을 기억하는 사람은 작은아버지뿐이다.

"네 외할아버지는 키가 작았어. 항상 갈색 가죽옷을 위아래로 입고 셰퍼드를 데리고 다녔지. 아주 빈틈이 하나도 없었어. 우리가 피란 와서 송학동에 살 때 이웃 사람들은 너희 외할아버지를 파일럿이라고 불렀어. 도선사를 파일럿이라고 하거든. 그때 그 사고만 아니었으면 너희 외가는 지금도 떵떵거리고 살았을 거야. 아마 우리 형은 네 엄마랑 결혼 못 했을 거고. 조난 사고 당하고 형이랑 네 엄마가 한 달 넘게 외할아버지 시신을 찾으러 다녔어."

엄마는 아버지가 첫딸인 나를 편애하는 걸 보면서 외할아버지도 첫딸인 엄마를 무척 아꼈다는 말을 몇 번 했다. 엄마는 초등학교 때 외할아버지가 일본에 다녀오며 사다 준 세계 아동 문학 전집을 한 달도 안 돼 다 읽었다는 이야기를 자주 했다. 나 역시 세계 아동 문학 전집을 갖는 게 소원이었는데, 엄마는 일제강점기에 그 전집을 가지고 있었다니 샘이 나기까지 했다.

"나는 초등학생 때 어른들이 읽는 소설도 다 읽었어."

엄마가 편지에서 말했던 연극 같은 외할아버지의 인생은 어떤 것이었을까. 엄마의 기억 속으로 사라진 그 이야기를 이제 다시는 들을 수가 없다. 외할머니가 그토록 간절히 세상에 남기고 싶어 한 이야기는 무엇이었을까. 어떤 진실을 말하고 싶어서 기억을 잃어가는 순간까지 글 뭉치를 품에 안고 있었을까. 그러나 외할머니가 돌아가시면서 일기장은 한 줌 재가 되었고, 복사본을 지인에게 맡기면서까지 지키고자 했던 소설은 쓰레기 더미와 함께 사라졌다.

내가 외할머니의 소설에 대한 미련을 버리는 동안 엄마의 기억은 사라져갔다. 엄마가 늘 그리워했던 엄마의 엄마, 그러나 엄마가 결코 닮지 않으려 애썼던 엄마의 엄마, 외할머니의 이야기를 써야겠다고 다시금 움직이기 시작한 건 엄마가 기억을 모두 잃은 뒤였다.

아버지의 부러진 날개

 2023년 2월 말, 햇볕이 좋은 날이었다. 그날도 카페에서 커피를 마신 뒤 아버지를 모시고 교동에 갔다. 미세먼지만 없으면 바다 너머 연백군이 훤히 보인다는 말에 아버지가 흔쾌히 좋다고 했다. 교동대교를 건너며 아버지에게 말했다.

 "아버지, 날이 좋으면 우리 집 앞 진강산에서 송악산이 보여요."

 "기래? 내가 개성에 딱 한 번 가봤어. 전쟁 전에 수학여행으로. 다른 건 기억 안 나는데, 박연폭포랑 선죽교 본 거는 생생해. 봄이었는지 꽃이 만발했던 게 기억나."

"아버지, 고향에 가보고 싶죠?"

"당연하지. 긴데 뭐, 이제 다 틀렸지."

"아버지, 내가 살아서 통일이 되면 다른 데는 몰라도 아버지 고향은 꼭 가볼게요."

"그 모습이 그냥 그대로 있을란지 모르지, 내가 다닌 고등학교 뒷산에 올라가믄 영변군 영변면 약산이 멀리서 보였지. 너가 거길 가보면 좋을 텐데."

아버지는 늘 고향에서 위대한 시인 둘이 태어났다고 자랑삼아 말했다.

"김소월이 곽산 출생이야. 거기도 청천강 지류고 서해 쪽이라 모래사장이 넓게 발달한 곳이지. 강가에는 갈대숲이 펼쳐졌어. 눈만 감으면 그게 떠올라. 우리 고등학교 뒷산에 올라가서 보면 '진달래꽃'에 나오는 영변 약산 제일봉이 보였어. 중학교 땐지, 고등학교 1학년 땐지 그리로 소풍을 갔었어. 통일되면 한번 가보고 싶은데……."

엄마 아버지는 '엄마야 누나야 강변 살자'를 자주 흥얼거렸다. 그 노래가 김소월의 시라는 것과 아버지가 가장 좋아하는 시인이 그라는 건 중학생이 돼서야 알았다. 백석 시인은 교과서에 실린 적이 없고, 시집도 구할 수 없었다. 백석 시인의 시를 읽은 것은 스무 살이 넘어서였다. 백석의 시를 읽으며 뒤늦게나마 아버지의 정서를, 서북 사람의 정서를 이해하게 되었다.

아버지는 평안남도 안주군 대니면 만성리에서 태어나고 자랐다. 안주는 의주와 평양을 잇는 철도역과 가까워 상업이 발달한 곳이었다. 할아버지와 할머니가 하던 쌀가게 이름이 '청천강'이었을 만큼 친가는 고향에 대한 그리움이 컸다. 아버지네는 전형적인 신흥 부르주아였다. 작은아버지와 고모가 피란 오기 전 기억을 더듬어 들려주었다.

"중인이었던 우리 증조할아버지가 안주 만성리 정씨 집성촌에 들어와 정착한 거야. 우리 외가는 엄마가 민며느리로 팔려 오기 전까지 남의 땅을 밟아본 적이 없다고 할 정도로 큰 지주였대. 그런데 그 땅을 우리 외할아버지와 그 형제들이 투전으로 다 잃고, 만주로 도망가면서 우리 엄마를 우리 친가에 팔아먹은 거지."

"그러니까 우리 엄마가 열세 살에 시집을 온 거야. 결혼식이나 했겠어? 그때 우리 아버지는 보통학교를 졸업하고, 안주농업학교에 막 입학했을 때래. 우리 할머니가 보통내기가 아니었어. 생기긴 예뻤지. 우리 고모도 엄청 예뻤어. 그래서 그 집 식구들이 우리 엄마가 눈에 안 찬 거야. 노름빚 때문에 팔려 온 며느리가 얼마나 만만했겠어? 그래서 엄마한테 집안일을 다 맡기고 그렇게 못살게 굴었대. 엄마가 지나가면 일부러 물을 뒤집어씌우고 때리고. 그래서 우리 엄마가 나는 클 테고 너는 늙을 테니 그때 원수를 갚겠다고 마음먹었었대. 너무나 괄시를 받아서."

"우리 엄마가 시집와서 세 살 된 작은아버지를 키웠어. 그러니까 시동생을 자기 아들처럼 키운 거지. 작은아버지가 우리 엄마 치맛자락만 잡고 다녔대. 그러면서도 집에서 살림만 한 게 아니고 사업에 뛰어든 거지. 그렇게 구박을 받았지만, 사실 우리 집안은 엄마가 일으킨 거야. 남자 한두 명쯤은 우리 엄마 상대가 못 돼."

고모 이야기를 듣다 보니 할머니와 신포시장에 가면 상인들이 다 할머니를 슬슬 피하던 기억이 났다. 할머니는 시장 좌판에 나와 있는 꽃게나 생선 중에 가장 좋은 걸 한눈에 알아봤다. 상인이 값을 비싸게 부르든, 싸게 부르든 할머니는 당신이 정한 값만큼 돈을 주고 사 왔다. 상인이 너무 싸게 부르면 그렇게 해서 먹고 살겠냐며 돈을 더 주고, 너무 비싸게 부르면 도둑놈이라고 호통을 쳤다.

아버지는 평안도 사람들이 진취적이고 독립적일 뿐 아니라 자유분방하고 반골 기질이 강하다고 했다. 한양, 개성에서 먼 유배지였고 국경과도 가까웠던 때문이라고 했다. 아버지는 우리에게도 그 평안도 기질이 살아 있다고 했다. 특히 억세고 생활력 강한 평안도 여성의 기질이 내게 있다고 했다. 엄마처럼 고상하고 지적인 여성이길 바랐지만, 나는 누가 봐도 '이북 여자'였던 할머니를 많이 닮았었다. 어릴 때는 그게 못마땅했다.

어릴 적부터 아버지의 어린 시절 이야기를 하도 들어서 그런지 아버지 고향에 가본 것처럼 느껴진다.

"우리 고향에서 누에치기도 많이 했거든. 우리는 소작을 줬어. 초여름 밤에 몰래 나와서 집 뒤에 있는 뽕나

무밭에 숨어들면 누에가 잎 갉아 먹는 소리가 들렸어. 그 소리가 기가 막히게 좋아."

아버지 이야기 덕에 한 번도 들어본 적이 없는 누에가 뽕잎 갉아 먹는 소리가 진짜 들리는 것처럼 느껴졌다. 청천강 가에서 겨울을 난 청둥오리가 봄이 되어 북쪽으로 떠나기 시작하면 아버지는 청둥오리가 가지 못하게 잡으라고 마름들을 강가에 보냈다고 한다. 마름들이 잡아 온 청둥오리 몇 마리를 자기 방에 넣고 며칠을 함께 지내다가 기어이 날려 보내며 펑펑 울었다는 이야기를 들으면서 내가 아버지를 닮은 게 맞는 것 같아 속상했다.

나도 동물을 끔찍이도 좋아해서, 기억도 나지 않는 서너 살 때도 툭하면 개집에 들어가 개를 끌어안고 잤다고 한다. 내가 기억하는 가장 어릴 적 일은 인천 송학동 축대 밑에 있던 커다란 대나무 바구니에 노란 병아리와 같이 들어가 있던 장면인데, 엄마와 할머니 말로는 그때가 네 살이 되기 전이었다고 했다. 내가 가금류 알레르기를 갖게 된 것도 할머니가 내가 돌보던 닭을 잡아서 삶아 준 뒤였다.

어려서부터 엄마를 닮고 싶었던 나는 엄마나 친척들이 내게 아버지를 닮았다고 할 때마다 속상했다. 엄마를 힘들게 하는 아버지는 닮고 싶지 않았다. 그러나 아버지는 내가 당신을 닮아서 좋다고 했다. 아버지는 내가 독특해서, 제멋대로라서, 자유로워서 매력 있다고 추어주었다. 엄마가 그 말을 했다면 우쭐했겠지만, 엄마는 그런 칭찬을 하지 않았다.

아버지만큼이나 독특한 사람이 우리 집안에 또 있었는데 작은할아버지였다. 어느 설날이었다. 작은할아버지가 우리를 돌아보며 물었다.

"너희 우리가 단일민족이라고 배우지? 그거 다 거짓부리야. 우리가 김해 김씨거든. 김해 김씨의 시조가 누구냐, 김수로왕이란 말이야. 그런데 김수로왕 아내 중 하나가 허황옥이라는 인도 공주야. 이 김해 김씨가 우리나라에서 가장 많은 성씬데 그 핏줄에 다른 나라 피가 섞였다는 거이다. 내래 그 증거를 보여줄 테니 다 누워보라우."

작은할아버지 말에 아버지, 삼촌들, 우리 세대까지 한 줄로 나란히 누웠다. 작은할아버지가 어디선가 긴 막대자 같은 걸 가져와 방바닥과 허리 사이에 난 틈으로 그 막대를 밀어 넣었다.

"보라. 쑥 들어가디? 원래 한국 사람들은 엉덩이가 다 평퍼짐하거든? 그래서 누우면 허리랑 방바닥이 딱 달라붙어. 그런데 우리 집안 사람들은 엉덩이가 볼록하단 말이디. 그게 허황옥의 피가 섞인 것 때문이냐? 아니디. 고것만은 아니야. 너덜 고려 때 벽란도 알지? 그때 그리로 아랍 사람들이 많이 들어와서 귀화해 살았단 말이디. 그 사람들 피가 우리랑 몇 번이나 섞였는지 어떻게 알간? 우리 고향이 안주, 교통의 요충지란 말이디. 고조선 이후에 오랑캐가 압록강을 넘은 게 몇 번이가? 우리 피에 온갖 이민족 피가 이미 섞여 있다 이거야. 그러니까니 그 단일민족, 단일민족 하는 게 다 허튼수작 같단 말이야."

작은할아버지의 말이 끝나자 할아버지 방에서 헛기침 소리가 났다. 골수 공화당원이었던 할아버지는 분명히 단일민족 신화를 신봉했을 것이다. 우리가 단일민족이 아니라는 작은할아버지의 말은 충격이었다. 그렇지만 초등학생이던 나는 내 몸에 인도, 중국, 아라비

아 사람의 피가 섞였다는 것이 좋았다. 그래서 어린이용으로 나온 『아라비안나이트』와 인도에 관한 책을 읽으며 상상의 나래를 폈다.

아버지가 회상하는 고향의 추억은 대개 아름다운 기억이었다. 삼촌은 네 살, 고모는 아홉 살 때 피란을 와 고향에 대한 기억이 거의 없지만, 열여덟 살에 피란 온 아버지는 고향을 생생하게 기억했고 그리워했다.

"경의선이 다니는 만성역 가까운 데에 갈탄 탄광인 안주 탄전이 있었고, 청천강이 바다로 빠져나가기 좋은 길목이라 땅이 기름졌어. 일제 때 '안주 쌀'이 유명해서 공출을 많이 당했어. 교통도 요충지였지. 경의선만 있는 게 아니라 지선도 있어서 인근 지역으로 가기도 쉽고, 장도 상설 장도 있고, 오일장도 있었고. 청천강 지류가 흘러서 민물고기도 흔하고, 바다가 가까우니 수산업도 발달했고. 그래서 아버지가 하던 마루보시라는 유통업이 승승장구했던 거야. 기차만 타면 평양도, 의주도 가기 쉬웠고."

나는 아직까지 아버지가 그려 준 만성리 지도를 소

중하게 보관하고 있다. 언젠가 가볼 수 있다면 꼭 가보고 싶다. 아버지가 같은 세대에 비해 다양한 문화예술을 접했던 것도 그런 지역적 영향 덕분이었을 거다. 엄마 또한 외가의 경제력, 외할머니와 외할아버지의 직업 덕분에 일찌감치 음악, 문학, 연극 같은 예술과 가까웠다. 어려서 우리 엄마 아버지가 돈을 벌 줄 모르는 사람이라기보다 일부러 돈과 거리를 두는 사람이라고 느꼈던 이유도 거기에 있을지 모르겠다.

내가 초등학생 때 아버지의 꿈은 단칸 셋방에 오르간을 들이는 것이었다. 그 꿈이 얼마나 터무니없었느냐면 우리가 살던 단칸방은 다섯 식구가 나란히 잘 공간이 나오지 않아, 나는 동생들 발밑에서 가로로 누워 잤다. 인천에서 학교를 다니던 오빠가 방학 때 동두천에 오면 나는 할머니네로 가야 할 정도로 작은 방이었다. 그런 형편에 오르간이라니, 정말 어처구니가 없는 일이었다. 엄마는 아버지가 그런 말을 할 때마다 오르간을 사서 머리에 이고 살 거냐고 쏘아붙였다. 아버지는 엄마의 핀잔에도 아랑곳하지 않았다.

"내래 국민학교 때는 교실에 오르간이 있었단 말이야. 방과 후에 남아서 오르간을 배웠어. 금세 배워서 음악 시간에 내가 반주도 하고 그랬어. 긴데 중학교 가니 음악실에 피아노가 있어. 선생님이 연주하는데 천상의 소리야. 그래서 한밤중에 학교 담을 넘어서 음악실 문을 따고 들어가서 피아노를 쳤지. 내가 고모 따라가서 발레 공연 보고 발레리노가 되겠다고 하기 전까지 피아니스트가 되고 싶었지. 처음 발레를 봤을 때 눈물이 쏟아졌어. 몸으로 인간의 감정을 그렇게 절절하게 표현할 수 있다니 놀라웠지."

어렸을 때 아버지는 엄마와 다투고 나면 책상에 올라가 탭댄스를 추면서 엄마 기분을 풀려고 애썼다. 종종 흥이 오르면 회색 내복을 아래위로 입고는 차이콥스키의 '백조의 호수'를 흥얼거리며 발레리노 흉내를 냈다. 나는 그런 아버지를 보기 민망해 고개를 돌렸는데 엄마는 또 그 모습을 보고 웃었다. 아버지는 피아니스트는 끝내 되지 못했지만, 엄마와 연애할 때 교회 성가대에서 피아노를 연주했다고 한다. 오르간 하나 사서 아들딸이랑 노래 부르는 게 소원이라던 아버지도 인천으로 와서는 단 한 번도 그 말을 하지 않았다.

우리가 상상의 나래 속에서 만나던 아버지의 꿈은 가난에 짓밟혀 형체가 사라졌다. 작은아버지는 아버지가 인천에 온 뒤 자괴감에 빠진 것 같다고 했다.

"형은 늘 왕이었단 말이야. 위로 형님 두 분이 어릴 때 병으로 돌아가셨잖아. 형이 아홉 살 때까지 외동아들로 자랐어. 우리 엄마 아버지는 네 아버지가 어떻게 될까 봐 애지중지하며 왕으로 키웠단 말이야. 고향에서는 우리 아버지가 어느 정도 지위가 있었고, 우리 엄마도 남성 못지않은 여걸이었단 말이지. 그러니 그 동네에서 우리를 건드는 사람이 없었어. 게다가 네 아버지가 못 하는 게 없었거든. 그러니 더 기고만장했지. 아무도 못 말렸어. 서라벌예대 다닐 때도 자부심이 대단했지. 미군 부대 다닐 때도 돈이 없어서 그렇지 코리안치고는 인정을 받았으니 형이 자존심을 유지했을 거야. 그런데 나이 먹어 인천 와서 목재 일 하면서부터 형이 날개를 펼칠 데가 없었지."

고향에서는 부잣집 아들이었다 해도 피란 와서는 달랐을 텐데 아버지는 변함이 없었다.

"근데, 고향에서 아무것도 못 가지고 빈털터리로 내려왔다면서?"

"맞아, 근데 우리 엄마 아버지가 보통 사람들이 아니었어. 우린 피란 와서도 굶지 않았어. 아버지는 미군 부대 다니고, 엄마는 찐빵 만들어 팔았잖아. 찐빵 장사가 제법 잘됐어. 아버지도 미군 부대에서 꽤 돈을 그러모았고. 근데 우리 엄마가 억척스럽긴 해도 글을 모르고 세상일에 무지하니까 돈을 뒤주에 잔뜩 쌓아놓았다가 화폐개혁이 되면서 그게 다 휴지가 되고 말았지. 우리 식구 누구도 엄마가 돈을 그렇게 모아뒀는지 몰랐어. 그래도 또 억척스럽게 찐빵을 팔아서 다시 돈을 모았는데 이번에는 불이 나서 집이 다 탔어. 그 와중에도 형은 하늘같이 대접했지. 형은 우리랑 같은 밥상에서 밥도 안 먹었어. 엄마가 꼭 따로 차렸어."

"그러니 그렇게 이기적인 사람이 되지. 그래서 엄마만 고생하고."

내 말에 작은아버지의 눈가가 붉어졌다.

"나는 사람들이 우리 형더러 '법 없이도 살 사람'이라고 하는 게 정말 듣기 싫었어. 네 아버지가 인천에 올라와서 나처럼 목재 계통에 자리 잡았잖아. 사실 거기에서는 요령만 있으면 돈을 만질 수 있었어. 솔직히 나는 그렇게 살았거든. 그런데 형은 아닌 거야. 가족들이 고생스럽게 사는데도 형은 자존심에, 양심에……. 나는 형이 그렇게 쪼그라든 게, 그렇게 가난을 벗어나지 못하는 게 너무 속상했어. 형수랑 너희가 고생하는데도 그렇게 고지식하게 사는 게."

조금만 요령을 부리면 돈을 벌 수 있던 건 미군 부대에서도 마찬가지였다. 70년대, 미군 부대에서 일하던 사람들이 부자였던 건 월급이 많아서가 아니었다. 미군 몰래 슬쩍해온 물건을 팔아 뒷돈을 챙겼기 때문이었다. 감사가 뜨지 않는 한 미군들 역시 군무원들의 그런 행동을 적당히 눈감았다고 했다.

그런데 아버지는 미군들이 그런 한국인들의 행동을 용인하면서 뒤에서는 멸시하는 게 견딜 수 없다고 했다. 아버지는 그 흔한 노란 미제 연필 한 자루도 가져 나오지 않았다. 미군 부대에 다니는 아저씨들은 퇴근할 때마다 자전거 짐칸에 뭔가를 싣고 왔다. 종태가 자기 아버지가 가져왔다고 조각 케이크나 오렌지, 소시지를 먹을 때면 은근히 부러웠다. 그러나 아버지는 '양키 놈'들이 먹다 만 음식을 가져다 파는 걸 치욕스러운 일로 여겼다.

당연히 학교 앞 문방구에서 파는 '걸레빵'도 사 먹으면 안 됐다. 걸레빵은 동두천에서 자란 사람들에게는 묘한 향수를 불러일으키는 음식이다. 미군 부대 식당에서 일하는 사람들이 빼돌린 햄과 소시지가 부대찌개의 원조가 되었듯이, 걸레빵도 미군들의 식탁에 올랐던 빵과 케이크를 버리지 않고 모았다가 파는 거였다. 간식거리가 부족했던 동두천 아이들은 문방구에서 십 원씩 주고 그 걸레빵을 사 먹었다. 그러나 아버지는 우리에게 절대 그 걸레빵을 사 먹지 못하게 했다.

8년 전쯤, 초등학교 동창이 공부방 아이들에게 주라며 걸레빵을 보내주었다. 여전히 미군 부대 근처에서는 그렇게 걸레빵을 구해 먹는다고 했다. 물론 우리가 초등학교 때 먹던 빵이 아니라 미군 PX나 식당에서 사 오는 빵이었다. 아버지한테 걸레빵 이야기를 전하자 못마땅한 투로 말했다.

"그게 뭐 그리 좋은 추억이라고."

아버지와 친한 미군들은 엄마에게 가끔 '샤넬 넘버 5'를 선물했다. 그 향수를 양키 물건 장수에게 되팔면 생활비에 보탬이 되었겠지만, 아버지는 선물 준 사람의 마음을 훼손하는 거라며 절대로 팔지 못하게 했다. 장롱에 쌓여가는 '샤넬 넘버 5'를 팔았더라면 중학교 때 미술 선생님 앞에서 괜한 위악을 부리는 대신 이젤과 전문가용 팔레트를 사서 홍익대에서 열리는 미술대회에 참가할 수 있었을 것이다. 그때는 아버지의 자존심이 내 꿈을 가로막는다고 생각하면서도 한편으로는 가난에서 오는 결핍과 열등감을 채워주는 자부심이 되기도 했다.

엄마는 아버지를 보며 길로 가라니까 뫼로 가는 사람이라고 했다. 가끔 동네 아주머니들 역시 아버지를 법 없어도 살 사람이라고 했다. 그 말이 칭찬이 아니었다는 건 어른이 되어서야 알았다. 그렇다고 엄마라고 수단이 좋은 사람은 아니었다. 엄마 역시 아버지 못지않게 초자아가 발달한 사람이었고 고지식했다.

누구든 올 수 있던 할머니의 밥상

친할머니는 낫 놓고 기역 자도 모르는 문맹이었다. 열세 살에 민며느리로 갈 때까지 학교에 다닌 적이 없었다. 엄마는 할머니가 교육을 제대로 받았으면 웬만한 남자들을 발아래 두고 호령하며 살았을 사람이라고 했다. 그러나 내게 할머니는 그저 따뜻하고 푸근한 큰 나무 같은 존재였다.

할머니 치맛자락에 얼굴을 묻으면 항상 쌀겨 냄새, 생선 냄새가 났다. 그 냄새를 맡으면 늘 예민하게 곤두서 있던 내 감각이 무뎌지고 눅진하게 풀어졌다. 할머니는 옛날이야기도 잘해주었다. 어렸을 때, 할머니가 해주었던 '잉어의 보은 이야기'는 듣고 또 들어도 재미있었다. '계모와 구 형제와 누이 이야기'도 자주 해주셨는데 그 이야기가 김소월의 시 '접동새'의 모티브가 되었다는 건 나중에야 알았다.

초등학교 4학년 때 할머니네 집에 큰불이 났다. 할머니가 피란 와서 겪은 세 번째 큰불이었다. 연이은 화재로 친가와 우리는 더 가난해졌다. 할머니네가 살던 집은 마치야 주택이라고 하는 일본식 목조 연립주택이었다. 중정에서 난 불은 그 블록에 있던 집을 모두 태웠다. 화재 소식을 듣고 동두천에서 인천에 갔을 때는 저녁 무렵이었는데, 그때까지도 무너진 집 더미 위로 김이 모락모락 났다. 한 블록을 다 차지하던 연립주택들이 폭삭 주저앉았는데, 희한하게 길가에 있던 할머니네 집은 방 두 개만 타고 안방과 싸전은 온전히 남았었다. 그뿐 아니라 가게에 있던 쌀도 절반 넘게 가지고 나왔다. 불이 났을 때 중학교 1학년이었던 오빠는 지금도 그때 일을 생생하게 기억했다.

"자다가 어디서 불이야, 불이야 하는 소리에 깼는데 내 방 창문 너머로 시뻘건 불길이 보였어. 그때 마침 고모부가 와서 가운데 방에서 주무시고 계셨거든. 할아버지가 가겟방에서 고모부를 부르면서 내 책상이랑 교복 챙기라고 소리쳤어. 그래서 고모부랑 내가 방에 있던 책상이랑 책가방, 교복을 들고 나왔어. 순식간이었어. 다 타서 무너지는 게. 할머니는 싸전에 쌀이 탄다고 발을 동동 굴렀어. 그런데 날이 밝을 때쯤 어디선가 아주머니들이 와서 쌀을 퍼내기 시작하는 거야. 가만 보니까 지금 인성중학교 자리에 있던 제일교회 다비다 모자원 아주머니들인 거야. 어떤 분은 맨발로 오셨더라고. 할머니가 다비다 모자원 엄마들한테 잘했거든. 다들 형편이 어려우니 봉지쌀을 사다 먹었단 말이야. 그 모자원 아주머니들이 오면 할머니는 할아버지 몰래 쌀을 몇 줌씩 더 얹어주고, 못 받을 줄 알면서도 계속 외상을 주고 그랬거든. 그분들이 우리 집에 불이 난 걸 알고 할머니를 도와주러 내려오셨던 거야."

나는 다비다 모자원에 대한 기억은 없지만, 할머니가 인천항 앞에 살던 클럽 여성들에게 슬쩍슬쩍 쌀을 퍼 주던 기억은 있다. 여름방학 때 할머니 댁에 가면, 더위를 피해 싸전 앞 평상에 나와 밤늦게까지 할머니가 해주는 옛날이야기를 들었다. 할머니랑 평상에 누워 있으면 술에 취한 클럽 언니들이 찾아와 신세타령을 하기 시작했다. 나는 자는 척하면서 언니들의 이야기를 들었다.

그 이야기를 들으며 보산리에 있는 언니들을 떠올렸다. 친구네 부모님이 하는 포주집에 사는 언니들은 전라도나 충청도에서 가족을 위해 기지촌까지 왔다고 했다. 언니들은 클럽에서 번 돈으로 오빠나 남동생 학비를 댔다. 할머니한테 신세타령하는 언니들도 마찬가지였다. 할머니는 가족을 위해 희생하는 언니들을 가엾게 여겼다. 어쩌면 오래전 민며느리로 팔려 왔던 자신을 떠올렸는지도 모르겠다.

할머니가 그 여성들에게 쌀을 주듯, 나는 날마다 쌀을 한 줌씩 훔쳐 자유공원에 있던 비둘기 집 아래 잔디밭에다 뿌려주었다. 여동생은 내가 쌀을 훔칠 때마다 할아버지한테 들킬까 봐 조마조마했다고 한다. 끝내 할머니한테 들키긴 했지만 혼나진 않았다. 할머니는 싸전 한구석에 있던 싸라기를 보여주며 앞으로는 백미가 아니라 싸라기를 가져가라고 했다.

할머니는 여름이면 싸전 앞에 노천카페를 열었다. 아침마다 얼음 가게에서 얼음 한 판을 사와 커다란 함지박에 넣고 송곳과 망치로 잘게 쪼갰다. 그리고 주전자에 아버지가 미군한테 선물로 받아온 군용 커피와 설탕을 들이붓고 잘 저어서 얼음을 깨어 놓은 함지박에 부었다. 밥공기로 함지박 안을 휘휘 저으면 온 동네 사람이 한 공기씩 먹어도 충분할 양의 냉커피가 완성되었다.

할머니의 노천카페 단골은 인천항에서 지게나 손수레를 끄는 아저씨들, 밤새 클럽에서 손님들 뒤치다꺼리를 한 언니들, 관동에서 장사하는 상인과 노인들까지 다양했다. 할머니는 길을 지나는 낯선 사람도 불러 커피를 대접했다. 할머니가 나누는 것은 커피만이 아니었다. 인천항이 가까운 관동에는 상주인구만큼이나 떠도는 인구도 많았다. 그 사람들이 아침에 한 번, 쌀집 앞 평상에 앉아 타인의 곁을 느끼던 시간은 커피 한 잔보다 더 힘이 되는 일이었을 것이다.

어렸을 때는 할머니가 나누는 커피만 보였지만, 이제는 할머니의 '스뎅 공기'에 담긴 정이 더 짙게 느껴진다. 할머니는 가끔씩 인천항에서 일하는 일용노동자들을 불러다 고봉밥을 먹였다. 작은아버지가 고등학교에 다닐 때 가난한 친구들이 있다고 하면 집에 데려오라고 해서 밥을 한 상씩 차려주었다고 한다. 할머니와 살았던 오빠는 할머니 때문에 곤혹스러운 기억이 많다.

"할머니는 배가 고파 보이는 사람은 누가 됐든 상관없이 불러서 밥을 먹였어. 어렸을 때는 걸인도 자주 불러다 밥상을 차려주었는데 꼭 나도 같이 앉아서 먹게 했어. 어떨 때는 냄새가 나서 도망가고 싶은 걸 꾹 참고 먹었어. 작은아버지가 군대에 가 있을 때는 가게 앞을 지나는 군인을 보면 그냥 무조건 불러서 밥을 먹였어. 내 아들이 군대에서 고생하는데 이름 모르는 군인이라도 잘 먹이고 나면 마음이 편하다고."

오빠는 할머니가 굳이 걸인 옆에 귀한 손자를 앉혀 밥을 먹게 한 까닭을 이제는 알 것 같다고 했다. 오빠의 이야기를 들으며 할머니의 넓은 품이 더 그리워졌다. 할머니의 그 측은지심 때문에 어이없는 일이 일어나기도 했다. 전국 학생체전이 인천에서 있을 때였다. 지방 도시에서 온 권투 대표선수들이 할머니 댁 근처에서 머물렀던 모양이다. 선수들이라 계속해서 체중 조절을 해야 하는데, 그때는 선수단에 체중계도 없었는지 코치라는 사람이 와서 체전이 끝날 때까지 쌀 재는 저울에 선수들 몸무게를 재도 되느냐고 묻더란다. 할머니 허락을 받은 선수들은 그 뒤로 계속 몸무게를 재러 싸전을 들락거렸다. 그런데 할머니는 체중을 유지하느라 끼니도 제대로 챙겨 먹지 못해 허리가 꼬부라져가던 학생들이 안쓰러워 견딜 수가 없었다.

학창 시절 육상선수로 소년체전에 참가했던 작은엄마와 작은아버지가 혹여 선수들에게 밥이라도 해 먹일까 봐 그러지 말라고 미리 일러두었지만, 할머니는 기어이 일을 저지르고 말았다. 선수들이 몸무게를 재러 올 시간에 상다리가 부러지도록 밥상을 차려놓고 선수들을 주저앉혔다. 어린 선수들은 밥의 유혹을 떨쳐내지 못했고, 다음 날 코치가 찾아와 할머니더러 선수들의 미래를 망치려 들었다고 노발대발했다. 할머니는 코치가 뭐라 하든 선수들이 밥을 먹고 나더니 얼굴에 혈색이 돌더라며 자신의 선택이 옳았다고 했다.

엄마와 작은엄마는 손 큰 할머니 때문에 명절이 다

가오면 스트레스를 겪었다. 넉넉하지 않은 살림에 고향에 있을 때처럼 음식을 해야 했으니 몸만 힘든 게 아니라 돈 걱정도 컸을 것이다. 할아버지가 살아계실 때는 명절에 찾아오는 손님이 많은 데다, 동네 사람들한테 나눠줄 음식까지 하느라 명절 준비에만 일주일이 넘게 걸렸다. 할머니는 음식이 다 만들어지면 일단 이웃들부터 나눠주고 우리 먹을 것은 나중에 챙겼다. 그래서 어렸을 때는 내가 좋아하는 녹두지짐과 팥앙금이 가득 찬 찹쌀떡이 모자라지는 않을지 마음을 졸이기도 했다.

할머니가 돌아가신 뒤, 그 동네 사람들은 할머니가 그랬듯이 오랫동안 음식을 나누었다. 이제 그분들도 돌아가시거나 동네를 떠났고, 그곳은 인천의 개항장 유적지가 되었다. 일제강점기 때 일본식 주택 모습을 그대로 간직하고 있던 세탁소가 있었는데 2024년 불에 타 사라졌다. 할머니가 대나무 채반에 음식을 담아주면 가장 먼저 가지고 가던 그 세탁소가 사라지고 나니, 이제 더는 추억을 더듬을 곳이 없어 몹시 허전하다.

할머니가 떠난 뒤, 동네 사람들이 음식만 나눈 것은

아니었다. 오랫동안 할머니가 챙기던 창식이 아저씨를 동네 사람들이 돌보았다. 창식이 아저씨는 인천항에서 지게꾼으로 일하던 분이었다. 창식이 아저씨와 할머니의 인연이 언제부터 시작되었는지는 모른다. 처음에는 밥을 챙겨 먹이는 정도였는데, 나중에는 창식이 아저씨를 위해 방도 얻어주고 비슷한 처지의 여성과 살림을 차려주기도 했다. 그 결혼이 오래가지는 못했는지 아저씨는 늘 혼자였고, 항상 할머니 곁을 맴돌았다. 처음에는 할머니 때문에 동네에 이상한 사람이 돌아다닌다고 못마땅해하던 이웃들도 아저씨의 선한 마음을 알았기에, 할머니가 돌아가신 뒤에도 창식이 아저씨를 보살펴주었을 것이다.

어렸을 때는 못생긴 할머니를 닮았다는 말이 소름 돋을 정도로 싫었다. 그런데 지금은 아무 조건 없이 가진 걸 나눌 줄 알았던 할머니를 조금이라도 닮아서 다행이라고 생각한다. 작은아버지도 그런 할머니를 떠올렸다.

"중미, 넌 할머니를 빼다 박았어. 넌 모르겠지만 어

려서부터 걷는 것도 똑같았어. 네가 그렇게 사는 것도 네 할머니를 닮아서 그런 것 같아. 우리 엄마가 하는 일은 진짜 아무도 못 말렸어. 피란 와서 송학동 살 때 학교가 끝나믄 애들이 우리 집에 와서 줄 서 있었어. 그때 제대로 먹고 사는 사람덜이 어디 있어? 그런데 우리 집에 오믄 엄마가 빵을 주거든. 팔려고 만든 빵도 애들이 서 있으면 다 나눠줘. 그뿐인가 떡 하믄 떡 나눠줘, 뭐 먹을 게 생기면 다 나눠줬어."

내가 초등학생 때만 해도 신포동에는 화교가 하는 가게들이 남아 있었다. 할머니는 화교들을 떼놈이라고 낮춰 부르면서도 떼놈이나 조선 놈이나 쪽발이나 다 먹고살아야 한다며, 대파나 양파 같은 부식은 화교가 하는 식품점에서 샀다. 그러면서도 기왕 장사하려면 좀 좋은 걸 갖다 놓지 다 시들어빠진 걸 판다며 핀잔을 주곤 했다. 신포동에는 화교가 하는 수제화점이 있었는데 떼놈이 신발 하나는 잘 만든다면서 꼭 거기서 신발을 맞췄다. 할머니가 어떤 사람인지를 드러내는 가장 상징적인 일화는 로스께 이야기다.

"해방되고 로스께들이 막 몰려왔단 말이야. 차도 없

이 걸어서 우리 고향까지 오는 동안 도둑질을 했는지 그놈들 팔뚝마다 시계가 몇 개씩 있었어. 긴데 갸들이 원체 추운 데서 살아서 그런지 다 길바닥에서 자. 팔뚝만 한 딱딱한 빵을 하나씩 가지고 다니다가 잘 때는 그걸 베고 자고, 일어나서 그걸 또 먹어. 그런데 날이 점점 추워지니까 갸이들도 한데서 못 자는 거야. 그래서 나한테 시계를 주면서 우리 여관에서 자겠다고 해. 가만 보니까 팔뚝에 시계를 많이 찬 놈들은 다 높은 놈들이야. 근데 졸병들은 시계도 없으니까 그런 말도 못해. 그래서 내래 시계 주는 넘덜은 못 본 체하고, 빵 베고 자는 어린애들 불러다 재우고 밥 먹이고 그랬디."

해방된 뒤 북한에 들어선 김일성 정권은 토지개혁과 재산 몰수를 시작했다. 부르주아였던 할아버지 역시 재산을 몰수당했다. 그나마 반동분자라고 죽임을 당하지 않은 것은 할머니가 사람들한테 인심을 베푼 덕이었다. 할머니는 할아버지가 거느렸던 첩도 함부로 대하지 않았다고 했다. 작은아버지는 그때를 생생하게 기억했다.

"우리는 이산가족이 없어. 1·4후퇴 때 일가친척이랑

마름들, 소작인들까지 다 피란을 나왔거든. 자칫하면 아버지랑은 이산가족이 될 뻔했지. 아버지는 북한 공산당에 저항하다 잡혀간 동료를 구한 뒤 따라 내려가겠다고 가족들을 먼저 보냈어. 그리고 진짜 경찰서 유치장까지 땅굴을 파서 동료들을 탈출시키고, 작은어머니랑 명숙이 누나를 데리고 뒤늦게 피란을 왔지. 그때 나는 네 살이라 엄마 등에 업혀서 나오고, 누나는 아홉 살인가 그랬지. 형은 열여덟이었는데 그 나이면 소년병으로 징집되던 때였단 말이야. 그래서 고향에서 천안까지 갈 동안 내내 여장을 하고 있었어. 피란 온 지 한 달이 넘도록 아버지 소식을 듣지 못했는데, 글쎄 천안 어디쯤에서 아버지랑 작은어머니, 명숙이 누나를 딱 마주친 거야. 기적이지, 기적."

작은아버지가 명숙이 누나라고 하는 고모는 아버지의 의붓누나였다.

"우리 아버지가 워낙 바람둥이였는데 작은어머니랑은 아예 살림을 차렸어. 작은어머니가 우리 엄마랑 달리 곱잖아. 그래서 우리 집보다 거기 있을 때가 많았어. 작은어머니는 원래 아기를 못 낳으셔서 조실부모한 명숙이 누나를 입양한 거야. 그런데 형이 명숙이 누나를 엄청 괴롭혔어. 우리 아버지가 명숙이 누나한테 뭐 사 주면 그 집에 쳐들어가서 이건 우리 아버지가 사준 거 니까 내 거라고 뺏어 오고 그랬어. 그걸 명숙이 누나가 다 참았어. 누나가 참 착했거든."

"할머니가 작은할머니를 미워한 게 아니고 우리 아 버지가 명숙이 고모를 못살게 굴었다고?"

"그럼, 오히려 우리 엄마는 작은어머니랑 명숙이 누 나를 호적에 올려주고 아주 잘 대했어."

어렴풋이 기억난다. 명절에 작은할머니가 오시면 할 머니는 항상 따로 상을 차려 대접했다. 할머니가 부엌 에서 분주하게 돌아다녀도 작은할머니는 다소곳이 앉 아서 할머니나 엄마가 차려다 주는 밥상을 받았다. 나 는 그래서 작은할머니가 얄미웠다.

엄마는 할머니는 좋아했지만 할아버지와는 데면데 면했다. 첫 며느리인데도 할아버지가 엄마를 대하는 태도는 차가웠다.

"네 할아버지는 정말 세기의 바람둥이야. 너희 아버

지 군대 갔을 땐데 키네마극장에 〈애수〉가 들어온 거야. 내가 비비안 리를 진짜 좋아했거든. 그래서 할머니한테 허락받고 태어난 지 겨우 두 달 된 네 오빠를 업고 영화를 보러 갔지. 그런데 거기서 너희 할아버지를 본 거야. 웬 젊은 여자랑 팔짱 끼고 있는 할아버지를."

"그래서?"

"뭘 그래서야. 영화도 안 보고 나와서 할머니한테 일렀지. 그때 네 할아버지가 미군 부대에서 퍼스트 엔지니어로 일할 때야. 너희 할아버지는 아버지랑 달라서 수단이 좋았어. 피란민들 집 짓는 데 들어가는 자재들도 다 미군 부대에서 슬쩍해왔어. 이북에서도 지위가 있었고, 송학동에 있던 피란민들의 지도자 격이었단 말이야. 그런 사람이 바람이나 피우고, 얼마나 이중적이야."

"할아버지한테 안 혼났어?"

"혼내지 못하지. 네 할머니가 내 편인데. 하루는 네 할아버지 출근하고 나서 청소하다가 선반에 있던 공책 하나를 떨어뜨렸어. 방바닥에 떨어진 공책을 주워 펼쳐보니까 글쎄 일기인 거야. 네 할아버지가 무엇이든 기록하는 버릇이 있었거든. 할아버지 할머니 방 선반에 꿀단지가 있고, 그 아래 공책이 차곡차곡 쌓여 있었어. 그게 다 일기였던 거야. 별걸 다 기록했더라고. 미군 부대에서 있었던 일, 피란민들 얘기에, 연애까지. 읽다 보니 흥미진진해. 그래서 선반에 있던 일기를 다 꺼내 읽었어. 그러다 네 할머니한테 딱 걸렸지. 네 할머니 눈치가 보통 빠른 게 아니잖아. 그게 뭐냐고 하는 거야. 그래서 아버님 일기라고 했더니 나더러 다 읽으라는 거야."

"그래서 읽었어?"

"그럼, 여자들 나오는 데만 읽으라고 해서 전부 읽었지."

"와, 할아버지가 속으로 엄마 미워했겠다. 그래서 어떻게 됐어?"

"뭘 어떻게 돼. 너희 할머니가 밥상을 차려놨다가 그걸 할아버지한테 다 엎어버리더라고."

"근데 할아버지가 가만있어?"

"잘못한 게 있으니 꼼짝 못 하지."

"그래서 할아버지가 엄마를 별로 안 좋아했나 봐."

"너도 그걸 알았어?"

엄마가 한참 동안 크게 웃었다. 가끔 할아버지의 그 일기장도 남아 있더라면 얼마나 좋을까 생각한다. 할아버지가 가게 문을 닫고 나면 책상 앞에 앉아서 뭔가를 꼼꼼히 적던 모습이 기억난다. 할아버지는 피란 와서 싸전 주인으로 살았지만, 꼭 꼿꼿한 샌님이나 공무원 같았다.

할아버지가 돌아가시기 전에 아버지한테 겉옷 속주머니에 있던 낡은 사진을 같이 묻어달라고 하셨다. 할아버지가 농업학교에 다닐 때 사귀던 여학생의 사진이었다. 하나뿐인 딸이 고개를 절레절레 흔들 정도로 바람둥이였던 할아버지의 유일한 순정이 할머니가 아니라 십 대 때 만난 여학생이라니 씁쓸했다. 아버지는 그 사진을 함께 묻어주겠다고 하고, 작은아버지와 고모는 말도 안 된다고 펄쩍 뛰었다. 결말은 나도 기억나지 않는다.

외할머니가 물었다.
중미는 꿈이 뭐니?

"우리 엄마도 아코디언 연주 잘했어. 피란 갔을 때는 밤마다 '오 대니 보이'를 연주하며 노래하고 그랬는데……."

〈주말의 명화〉를 보던 어느 날, 영화 속 유랑악단의 연주를 보며 엄마가 눈물을 글썽이며 말했다. 그때 나는 엄마가 슬퍼하는 까닭보다 피란길에도 아코디언이 있었다는 게 더 신기했다.

"피란 갔을 때도 아코디언이 있었어?"

"응, 해방 전에 아버지가 이탈리아제 아코디언을 우리 엄마한테 선물했었어. 엄마가 대전에 있는 중학교에 음악 교사로 가면서 아코디언을 가져갔었는데, 그걸 피란길에도 챙겨갔어."

엄마나 아버지는 우리에게 당신들 어릴 적 이야기를 자주 해주었다. 학창 시절의 재미있는 에피소드, 형제자매들과 지냈던 이야기 들을 듣다 보면 외가나 친가가 꽤 잘살았다는 걸 알 수 있었지만, 당신들의 현재가 초라해서였는지 과거의 부가 부끄러워서였는지 자신들이 누린 풍요에 대해 강조하지는 않았다.

어릴 때 엄마가 해주는 외할머니 얘기는 늘 그리움으로 끝을 맺었다. 그래서 막연히 외할머니도 외할아버지처럼 돌아가신 줄 알고 있었는데, 초등학교 4학년 때쯤 엄마 앞으로 '최진숙'이라는 사람에게서 편지가 왔다. 최진숙이 누구냐고 묻는 말에 엄마는 당황한 듯 내 손에 있던 편지를 낚아챘다. 그리고 며칠 뒤에야 최진숙이 외할머니라고 고백했다. 그러나 최진숙이라는 이름마저 가명이었다는 걸 안 것은 얼마 전 제적 등본을 떼어 본 뒤였다. 제적 등본이라는 게 있다는 것도 모르고 외가의 흔적을 좇다가 뒤늦게야 외할머니의 어릴 적 이름이 '최어진'임을 알았다.

그 편지를 받은 이후로 엄마는 가끔 외할머니를 만나러 서울에 다녀왔다. 그리고 돌아올 때마다 일제 산리오 문구를 비롯해 비싼 외제 문구들을 가져왔다. 동생들과 나는 헬로키티에 환호했지만, 아버지는 늘 탐탁지 않은 표정이었다. 엄마는 내가 중학생이 되고 나서야 외가의 복잡하고 기구한 이야기를 하나씩 해주었다. 외할머니가 한 재벌 딸네서 유모로 있다는 것도 그제야 알게 되었다.

강화 석모도에서 태어난 외할머니는 인천으로 나와 영화학당에 다녔고, 거기서 앨리스 아펜젤러 교장의 눈에 띄어 이화학당 사범과에 진학해 졸업했다. 그 뒤 인천 화수리교회에 있던 유치원에서 교사로 있으면서 청년회 활동을 하다가 외할아버지와 결혼했다. 엄마에게 들은 외할머니의 인생은 몇 줄로 요약이 가능했지만, 그 뒤로 드문드문 듣는 외할머니의 행적은 의문투성이였다. 엄마는 피란길에 읽은 외할머니의 일기장에서 외할머니의 혼례식에 이화학당 동창들이 와서 돈에 팔려 간 여자라고 소리치며 돌팔매질을 했다는 내용을 읽은 적이 있다고 했다. 엄마는 종종 외가를 드나들던 외할머니의 외사촌 동생들 이야기도 해주었다.

"내가 사상가 삼촌이라고 부르던 분들이 있어. 우리 외할머니의 외조카들이었지. 내가 잘 따랐던 삼촌들인데 지금 생각하면 일제강점 말기에 일본 상선회사 선장에 창씨개명까지 한 우리 아버지 집에 사상가 삼촌들이 드나든 연유가 궁금하기도 해."

"사상가 삼촌이라는 게 무슨 뜻이야?"

엄마는 내 물음에 목소리를 낮춰 대답했다.

"사회주의자들이지."

나의 외할머니 그리고 엄마의 외할머니가 사상가 삼촌과 어떤 관련이 있는지 찾을 수 있는 정보는 거의 없다. 격동의 세월을 살아낸 한 여성이 인지장애가 왔을 때도 놓지 못하던 일기장에 그리고 그녀가 끝내 완성했던 소설에 진실이 담겨 있었겠지만, 안타깝게도 나는 그 일기장도 소설도 읽지 못했다. 몇 조각 없는 퍼즐 판을 연결하는 일은 내 몫이 되었다. 이 에세이를 마치면 외할머니가 남긴 그 몇 개의 조각들로 소설을 쓸 생각이다. 외할머니가 세상에다 그렇게 간절히 말하고 싶어 한 이야기를 상상으로나마 완성해보고 싶다.

5학년 봄쯤이었다. 외할머니가 휴가를 얻어 둘째 외삼촌네 와 있다는 연락을 받았다. 외할머니의 존재를 알기 전에는 외가라면 갈월동에 있던 큰외삼촌네가 전부였다. 텔레비전에서만 보던 호화스러운 집과 명문대에 다니는 언니 오빠들은 왠지 낯설고 불편했다. 그나마 같은 손님 처지였던 둘째 외삼촌이 더 편했다. 그래서 둘째 외삼촌네에 외할머니가 계시다는 말이 반가웠다. 둘째 외삼촌 집은 대문 옆으로 난 계단을 내려가야 하는 반지하였다. 그때까지 내가 알고 있던 집은 모두 땅 위에 있었고, 땅 밑에 있는 것은 일제강점기에 지어진 방공호나 광이었다. 그런 곳에 사람이 산다는 게 놀라웠다. 반지하, 왠지 어감까지 슬프고 어둡게 느껴지는 단어였다.

 그래도 방에 들어가니 천장과 맞붙은 창으로 햇빛이 내리쬐 따뜻한 빛이 가득했다. 처음 만난 외할머니는 자그마한 몸집에 인상은 차갑고 빈틈없이 보였다. 그날의 기억은 낡은 영화 필름을 돌려보듯 흐릿하게 몇 장면씩만 떠오른다. 외할머니가 데쳐주었던 생물 오징어, 엄마와 외할머니가 이야기를 나누는 동안 동생들과 수유리 동네를 헤매던 장면, 외할머니가 대문 가에서 주셨던 내가 좋아하는 스누피 열쇠고리까지.

외할머니를 마지막으로 만난 건 고등학교를 졸업하고 첫 사회생활을 시작할 때였다. 내가 일하는 병원 근처로 오신 외할머니와 영등포시장 골목에서 칼국수를 먹었다. 밥을 먹고 나서 외할머니가 내게 옷을 사주고 싶다고 했다. 영등포시장 옷 가게를 지나다가 외할머니와 내 눈에 동시에 들어온 옷은 흰색에 네이비색 줄무늬가 있는 폴로 티셔츠였다. 이십 대 초반에 그 티셔츠를 입은 사진이 여러 장인 걸 보면 그 옷이 퍽 마음에 들었던 것 같다. 그날 외할머니가 내게 물었다.

"중미는 꿈이 뭐니?"

몹시 당혹스러운 질문이었다. 그때 누구도 내게 꿈을 묻지 않았다. 여상에 진학하면서 대학과 미술을 포기했다. 책과 음악에만 빠져 있다가 고등학교 2학년 2학기가 돼서야 어두운 터널을 나와 취업을 준비했다. 내 꿈은 서울에 있는 회사에 취직하는 것이었고, 막 그 꿈을 이룬 때였다. 취업에 성공한 뒤에도 고등학교 때 선생님이 제물포에 있는 미술학원에 등록해주면서 계속 그림을 그리라고 했지만, 그마저도 뿌리친 상태였다. 이룰 수 없는 꿈은 빨리 인생에서 지우는 게 낫다고 생각했다.

"꿈 같은 거 없는데요."

퉁명스러운 대답에도 외할머니는 재차 물었고, 마지못해 책과 연극을 좋아한다고 말했다. 그러자 외할머니가 반색했다.

"그래? 나도 그렇단다. 나도 연극을 아주 좋아했어. 내가 유치원 교사 할 때 노래극을 만들려고 희곡도 쓰고, 작곡도 하고 그랬단다. 요즘 무슨 책을 읽니?"

카프카, 박완서, 이외수 등 그즈음 즐겨 읽던 책을 말했다. 뜻밖에 외할머니도 박완서를 알고 있었다.

"박완서는 나도 읽었다."

일흔이 넘은 외할머니가 박완서의 작품을 읽었다는 것에 놀랐다.

"네 엄마도 문학을 좋아했지."

엄마가 문학을 좋아했다는 말이 무척 생경하게 들렸다. 문학은 문예창작을 전공한 아버지에게나 어울리는 말이라고 생각했다. 심지어 엄마가 이십 대 때 시인이나 소설가의 강연을 찾아다녔다는 걸 들었는데도 엄마도 문학에 꿈이 있었을 거라는 생각은 하지 못했다. 그날 외할머니와 어떤 이야기를 더 나눴는지는 기억이 없다. 그때의 나는 외할머니나 엄마의 지나간 꿈에 별로 관심이 없었다. 외할머니는 헤어지기 전, 앞으로도 책을 많이 읽고 연극도 계속 보라고 했다.

그 무렵 내게 대학로의 극장은 현실을 피해 숨을 수 있는 대피소였다. 연극을 보며 무대를 직접 만들고 싶은 욕구를 느끼곤 했다. 대학에 갈 수 있다면 순수미술이 아니라 무대미술을 하고 싶었다. 그러나 1980년대를 사는 스무 살의 눈에 비친 현실은 그 꿈이 사치라고 말하고 있었다. 고등학교 때 간첩의 소행이라고 여겼던 5·18의 진실을 시를 통해 만나고, 소설로는 과거로부터 현재까지 이어지는 민중의 삶에 눈뜨고 있던 때라 미술에 대한 꿈이 집착이나 미련은 아닌지 의심했다. 그때 내게 문학은 세상을 보는 창이자 세상으로 가는 길이었다.

그 길 위에서 세상으로 나아갈지, 내 안에만 머물지

를 고민하던 나는 외할머니가 말한 엄마가 좋아한 문학에 관심을 기울일 여력이 없었다. 그때는 외할머니가 전쟁을 겪으면서, 심지어 치매와 싸우면서도 품에서 놓지 못한 소설을 통해 전하고자 한 말과 진실이 무엇인지도 궁금해하지 않았다.

1984년 초여름, 드문드문 나가던 답동성당 주보에서 2기 민중대학 수강생을 모집한다는 기사를 보았다. 책으로만 만났던 강만길, 김진균, 송기숙, 이영희, 안병무, 김찬국, 성래운 교수의 이름을 발견하고 용기를 내서 신청했다. 대학생이 아닌 내가 해직 교수들의 강의를 들을 기회가 생기다니 가슴이 뛰었다. 민중대학이 개강하고 얼마 뒤, 원래 강연자였던 송기숙 작가를 대신해 김정환 시인이 왔다. 김정환 시인의 강연은 문학 혹은 아름다움에 대한 내 생각을 간단히 부수었다. 밭일하는 어머니의 거친 손등, 찢어지고 그대로 아물어 거북 등처럼 굳은 어부의 손이 그 어떤 예술 작품보다 아름답다고 말하는데 나도 모르게 눈물이 흘렀다. 병원 수납처에서 환자로 만나던 노동자, 시장 상인, 도시

빈민들이 떠올랐다.

강남성심병원에서 수납을 보던 신입 시절, 내가 맡은 일 중 하나가 층마다 있던 공중전화를 관리하는 거였는데 이 층에 동전을 수거하러 갔다가 도서관을 발견했다. 도서관이 크지는 않았지만, 의학 서적만 있을 줄 알았던 서가에 소설이나 에세이, 인문 책도 더러 있었다. 한두 권씩 책을 빌려 보는데 어느 날 사서 언니가 내게 말했다.

"읽고 싶은 책 있으면 쪽지에다 써서 줘. 내가 다 구해줄게."

그때부터 병원 도서관 서가 한쪽에 내가 주문한 책이 꽂히기 시작했다. 제3세계 문학 전집을 비롯한 소설과 인문 서적, 한길사에서 나온 〈한국근대사상가〉 선집, 〈창작과비평〉 영인본, 〈실천문학〉, 〈공동체문화〉, 〈민중교육〉 같은 잡지까지. 사서 언니는 나더러 대학 입시를 준비하라고 했다. 선의의 말이라는 걸 알았지만 내 형편을 구구절절 말할 수 없었다. 나는 일부러 천진난만하게 말했다.

"언니, 병원이 내 대학이에요."

1986년 봄 어느 날이었다. 오후 진료를 시작하고 환자들이 수납처로 몰려오기 시작할 무렵, 병원 로비가 소란해졌다. 그리고 갑자기 응급실과 병원 입구를 경찰이 에워쌌다. 병원과 가까운 공장의 노동자가 분신을 시도해 응급실로 왔다고 했다. 신흥정밀 노동자 박영진이었다. 고 박영진은 화상전문 치료실이 있는 한강성심병원으로 이송되었다가 다음 날 새벽 사망했다. 그날 출근길 버스의 라디오에서 조안 바에즈의 '솔밭 사이로 강물은 흐르고(The river in the pines)'가 흘러나왔다. 나도 모르게 눈물이 계속 나왔다. 버스가 영등포에서 대림동으로 가는 지하 차도를 지날 때 생각했다.

"나는 어디로 흘러야 할까."

'엄마'만 남은 김미자

2024년 5월, 엄마를 집에 모시고 와서 하룻밤을 지내고 다시 요양원으로 데려다드릴 때였다. 시골길을 가느라 차가 덜컹거리자 엄마가 자신의 휠체어를 잡고 있던 여동생 팔을 얼른 잡았다. 여동생이 눈물을 글썽이며 말했다.

"엄마, 나 붙잡아주는 거야? 걱정돼서?"

"그럼, 당연하지. 엄마가 안 잡아주면 누가 잡아줘."

차에 함께 있던 우리가 누구인지 떠올리지 못하던 엄마였다. 그런데 순간 자신이 엄마라는 사실을 기억해낸 모양이었다. 집에서 함께 지낸 1박 2일 동안 엄마는 우리 사 남매를 기억하지 못했다. 그렇지만 자신이 엄마라는 것만큼은 자각하고 있었다. 엄마는 우리가 무엇을 먹는지, 그 음식을 어떻게 준비하는지 궁금해했다. 우리가 대화를 나누는 모습을 흐뭇하게 바라보며 소리 내어 웃기도 했다. 먹을 것을 드리면 항상 우리부터 챙겼다.

"다들 먹어야지. 먼저들 먹어. 그래야 나도 먹지."

모든 기억이 사라진 엄마에게 남은 유일한 정체성이 '엄마'라는 것이, '엄마'만 남은 김미자 씨가 슬펐다.

인천으로 이사 온 청소년기부터 엄마는 너무 약해 내가 지켜주어야만 하는 존재였다. 그러나 엄마가 들려주는 이야기 속에서 어린 미자는 자신만만하고 담대한 아이였다. 6·25전쟁이 일어났을 때 고작 열여섯이었던 엄마는 막 중학생이 된 이모를 데리고 인천에서부터 영등포역까지 걸어가 피란 열차를 타고 외할머니한테 갔다고 했다.

"전쟁이 났다는데, 엄마를 영영 못 볼 것 같은 거야. 그래서 영애를 데리고 엄마한테 가기로 했어. 아버지 몰래 나오느라 새벽에 나왔지. 희로가 자기도 데려가라는 걸 그냥 매정하게 나왔어. 온종일 걸으니 영등포역에 캄캄해서야 도착했는데, 밤 10시엔가 11시엔가 떠나는 피란 열차가 있다는 거야. 그때는 어른들이 다 도와줬어. 엄마 만나러 간다니까 기차 꼭대기에 올려주고, 누군가 기저귀 천으로 쓰는 소창을 끈으로 만들어서 떨어지지 않게 서로 묶더라고. 우리를 가운데 앉히고. 그렇게 생사를 가르는 위기에도 사람들은 서로 도왔어. 덕분에 대전에서 엄마 만나고, 부산으로 피란을 갔지. 그때가 열여섯이었어. 두 번 월반해서 고등여학교 5학년이었지만. 내가 그렇게 용기 있는 사람이었는데, 왜 이렇게 됐는지 몰라. 나는 가끔 그 고달팠던 피란 시절이 그리워. 맹장 때문에 죽다 살아나기까지 했는데도……. 나는 공부를 하고 싶었어. 영애만큼 노래를 월등히 잘하는 것도 아니고, 희로처럼 악기를 잘 다루지도 못했어. 그저 공부하고 책 읽는 것만큼은 자신 있었지. 난 엄마보다 아버지를 더 닮았던 것 같아. 피란 시절에도 전쟁이 끝나면 남은 고등학교 공부를 마치고 대학에 가고 싶었어."

엄마는 인천으로 온 뒤 대학은 꿈도 꾸지 못하고 계

모 밑에서 동생들을 지키고, 살림을 사느라 이십 대를 보내야 했다. 그때 엄마는 계모인 신앙촌 할머니보다 소식이 끊긴 외할머니를 원망했다고 했다. 맏딸이었던 엄마의 무거운 어깨를 충분히 가늠하고도 남기에 나는 엄마의 회한이 내 것처럼 느껴졌다.

2017년쯤부터 엄마와 같이 사는 막냇동생이 엄마한테 아무래도 인지장애가 온 것 같다고 걱정했다. 바쁘다는 핑계로 자주 가지 못하다가 대선을 앞두고 집에 갔다.

"시장에서 사람들 얘기를 들으면 답답해. 여전히 안철수가 잘생기고 똑똑해서 좋다고 해. 박근혜가 불쌍하다는 것도 여전하고."

"말도 안 돼, 아직도 그런 생각을 하는 사람들이 있어?"

"그렇다니까. 난 박근혜가 불쌍하다며 제 딸처럼 말하는 할머니들을 보면 한숨이 나와."

"엄마는 누굴 지지해?"

"그게 고민이야. 지난번에는 내가 김순자를 찍었거

든?"

"정말?"

"그럼, 너희 아버지랑 나는 항상 너희가 지지하는 사람 찍었어. 이번엔 심상정이지?"

엄마와 대화를 나누니 막내 걱정과 달리 인지장애는 커녕 오히려 판단력이 더 좋아진 것 같아 안심했다.

엄마 아버지가 19대 대통령 선거에서 심상정 후보를 찍었던 2017년 5월의 마지막 주말, 우리 사 남매는 부모님을 모시고 벼르고 벼르던 부산 여행을 갔다. 오래 전부터 여행 한번 가자던 막내의 말에도 짬을 내지 못하다가 큰맘 먹고 케이티엑스와 숙소를 예약했다. 더 늦으면 영영 가지 못할 것 같았다.

엄마는 피란 시절 1년 정도 살았던 부산을 늘 그리워했다. 그 시절이 외할머니와 엄마가 함께 지냈던 유일한 시간이었기 때문이다. 이십 대부터 엄마를 모시고 부산 여행을 가겠다고 마음먹었지만, 엄마 아버지가 여든이 넘어서야 떠나게 되었다. 열차에서 엄마 아버지는 창밖을 보며 두런두런 이야기를 나누었다. 피란 시절 이야기도 하고, 열차를 타본 지가 얼마나 됐는지 손을 꼽기도 했다.

　부산에 도착해서 엄마가 늘 그리워하던 보수동 산동네, 국제시장, 산복도로, 자갈치시장에 갔는데 반가운 기색이 별로 없었다. 덥고, 오랜만에 긴 기차 여행을 해서 그런가 하면서도 어딘가 찜찜했다. 엄마는 그때 이미 외부 자극에 둔해져 있었던 것 같다. 내가 아는 엄마라면 국제시장 구석구석을 다니며 외할머니와의 추억을 되살리기 바빴어야 했다. 국제시장 근처 오래된 분식집으로 우동을 먹으러 가서도, 이북식 전집에 가서도 반응이 밋밋했다.

　엄마는 일제강점기 때 인천 궁정동에서 먹던 일본식 가케우동을 그리워했었다. 그래서 고등학교를 졸업하고 서울에 취직했을 때, 신촌과 아현동 사이에 있던 일본식 우동집에 엄마를 모시고 간 적이 있다. 그때 엄마는 눈물까지 글썽이며 추억에 젖었다. 그런 엄마가 그렇게 그리워하던 부산의 국제시장에서는 내내 시큰둥했다. 피란 시절 1년 넘게 살았던 보수동 근처에 차를 세웠으나 엄마는 귀찮다고 아예 내리지도 않았다.

　아버지는 노인복지관 노인들에게 보여줄 플래시 애

니메이션에 쓸 영상을 찍느라 엄마는 안중에 없었다. 엄마는 그런 아버지 때문에 속상해했다.

"복지관 영감이랑 여편네들이 너희 아버지한테 하도 잘한다, 잘한다 하니까 우쭐해 있어. 지난번에는 어떤 할머니가 점퍼를 사주고, 또 그전에는 비싼 탁구채를 선물 받았다고 들고 왔어. 글쎄 그 양반들이랑 식당도 간다더라. 마누라랑은 생전 먹지도 않는 감자탕까지 먹는단다."

엄마가 질투하는 모습도 평소와 달랐지만, 우리는 엄마의 인지장애를 걱정하는 막내가 과민한 거라고 넘어갔다. 여행에서 돌아오는 길에 막내가 엄마를 위해 고양이나 개를 입양해야겠다고 했다. 처음에는 반려동물을 건사하는 일까지 엄마 몫이 될 것 같아 반대했는데 남동생이 조심스럽게 말했다.

"엄마가 걱정돼서 그래. 종일 혼자 계시잖아. 멍하니 계실 때가 많아. 텔레비전을 보면서도 집중 못 하시고. 그냥 건망증 정도가 아니라 이상해. 음식 태우는 날도 많고, 냉동실에 2년 넘은 냉동식품까지 있어. 그렇게 깔끔한 사람이 청소도 잘 안 하고. 이제 해든이도 다

커서 엄마 손이 필요하지 않고, 누군가를 돌보는 일이 인지장애를 막는 데 도움이 된대."

혹시나 하는 마음에 마침 새끼 고양이를 분양하던 지인에게서 고양이를 입양했다. 막내 말대로 고양이를 돌보면서 엄마가 더 밝아졌다.

2018년 설 연휴 마지막 날, 여동생에게 연락이 왔다.
"언니, 엄마 허리 골절이래."

몇 년 전 골다공증 진단을 받고도 약을 잘 챙겨 먹지 않던 엄마는 설을 쇠면서 무리를 해 허리 골절이 오고 말았다. 여든이 넘은 나이에도 차례와 제사를 포기하지 못하는 아버지 때문에 그 지경이 된 것 같아 화가 났다. 가장 손이 많이 가는 녹두지짐과 전은 오빠와 남동생이 하지만, 명절을 앞두고 장 보고 제사상에 꼭 올려야 하는 음식들은 모두 엄마 몫이었다.

연휴가 끝날 때까지 동네 정형외과에 입원해 있다가 종합병원으로 가 골시멘트 시술을 했다. 골시멘트는 허리 아래로 부분 마취만 한다는데 수술실을 나온 엄마가 섬망 증세를 보였다. 의사는 일시적인 증상이라고 했고, 퇴원할 때 엄마는 의사 말대로 다시 안정을 찾았다. 집에서는 엄마가 요양과 재활을 제대로 할 수 없을 것 같아 처음 갔던 동네 정형외과에서 재활 치료를 하기로 했다.

그 병원에는 간병사가 따로 없어 낮에는 조카와 여동생, 내가 돌아가면서 엄마를 돌보고, 저녁에는 퇴근한 오빠가 와 있기로 했다. 올케언니도 요가 수업이 없을 때 짬짬이 병원에 왔다. 아버지는 엄마가 당장 어떻게라도 될 것처럼 수시로 눈물 바람이었다. 그러면서도 노인복지관에 갈 시간이 되면 일분일초도 망설이지 않고 일어났다.

"내가 강사인데 빠지면 곤란하지."

당시 아버지는 서구 노인복지관에서 플래시 애니메이션 편집 강의를 하고 있었다. 노인 일자리 지원 차원에서 받는 돈은 월 20만 원밖에 안 됐지만, 아버지는 자신이 아직 쓸모 있다는 데 자부심을 느꼈다. 우리는 아버지에게서 그 자부심을 빼앗고 싶지는 않았다.

엄마는 여동생과 내가 병원에 있을 때만 화장실에

갔다. 일회용 기저귀를 하고 있었지만, 누워서 대소변을 보기 싫다고 했다. 오빠나 아버지가 곁에 있을 때는 화장실에 가자고도 하지 못하고 참았다. 엄마를 모시고 화장실에 가면 기저귀에 똥이 조금씩 묻어 있었다. 항생제 때문인가 하고 의사한테 약을 바꿔달라고 했지만, 차도가 없었다.

재활이 끝나고 퇴원하면서 다른 질환이 있는지 알아보기 위해 집 근처에 있는 종합병원에서 종합검진을 받았다. 그런데 소화기관에는 아무런 문제가 없었다. 혹시나 해서 신경외과 진료도 받았지만, 인지장애가 드러나지 않았다. 의사는 그 정도면 굳이 엠알아이를 찍을 필요가 없다고 했다. 퇴원해 집에 간 엄마의 얼굴이 심란해 보였다.

"엄마, 왜? 뭐가 마음에 안 들어?"

"아니, 그런 건 아닌데. 그냥 앞으로 일이 걱정되네."

"그래도 어떡해. 엄마가 아프니 아버지랑 막내한테 맡겨야지."

아버지는 자신의 기대와 달리 회복이 느린 엄마로 인해 신경이 날카로워져 있었다. 무엇보다 자신의 일상 루틴이 깨질 것을 가장 걱정했다. 아버지에게 엄마 간병에 필요한 것들을 알려드리고, 메모까지 해 책상에 놓으면서 말했다.

"아버지, 이제부터 아버지가 엄마 돌보셔야 해요."

"알아. 내가 다 한다. 걱정 말라우."

그러나 이미 아버지도 팔십 대 중반이었다. 아버지한테 엄마를 맡기고 나오려는데 발이 떨어지지 않았다. 그러나 공부방 정기 공연이 코앞이었고, 농사철이 다가왔고, 강연도 있었다. 나는 현관문을 닫으며 엄마와 이어진 뇌의 회로를 닫았다.

밥 한 알이 귀신 열을 쫓는다

 퇴원한 지 일주일이 채 지나지 않아서 막내에게 전화가 왔다.
 "누나, 엄마가 진짜 이상해. 아무것도 안 드시고 누워만 있어. 퇴근하고 와보면 아버지는 아무것도 안 하고 컴퓨터 앞에만 있어. 기저귀가 새서 침대 시트가 다 젖었는데도 몰랐대. 누나도 우리 아버지 알잖아. 당신이 보기 싫은 건 하나도 안 본다고."
 엄마가 절대 치매일 리가 없다고 우기는 아버지를 설득해 집에서 가까운 노인전문병원에 갔다. 낯선 병원에 간 것이 궁금할 만도 한데 엄마는 말없이 진료실에 따라 들어왔다. 의사는 엄마에게 진료실까지 어떻게 왔는지부터 물었다. 걸어왔는지, 엘리베이터를 탔는지 혹시 계단을 올라오지는 않았는지. 엄마는 당황했고, 일 층인 진료실까지 어떻게 왔는지 대답하지 못했다. 엄마의 소재식이 흐려졌다는 증거였다.

주민등록번호나 주소, 우리 사 남매와 손주들 이름은 다 기억했지만 간단한 덧셈이나 뺄셈 문제에 답하지 못했다. 삼각형, 사각형, 오각형을 제대로 따라 그리지 못했다. 의사는 다행히 아직 초기이므로 계속 집안일을 하며 일상적인 활동을 하도록 돕는 게 좋겠다고 했다. 의사에게 정형외과에서부터 계속된 변실금 증상을 물었는데, 변실금은 치매가 중증으로 넘어갈 때 보이는 증상이라며 치매로 인한 증상이 아니라고 했다.

아버지는 진료를 받고 나왔는데도 엄마의 인지장애를 인정하지 않으려 했다. 똑같은 이야기를 수십 번 되풀이한 뒤에야 가까운 치매안심센터에 가서 상담하고, 날마다 엄마를 모시고 다니기로 약속했다. 그런데 며칠 뒤, 다시 막내에게서 연락이 왔다.

"누나, 이러다 엄마 진짜 죽을 것 같아. 아무것도 안 드셔."

먼저 진료 받은 노인전문병원에 연락해 상의했더니 입원 치료가 필요할 것 같다고 했다. 급하게 입원이 가능한 병원을 찾았다. 다행히 인천시립노인병원에 입원할 수 있었다.

병원에서 만난 엄마 눈빛이 일주일 만에 달라져 있었다. 두려움이 가득한 눈으로 주변을 살폈고, 사위들은 아예 알아보지도 못했다. 담당 의사는 엄마를 진단한 뒤, 우울증이 동반된 인지장애라고 했다. 변실금이 꼭 치매 말기 증상만은 아니라고 했다. 인지장애도 개인에 따라 증상이 다르게 나타난다고 했다. 엄마는 입원 초기에는 섬망이 심했지만, 차츰 안정을 찾았다.

"엄마, 여기 어때?"

"좋아."

"뭐가 좋아?"

"밥이 맛있어. 생선도 나와."

"다행이네. 밥 맛있는 거 말고, 또 여기가 왜 좋아?"

"밥 안 해도 되고, 빨래 안 해도 되고. 내가 평생 네 아버지 밥상 차리느라 얼마나 고생을 했니……."

엄마는 까다로운 아버지에 맞춰 밥상을 차리는 게 얼마나 힘들었는지를 되풀이해서 말했다. 요양병원 침대에 누운 엄마를 보기만 해도 죄책감이 들었는데, 엄마는 '밥'을 하지 않아도 되는 그곳이 좋다고 했다. 엄마는 음식에 최선을 다하는 사람이었다. 경제력이 없는 엄마는 자신이 자녀에게 할 수 있는 최선이 밥이라고 생각했다. 한 끼도 대충 차리지 않았다. 없는 돈으로 세끼를 준비하면서 늘 필수영양소가 제대로 들어갔는지를 따졌다.

내가 초등학교 3학년 때까지 우리는 그 흔한 석유풍로조차 없어 엄마는 연탄아궁이에서 세끼를 준비해야 했다. 풍로를 들여놓던 날, 엄마의 기쁜 표정을 잊을 수가 없다. 풍로를 들인 기념으로 선택한 요리는 튀김이었다. 엄마는 여름에는 땀을 많이 흘리기 때문에 고열량 음식을 자주 먹어야 한다고 했다. 감자와 당근, 양파 말고도 쑥갓, 가지, 깻잎, 고추, 고구마 등 채소란 채소는 다 튀겼다. 우리가 좋아하는 오징어 튀김은 마른오징어를 물에 불려 튀겼다. 아버지가 그나마 드시는 바다 것은 마른오징어와 김이 유일했기 때문이다.

돼지고기가 흔해진 뒤에는 채소뿐 아니라 돈가스와 탕수육도 직접 튀겼다. 나도 아이들을 키우며 돈가스 정도는 집에서 직접 튀겼지만, 다른 튀김은 엄두를 내지 못했다. 에어컨도 없는 한여름에 일주일에 한두 번씩 튀김을 하던 엄마의 수고는 내가 직접 음식을 만들고 나서야 알게 되었다.

아버지는 마른오징어와 김, 미역을 제외하고는 물에서 나는 모든 음식을 거부했다. 우리가 어렸을 때는 아버지한테 알레르기가 있는 줄 알았다. 나와 막내도 등 푸른생선 알레르기가 있었다. 그런데 할머니 말로는 알레르기라기보다 어려서 이유식을 할 때부터 생선을 강력하게 거부했다고 했다. 할머니는 위로 두 아들을 병으로 잃은 뒤였기에 아버지가 싫다는 걸 억지로 강요하지 않았을 것이다. 피란 오기 전까지 아버지는 대니면 만성리의 부잣집 도련님이었고, 누구도 아버지의 유아독존을 방해하지 않았다. 아버지의 자기중심적인 성격은 그때 굳어졌을 것이다.

어렸을 때는 엄마를 힘들게 하는 아버지가 미웠다.

그래서 나는 독립하기 전까지 밥이 질다 되다, 반찬이 싱겁다 짜다 맵다 따위의 말을 한 적이 없다. 나 역시 아버지 못지않게 편식이 심한 편이었지만, 아버지처럼 밥상에서 엄마에게 상처를 주고 싶지 않았다.

아버지는 할머니가 직접 한 음식만 먹었고, 결혼해서는 오로지 엄마가 만든 음식만 먹었다. 엄마가 더는 요리를 하지 못하게 되었을 때는 막내가 해주는 것만 먹었다. 아버지의 편식은 식이장애에 가까웠다. 딸들이 심리학을 전공하면서 성격장애에 대해 자주 이야기를 나눴는데, 그때마다 아버지의 태도나 성격을 분석해보고 싶은 충동을 자주 느꼈다. 선무당이 사람 잡는다고 섣불리 아버지를 단정 지을 수는 없지만, 아버지가 내현적 나르시시스트 성향이 강한 사람인 것은 틀림없다.

아버지는 과시하는 경향이 강하지는 않았고, 권력이나 부를 병적으로 탐낸 적은 없다. 그러나 아름다움, 이상에 대한 기대가 높았다. 세상의 중심이 자기였고, 자신이 모든 것을 포기할 만큼 사랑했다는 엄마와의 관계에서도 마찬가지였다. 사랑하는 아내가 우울증을 겪고, 신경성 위염으로 고통받을 때도 아버지는 엄마의 고통에 아파하기보다는 그런 엄마를 지켜봐야 하는 자신의 아픔에 더 집중했다. 엄마가 요양병원과 요양원에 있을 때도 고립된 엄마가 겪을 두려움이나 외로움보다는 사랑하는 아내의 결여로 인한 자신의 슬픔이 더 컸다. 아버지의 어린 시절 일화를 들어보면 내 그런 의심이 영 틀린 것은 아니다.

아버지는 우리가 가난 때문에 포기해야 했던 것들에 관심이 없었고, 성장기 자녀들이 자신 때문에 고른 영양소를 섭취하지 못하는 것에도 크게 신경 쓰지 않았다. 내가 고등학교를 졸업하고 취업해 첫 월급을 타 월급봉투를 내밀자 고개를 돌리며 말했다.

"내가 무슨 자격으로 그걸 보네?"

아버지는 늘 자신의 부족함이나 실패를 마주하지 않고 회피했다. 아버지가 시선을 두지 않는 곳에서 일어나는 사건들은 그에게 어떤 영향도 주지 않았다. 스무 살이 채 되지 않은 딸이 받은 월급봉투를 보지 않는 것도 당신의 불편함을 피하기 위해서였다. 그러면서도 큰딸이 월급날 사 오는 버터 빵을 먹을 때면 세상에서 가장 행복하다고 말했다.

"진짜 버터가 들어 있는 빵이 다 있구나. 이걸 얼마 만에 먹는지 모르갔다."

나는 아버지가 기뻐하는 그 모습이 뿌듯해 월급날마다 빵을 사서 갔다. 빵을 사 가기 시작한 지 1년쯤 되었을 때 엄마가 말했다.

"중미야, 이제 빵 사 오지 마. 네 아버지는 네가 그 빵 살 돈을 어떻게 버는지 몰라. 괜히 버릇 들이지 마."

그때는 그 말을 하는 엄마의 깊은 속을 다 알지 못했다. 그래서 계속 빵을 사 갔는데 얼마 뒤 빵집이 문을 닫았다. 더는 그 빵을 살 수 없게 되었을 때 실망하던 아버지의 모습을 잊을 수가 없다.

그런 아버지 덕에 우리는 방학 때 할머니 댁에 가지 않는 한 생선을 먹을 수 없었다. 고기가 귀하던 시절 엄마는 한창 자라나는 우리에게 단백질을 마음껏 먹일 수 없는 것을 안타까워했다. 그래서 밥상에 두부가 빠지지 않았다. 두부볶음, 두부부침, 두부조림, 두부찌개까지. 그래도 부족하다고 느끼면 아주 가끔 꽁치통조

림찌개, 양미리조림, 동태탕을 해주었다.

그러나 한겨울에 아버지가 퇴근하기 전까지 창문을 열어놔야 해서 생선 먹는 것이 마냥 좋지만은 않았다. 엄마 역시 위험 부담이 큰 생선 대신 주로 달걀을 선택했다. 그때까지 달걀은 고등어나 양미리보다 비싼 재료였지만 달걀말이, 명란 달걀찜, 달걀장조림, 김 달걀국으로 어떻게든 단백질을 보충해주려 애썼다. 그중 우리가 가장 좋아하던 특식은 일요일 아침에만 먹을 수 있던 달걀밥이었다.

아버지는 일요일 아침마다 우리를 깨워 남산모루로 등산을 갔다. 산에 갔다 돌아오면 아랫목에는 달걀을 품은 밥그릇이 여러 개 이불을 덮고 우리를 기다렸다. 손을 씻고 밥상에 앉으면 엄마가 아랫목에서 밥그릇을 꺼내 하나둘 상에 놓아주었다. 우리는 밥뚜껑을 열고 참기름과 깨가 동동 뜬 간장을 얹어 비벼 먹었다.

빠듯한 살림 탓에 밥상에 올릴 반찬을 하나라도 더 마련하기 위해 엄마는 할머니가 보내주는 일반미를 싸전에 되팔고 정부미를 가져왔다. 그 차액으로 우리에게 부족한 단백질이나 칼슘, 비타민을 보충할 만한 반찬들을 만들었다. 그러면서도 정작 엄마는 늘 물 말은 밥에다 김치를 먹었다. 신경성 위염을 달고 살았던 엄마는 그렇게 좋아하던 생선을 평생 먹지 못했다.

"처음 동두천에 와서는 옆집에서 꽁치나 고등어를 굽는 냄새가 나면 눈물이 다 났어. 너 백일까지는 그래도 내가 시집살이를 했으니 생선은 마음껏 먹었잖니? 할머니가 네 아버지 몰래 생선을 구워줬거든. 그런데 동두천에 가서는 그럴 수가 없잖아. 옛말에 내 배 부르면 종의 밥 짓지 말라 한다는 말이 있거든. 네 아버지는 좋아하는 고기를 미군 부대에서 원 없이 먹으니 아쉬울 게 없잖아. 그러니 마누라나 자식새끼들이 뭐가 부족한지 모르는 거야. 내가 너희 걱정하면 그게 무슨 뜻인지를 몰라. 부자가 없는 놈 보고, 왜 고기 안 먹느냐 하는 거나 마찬가지지."

"엄마는 그런 사람을 어떻게 참았어? 그냥 굶기지."

"네 아버지 모르냐? 군대 가서 맞아 죽게 생겨서도 안 먹은 사람이야."

"할머니랑 엄마가 그렇게 만든 거야."

"이미 그런 사람이었는데 어쩌겠어. 게를 똑바로 가

게 할 수 있어? 못 바꿔."

어렸을 때 생선 말고도 우리 집 밥상에 올라오지 않는 것이 하나 더 있었는데 바로 고추장이었다. 아버지가 군에 있던 3년 동안 볶은고추장을 물리도록 먹은 탓이었다. 아버지가 군에 입대한 것은 1960년이었다. 그런데 입대한 지 두어 달 만에 부대 상사가 송장 치르게 생겼다며 가족을 호출했다. 아버지가 훈련을 받을 때부터 쌀밥만 몇 숟가락 먹고는 그 어떤 반찬도 입에 대지 않았기 때문이다. 상사들한테 죽도록 맞고 기합을 받아도 음식을 거부했다. 심지어 선임들이 음식을 입에 쑤셔 넣어도 입을 벌리지 않고 버텼단다. 아버지가 음식을 거부한 이유는 생선과 같이 조리한 음식을 먹기 싫어서였다. 엄마는 연애 시절 아버지가 뒷주머니에다 숟가락과 포크를 넣어 다니는 걸 창피해했다. 그때도 아버지는 순전히 비린 것을 먹던 숟가락을 사용하지 않기 위해서 그랬다고 한다.

"엄마는 왜 그런 사람이랑 연애를 했어?"

"사랑했으니까. 그때는."

할아버지의 후배가 장교로 있던 덕분에 아버지는 동

해안 사령부 의무병으로 가게 되었고, 집에서 반찬을 해다 주는 걸 허락받았다. 3년간 엄마와 부산에 사는 고모할머니가 소고기를 넣은 볶은고추장을 강원도에 있는 부대까지 날랐다. 1960년대 군부대의 규율이 지금보다 더 엄격했을 텐데, 그런 예외가 허용되었다는 것이 믿어지지 않는다. 엄마한테 그 이야기를 들을 때마다 나는 죽든 살든 내버려두었어야 한다고 말했다. 아버지가 돌아가신 뒤 작은아버지가 말했다.

"그랬다간 네 할머니 장례까지 치를 거 같으니 다 참았던 거지."

엄마는 인지장애가 오고 나서야 그놈의 밥상 때문에 얼마나 고달팠는지 아버지 눈치를 보지 않고 말했다. 오죽하면 요양병원이 좋았을까. 밥상 고민이 내 고민이 되기 전까지 나는 엄마의 반찬 걱정을 하찮게 여겼다. 오히려 엄마가 종일 반찬 걱정만 하는 게 답답했다.

공부방을 시작하고 저녁마다 자원 교사들의 밥을 준비하면서 그 하찮은 걱정이 다른 어떤 일보다 중요하다는 걸 알았다. 엄마와 다른 시대를 살고 있었지만 '밥하는 일'을 사소하게 취급하는 것은 마찬가지였다. 그러나 그 '밥'이 공부방에 모인 청년들을 공동체로 묶어주었다. 그래서 나 또한 엄마처럼 그 밥을 포기하지 못했다. 공동체에서 다 함께 먹는 밥을 여럿이 나눠서 하기까지 참 긴 시간이 걸렸다. 함께 먹는 밥은 서로를 이어주는 소중한 매개다. 그런데 그 밥 짓는 일이 언제나 여성만의 몫인 게 문제였다. 나도 밥이 엄마의 책임이라고만 생각했다. 엄마로 인해 우리 가정이 돌아간다는 걸 알면서도 그 노동에 합당한 가치가 인정되지 않는 것에 문제의식을 느끼지 못했다.

친할머니는 주변에 배를 곯는 사람이 있으면 그 사람이 누가 됐든 밥상에 초대해 고봉밥을 차려주었다. 밥 한 알이 귀신 열을 쫓는다며 그 어떤 일보다 먹는 일을 중요하게 생각했다. 엄마도 친할머니처럼 우리를 지키는 것이 세끼 밥상이라고 여겼다. 실제 나는 엄마의 그 밥 덕분에 몸과 마음이 강해질 수 있었다. 그러나 그놈의 밥이 엄마 인생의 전부가 되면서 엄마의 속이 곪아갔다.

가난은 엄마에게 이웃조차
허락하지 않았다

"엄마, 이제 편해서 좋겠네. 그래도 허리가 나으려면 누워만 있지 말고, 운동도 하고 혼자 화장실 가는 연습도 해야 해."

"뭐 하러? 누워 있으면 다 해주시는데."

"누가?"

"여사님이."

엄마답지 않은 말에 놀랐지만 나는 내색하지 않고 말했다.

"엄마, 보호사님은 여기 환자들 다 돌봐주셔야 하니까 얼마나 힘드시겠어? 엄마라도 화장실 가면 좋지."

"아, 그렇겠구나. 그러면 내가 운동해보지 뭐."

엄마는 그 뒤부터 요양보호사가 힘들지 않도록 열심히 운동했다. 몸을 움직이니 식사량이 늘고 건강도 좋아졌다. 병실에 있는 환자들과도 이야기를 나누고, 무엇보다 요양보호사와 친구가 되었다. 석 달쯤 지나 혼자 화장실을 오갈 수 있게 되자 엄마는 요양보호사를 도와 다른 환자들을 돌보기까지 했다. 엄마와 친구처럼 지내는 요양보호사는 엄마 덕에 일이 줄었다며 좋아하셨다.

엄마는 병원에서 운영하는 프로그램도 좋아했다. 색종이 접기를 비롯한 다양한 활동을 하는 미술 시간, 대학생 봉사자들과 함께하는 레크리에이션, 노래 교실까지 다 재밌다고 했다. 엄마는 특히 매주 토요일을 기다렸다. 자원봉사자들이 개를 데리고 와서 입원 환자들과 교감하는 시간이었다.

"엄청 큰 개랑 하얗고 작은 개가 와. 만질 수도 있어. 개들이 다 나를 좋아해."

"리트리버인가?"

"맞아. 그거 리트리버."

간호사가 엄마가 평소에도 동물을 좋아하셨냐고 물었다. 봉사자들이 오면 2시간 내내 개들 곁을 떠나지 않는다고 했다. 우리가 어렸을 때 엄마는 '미스' 이야기를 자주 해주었다.

"우리 아버지가 선장일 때 독일까지 가셨거든. 아버지랑 친한 독일 사람이 있었어. 우리 집에도 몇 번 오고 그랬는데 그 사람이 아버지한테 개를 두 마리 선물했어. 하나는 셰퍼드, 하나는 보더 콜리, 이름은 미스터랑 미스였어. 미스터는 우리 아버지밖에 몰랐고, 미스는 나를 잘 따랐어. 미스는 정말 똑똑했어. 내가 네 아버지랑 데이트를 갈 때면 미스를 부엌에다 불러놓고 말했어. '미스, 언니 나가면 문 잠그고, 이따가 언니가 미스 이름 부르면 열어줘' 그러면 미스가 내가 나간 뒤에 발로 걸쇠를 잠그고, 내가 올 때까지 부엌에 꼼짝 않고 있었어. 밤에 와서 '미스야, 언니 왔어' 하면 걸쇠를 열고는 오줌 누러 정원으로 달려갔다니까. 우리 미스 아니었으면 우린 데이트도 못 했어. 시집올 때 미스를 데려오려고 했는데 그게 안 됐어. 아버지도 돌아가시고, 미스랑 미스터 돌볼 사람도 없으니 신앙촌 엄니나 우리 오빠가 팔아버렸던 거 같아."

엄마는 미스 이야기를 할 때마다 눈물을 글썽였다. 엄마는 병원에 오는 골든 리트리버를 보면 미스가 생각난다고 했다. 엄마는 동물이든, 사람이든 관계 속에 있을 때 행복한 사람이었다. 엄마가 요양병원 생활을 좋아하는 이유는 그저 밥을 안 해도 돼서가 아니라 그곳이 엄마에게 새로운 사회적 관계를 만들어주는 공간이었기 때문이다.

그렇게 사람들과 어울리길 좋아했던 엄마는 인천으로 이사 온 뒤 목재 단지 안에 고립되었다. 엄마가 처음 우울 증세를 보인 것도 목재회사 사택에 살 때였다. 동두천에서는 집주인이나 세를 든 사람이나 큰 부자가 없고 찢어지게 가난한 사람도 없었다. 그저 자식들이 아프지 않고, 굶지 않는 것만도 다행이라고 믿는 사람들이 대부분이었다. 큰 욕심이 없으니 웃을 일이 많았고, 슬픈 일이 생기면 함께 눈물을 흘렸다.

동네에 텔레비전 있는 집이 우리 집과 희숙이네뿐일 때 아버지는 연속극이나 권투, 축구 경기를 할 때마다 툇마루 위 선반에 텔레비전을 올려놓았다. 그러면 동네 사람들이 원하는 시간에 맞춰 와 마당에 돗자리를 깔고 텔레비전을 보았다. 사람들은 아버지한테 트랜지스터라디오나 선풍기 같은 전자제품을 들고 와 고쳐달라고 했다. 아버지가 전자제품 수리를 따로 배운 건 아니었다. 그저 기계에 관심이 많아 젊었을 때부터 혼자서 책을 보며 분해와 조립을 해보았다고 했다. 한문이나 영어가 적힌 서류를 들고 찾아와 도움을 청하는 일도 종종 있었다.

동네 아주머니들과 중고등학교에 다니는 언니들한테 엄마는 카운슬러로 불렸다. 나는 동네 언니들이 엄마를 찾아오면 툇마루에 앉아 이야기를 엿들어보려고 애썼다. 한번은 고등학생이던 언니가 목사한테 당했다는 이야기를 엄마한테 털어놓으며 울었다. 당시 동네에는 누구누구가 미군한테 당했다 혹은 목사한테 당했다는 소문이 돌았다. 우리는 당했다는 말을 성폭력으로 인식했다. 성폭력이 무엇인지조차 정확히 모를 때였지만, 어린 나이에도 힘을 가진 사람이 힘없는 사람을 파괴하는 일이라고 느꼈다. 내가 좋아하고 따르던 언니가 그렇게 엄청난 일을 당했다는 말에 온몸이 떨렸다. 엄마가 그 언니에게 어떤 이야기를 해주었는지는 듣지 못했다. 그 뒤로도 동네 언니들이 종종 엄마를 찾아왔다. 내 친구들도 엄마에게 이런저런 고민을 털어놓곤 했다. 그것은 나의 자부심이 되었다.

그러나 인천으로 이사 오고 모든 것이 바뀌었다. 엄마는 회사 사람들에게 점심을 해주는 밥집 아줌마였고, 아버지는 그냥 김 씨였다. 나는 사람들이 우리 엄마 아버지를 잘 모른다고 생각했다. 우리 엄마 아버지는 그렇게 함부로 대해도 되는 사람이 아니라고 생각했기에 몹시 슬펐다. 어느 날 엄마가 버스에서 신문을 읽다가 기사한테 "아니 아줌마, 뭘 안다고 그걸 읽어요?"라는 소리를 들었다며 눈시울을 붉혔다.

송림시장에서 산 고무줄 치마와 언제 샀는지 기억도 나지 않는 낡은 셔츠를 입은 엄마는 초라했다. 동두천에서는 동네 아주머니들도 모두 엄마처럼 월남치마를 입었고, 구멍이 나 꿰맨 셔츠를 아무렇지도 않게 입었다. 그래도 흉이 되지 않았다. 오히려 형편에 안 맞는 겉치레가 더 흉이 되었다. 그러나 도시는 달랐다. 목재

단지의 공장 사택에 갇힌 엄마에게는 돈만 없는 게 아니라 함께 울고 웃을 이웃이 없었다. 엄마는 점점 쪼그라들었다. 엄마에게 가난은 익숙했지만, 외로움은 낯선 것이었다. 가난은 엄마를 사회적으로 고립시켰다. 엄마가 자신의 신세를 한탄할 대상은 딸들뿐이었다.

어릴 적 동두천 생연리 골목에는 처지가 비슷한 사람들이 모인 지역 공동체가 있었다. 내가 빈민활동을 시작한 만석동 역시 일제강점기부터 노동자들과 빈민들이 모여 살아온 곳이었다. 가난한 이들이 다 같이 모여 살면 서로가 서로에게 위로가 되고 버팀목이 된다. 사소한 다툼과 시샘, 오해와 갈등이 없지는 않았지만 오래가지 않았다. 그러나 오래된 서민들의 주거지역이 재개발로 사라졌다. 고층 아파트와 일조권 따위는 상관없이 다닥다닥 들어선 빌라촌에는 사람과 사람이 만나는 골목이 없었다. 수직으로 된 통로는 이웃을 허락하지 않았고, 공동체도 사라졌다.

목재회사 사택을 나와서 처음 4년은 송림동 부처산 기슭의 산동네에서 살았다. 그곳에는 동두천에서처럼 공동체 분위기가 남아 있었다. 엄마는 골목 슈퍼 평상에 앉아 동네 아주머니들과 이야기를 나누고 옆집, 앞집, 뒷집과 음식을 나누어 먹었다. 고3 때 이사 간 그 동네가 나도 좋았다. 고등학교를 졸업한 뒤에는 직장이 있는 영등포 대림동까지 출근해야 했지만, 퇴근해서 그 산동네에 오르면 하루의 긴장이 풀려 느긋해졌다. 그러나 오빠가 군에서 전역하면서 방이 더 필요했고, 더 싼 전셋집을 찾아 동구에서 서구로, 서구에서도 가좌동에서 석남동 변두리로 옮겨갔다. 돈이 없어 집을 이리저리 옮겨야 하는 사람들이 우리 가족만은 아니었다. 내 집이 없는 가난한 사람들은 우리처럼, 이웃을 가질 기회도 없었다.

엄마 아버지는 1989년에야 은행 대출을 끼고 석남동에 작은 빌라를 샀다. 빌라에 사는 사람들과 금세 이웃이 되었지만, 빌라 입주민 대부분이 세입자여서 이웃들이 2년마다 이사를 갔다. 그래도 동네 슈퍼마켓, 문방구, 정육점에 아는 사람들이 생기고 육교 너머 거북시장에도 단골 가게가 생겼다. 세계 금융 위기로 중국에서 사업하던 아들 둘이 큰 빚을 지고 한국으로 돌아왔을 때, 엄마는 그 빌라를 팔고 떠나야 했다. 다시 2년에 한 번씩 더 싼 전셋집을 찾아다니는 동안 엄마는 늘 거북시장에서 너무 멀지 않은 곳을 골랐다.

거북시장에 가야 엄마는 '아는 사람'을 만날 수 있었다. 어쩌다 집에 가면 엄마는 햇빛이 들지 않는 빌라 거실에서 멍한 표정으로 텔레비전을 보고 있었다. 엄마에게는 말동무가 필요했지만, 일에 치여 살던 나는 그러지 못했다. 그게 늘 마음에 걸려 미안했다. 그때마다 나는 엄마한테 성당이나 교회 아니면 절에라도 다니라고 채근했다. 엄마의 몸과 마음이 급격히 쇠약해지는 걸 보며 엄마가 자녀나 남편이 아닌 초월적인 존재에라도 기댈 수 있길 바랐다. 그러나 엄마는 종교뿐 아니라 그 나이대 여성이라면 한 번쯤 관심을 가졌을 사주, 토정비결, 신점 같은 것에도 관심이 없었다. 중고등학생 때 신문에서 띠별 오늘의 운세를 찾아 읽으면 엄마는 그런 걸 왜 보냐고 정색했다. 무엇보다 이미 엄마에게는 낯선 곳으로 가 낯선 사람과 새로 관계를 맺을 에너지가 남아 있지 않았다. 그 나이에 새로 친구를 만나는 건 쉬운 일이 아니었다.

"나 언제까지 여기 있어야 해?"

엄마가 요양병원에서 퇴원 의사를 밝히기 시작한 것은 입원한 지 반년이 지난 2018년 가을부터였다. 그 무렵 엄마와 친하게 지내던 할머니가 딸네와 가까운 서울로 병원을 옮겼고, 엄마가 친구로 여겼던 요양보호사는 허리가 아파 그만두셨다. 근무 조건이 비교적 안정적인 시립요양병원의 요양보호사도 힘에 부쳐 그만두는 경우가 많았다. 인력 수급이 어려워서인지 병원에서는 요양보호사들의 근무를 24시간 교대근무에서 24시간 상주근무로 바꿨다. 그렇게 일주일 내내 함께 생활하게 된 새로운 요양보호사는 오십 대 중반으로 젊고 경력도 오래된 분이었다. 환자들을 능숙하게 돌봤지만, 노인들을 철저하게 환자로만 대했다. 엄마는 다시 외로워졌다. 엄마를 퇴원시키겠다는 아버지의 의지도 점점 강해졌다.

아버지는 병원 직원들 사이에서 지고지순한 순애보로 유명했다. 엄마가 입원한 뒤로 단 하루도 빼놓지 않고 면회를 갔기 때문이다. 집에서 버스 정류장까지 10분, 버스로 20분, 서구청역에 내려 다시 30분을 걸어야 하는 거리였다. 낮 기온이 35도가 되는 무더위에도, 비바람이 몰아치는 날에도 면회를 거르지 않았다. 아버지 건강을 생각해 날씨가 좋지 않을 때는 면회를 쉬라고 하면 버럭 성을 냈다.

"나는 네 엄마랑 스무 살부터 떨어져본 적이 없다. 나는 네 엄마 안 보고 못 산다."

매정한 아들딸들은 그건 사랑이 아니라 집착이라고 말했고, 아버지는 들은 척 만 척했다. 그러던 아버지가 어느 날 선언하듯 말했다.

"이제 네 엄마 다 나았다."

엄마의 건강은 확실히 입원할 때보다 좋아졌다. 아버지 말처럼 다 나은 건 아니었지만, 혼자 화장실을 오갈 수 있게 된 엄마를 계속 요양병원에 계시게 할 수는 없었다. 엄마는 나을 수 없지만 행복해질 권리가 있었다. 아버지는 당신이 엄마를 돌보겠다고 했지만, 그저 마음일 뿐 엄마를 제대로 챙길 리 없었다. 그렇다고 오빠나 막내가 엄마를 돌볼 형편도 안 됐다.

오빠는 중국에서 진 빚을 갚느라 프리랜서로 일하며 지방을 오갔고, 동남아시아 출장도 잦은 편이었다. 올케는 올케대로 아픈 몸으로 요가 강사를 하며 틈틈이 자기 손주를 돌봤다. 막내는 사업 실패를 겪고 이혼하면서 조카와 함께 엄마 아버지 집에서 살고 있었지만, 오빠와 비슷한 처지였다. 여동생은 만석동 공부방에서 상근자로 일하며 시어머니를 모시고 있었다. 고민이 깊어졌다.

그 돌봄이 나를 살게 했다

"엄마, 막내가 결혼한대. 엄마 막내 이혼하고 혼자 사는 거 알지?"

"알지, 내가 막내 때문에 얼마나 속을 끓였냐. 10년 넘게 혼자 자기 아들 건사하며 사느라 고생했지."

"그랬지. 그래서 결혼한대."

"누구랑?"

나는 막내가 보내준 사진을 보여주었다.

"너무 젊고 예쁘다. 한국 사람 아니지?"

"응, 엄마 베트남 사람이래."

"세상에 우리 집안에도 국제결혼을 하는 사람이 생

졌구나."

"응, 어때? 엄마 마음에 들어?"

"내 마음에 들면 뭐해? 막내가 좋다면 그만이지? 근데 이 아가씨가 막내가 좋대?"

엄마는 근심스러운 얼굴로 사진을 보고 또 보았다.

"너무 젊고 예쁘다."

"막내가 베트남에 자주 출장 갔잖아. 거기 직원이었대. 열한 살짜리 아들이 있는데 전남편은 결혼식도 올리기 전에 병으로 죽었대. 그래서 이 친구는 도시에서 직장 생활하고, 친정엄마가 아들을 키워주셨대."

"딱하구나. 우리 해든이가 있는 것도 얘기했대?"

"응, 엄마. 서로 처지가 비슷하니 정이 들었나 봐. 막내랑 잘 어울리는 것 같아."

그러나 엄마는 막내의 재혼 소식에 선뜻 반가워하지 못했다. 엄마는 인지장애가 맞는지 의심스러울 정도로 막내의 현실을 정확히 인식하고 있었다. 그러나 앞에 놓인 조각 케이크를 대하는 태도를 보면 인지장애가 분명했다. 엄마는 내가 사 간 케이크를 보며 말했다.

"이게 뭐냐?"

"엄마, 버터케이크야. 엄마는 생크림보다 이 케이크를 더 좋아하잖아."

"그래, 참 맛있게 생겼다."

엄마는 한참 이야기를 나누다 다시 조각 케이크를 내려다보고는 눈이 동그래져서 물었다.

"이게 뭐냐?"

그러면 나는 또 대답을 하고, 엄마는 케이크를 다 먹을 때까지 같은 질문을 반복했다.

엄마와 마찬가지로 나도 막내가 재혼하겠다고 했을 때 걱정부터 쏟아냈다.

"너한테 스무 살 넘은 아들이 있다는 거 말했어? 아버지 엄마 상황에 대해서도? 한국에 대한 환상이 있을 텐데 너 가난하다는 것도 솔직하게 말했어? 아무리 미혼모로 아들을 키웠다 해도 어린데, 헤든이랑 잘 지낼 수 있을까?"

막내가 이혼한 뒤 조카는 엄마가 키웠다. 작은 인쇄 공장에 다니는 막내는 주말마다 조카를 데리고 낚시나 여행을 가고, 영화관에 갔다. 언젠가 막내가 씁쓸하게 말했다.

"누나, 나는 10년 동안 개봉한 영화를 안 본 게 없어. 해든이가 그나마 좋아하는 게 영화라, 주말에 영화를 두세 편씩 본 적도 있어."

조카는 고1 때 겪은 학교 폭력으로 공황장애를 앓고 있었다. 학교 폭력을 견디다 못해 혼자 정신의학과에 가고 나서야 아빠에게 고백했다. 조카는 치료를 받으며 고등학교를 졸업하고 대학에 진학했지만, 공황장애가 다시 심해져 끝내 자퇴했다. 막내와 조카의 관계는 보통 아버지와 아들보다 밀착되어 있었다. 막내와 결혼할 상대가 아픈 의붓아들과 인지장애가 있는 시어머니, 고집불통에 이기적인 시아버지까지 감당할 수 있을지 걱정이 되었다. 그러나 결혼은 지지해주고 싶었다. 지금까지 엄마가 조카를 돌봤으니 이제는 막내가 엄마를 돌보면 되겠다는 이기적인 생각도 들었다. 막내가 베트남과 한국을 오가며 결혼 준비를 하는 동안 나와 여동생은 엄마의 퇴원 준비를 하고, 주간보호소를 알아보았다.

베트남 동나이 롱칸 근처 올케의 집 마당에서 열린 결혼식은 1박 2일 동안 이어졌다. 모든 나라별 예식이 그렇듯 베트남의 결혼식에도 그 나라만의 전통적인 요소들이 들어가 있었다. 무엇보다 공동체 문화가 남아 있어 좋았다. 집 안에 있는 사당에서 신부 신랑의 가족들이 첫인사를 나누고, 예물을 교환한 뒤 결혼식장으로 꾸민 마당으로 나갔다.

올케네 가족은 어머니의 집 주변으로 결혼한 아들딸들이 모여 사는 모계 중심 가족이었다. 함께 고추와 캐슈너트 농사를 지으며 농업노동자로, 인근 롱칸이나 먼 하노이에 있는 공장노동자로도 일했다. 올케는 언니들을 따라 초등학교 때부터 재봉틀 부업을 했다. 자매들은 생활력이 강했고 관계가 돈독했다. 베트남전쟁 때 소년병으로 참전했었다던 올케 어머니는 건강이 좋지 않았지만, 품이 넓고 강단 있었다.

결혼식장은 이웃들과 베트남 곳곳에서 온 친척들로 붐볐다. 식이 끝나고는 우리나라의 피로연처럼 음식을 나눠 먹었다. 올케의 어머니는 한국에서 온 식구들이 베트남 음식을 먹지 못할까 봐 한국 라면까지 사다 놓았는데, 우리가 현지 음식을 너무 잘 먹어 놀랐다. 음식을 먹고 젊은이들끼리 가라오케 기계를 가져다 놓고 노래를 부르며 노는 모습도 낯설지 않았다. 결혼식이 끝나고 우리는 올케의 안내로 호치민을 여행했다. 어디서든 당차고 씩씩한 올케가 마음에 들었다.

석 달 뒤 올케가 한국에 왔다. 그런데 아버지가 큰올케나 이혼한 작은올케에게는 바라지 않던 며느리 역할을 베트남에서 온 며느리에게 원했다. 우리가 가면 이르듯 말했다.

"엄마랑 내가 안방도 내줬으니 며느리로 할 건 해야 할 텐데 아무것도 안 해. 아무리 외국 며느리라고 해도 남편이 새벽에 나갔다가 밤늦게 들어오는데 밥은 자기가 해야 할 거 아니냐?"

"아버지, 임신했잖아요. 그리고 어떻게 한국 음식을 단번에 배워요. 아버지 올케가 밥해주면 드실 거예요? 아니잖아요. 그리고 밥하는 것만 막내가 하지, 나머지 집안일은 올케가 하잖아요. 엄마 아버지 빨래까지."

"내 빨래는 내가 한다."

"아버지 빨래 말고도 엄마 침대 시트를 날마다 빨아

야 하잖아요. 이 좁은 아파트에서 낯선 문화를 익히려고 노력하잖아요. 막내 하나 보고 이국에 왔는데 치매 걸린 시어머니, 구십 바라보는 시아버지에 스무 살 넘은 의붓아들까지. 자기로서는 최선을 다하잖아요. 얼마나 힘들겠어요."

"지가 좋아서 선택한 거인데 뭐."

"그니까 사람 하나 보고 이 가난한 집에 왔으니, 막내가 행복하게 살 수 있게 우리가 도와야죠."

우리 사 남매는 올케가 외국 사람이라는 이유로 시부모의 부양과 고루한 전통 며느리 노릇을 떠맡아서는 안 된다고 생각했다. 아슬아슬하게 균형을 이루던 시아버지와 며느리 사이는 새 조카가 태어나면서 갈등이 커지기 시작했다.

저녁 7시에 잠자리에 드는 아버지는 새벽 2시면 일어나 움직였고, 새벽 5시에는 엄마를 깨워 식탁에 앉혔다. 엄마가 주간보호소에 가는 시간은 9시 반이어서 아침을 서두를 까닭이 전혀 없었다. 도시에서 직장 생활을 오래 해 밤늦게 자는 데다가 수유로 밤잠을 설치고 새벽녘에야 잠드는 올케는 아버지가 부스럭거리는 소리에 스트레스를 받았다.

아버지는 올케가 조카한테 베트남어로 말하는 것도 못마땅해했다. 나는 올케가 미국 사람이어도 이중 언어를 쓰지 말라고 할 거냐며 아버지 속을 긁었다. 아버지는 그 말에 아무 대답도 하지 못했다. 아버지의 불안은 조카가 두 돌이 지나서 한국어와 베트남어를 자유자재로 쓸 때까지 이어졌다.

아버지와 올케 사이의 위태로운 동거는 조카가 기어다니면서 크게 흔들렸다. 결혼 전 막내가 엄마를 위해 입양했던 고양이 때문이었다. 올케는 집 안에 고양이 화장실을 두는 것을 이해하지 못했다. 올케네 농장에도 개와 고양이가 있었지만, 우리와 반려동물을 대하는 태도가 달랐다. 조카가 기어다니다 호기심에 고양이 화장실 속 모래를 손으로 주물렀고, 결국 올케가 폭발했다. 어떻게든 중재를 해보려고 비싼 원목 고양이 화장실을 선물하고, 털이 덜 날리게 할 방도를 같이 고민했지만 해결되지 않았다.

엄마의 인지장애 역시 점점 진행되었다. 속옷을 입

은 채 대소변 실수를 하는 일이 잦아졌다. 주간보호소에서 기저귀 사용을 강력하게 권했다. 그러나 엄마는 기저귀가 불편한지, 수치스럽다고 생각하는 건지 한사코 착용을 거부했다. 아버지도 엄마가 싫어하는 걸 억지로 시키고 싶지 않다고 고집을 부렸다. 엄마에게 그래도 덜 불편할 팬티형 기저귀를 여러 종류로 사다 드렸지만 소용없었다.

올케는 엄마가 주간보호소에 가고 나면 침대 밑이나 방구석 어딘가에 숨겨진 엄마의 젖은 속옷을 찾아 빨아야 했고, 침대 시트를 아침저녁으로 갈았다. 아버지는 그런 올케가 유난스럽다고 했다. 자기 딴에는 엄마 아버지를 위해 청결에 신경 쓰는데 아버지가 못마땅해하자 올케의 분노가 자꾸 애먼 고양이에게 갔다. 고양이 또리도 자신을 향한 미움을 눈치챘다. 아기 물건에다 자꾸 오줌을 뿌리고 공격했다.

그놈의 맏딸콤플렉스는 생명력이 길었다. 그 갈등을 나 몰라라 할 수 없었다. 막내 가족과 아버지의 갈등만이 아니라 내 부모의 일이기도 했다. 어렵게 재혼한 막내의 결혼 생활이 행복했으면 좋겠다는 바람이 있었고, 막내네 가족과 엄마 아버지가 화목하게 살아서 내가 신경을 덜 쓰면 좋겠다는 이기적인 바람도 있었다.

아버지와 올케의 갈등이 커지자 막내도 지쳤는지 고양이 입양할 데를 알아봐달라고 했다. 그 사실을 안 아버지가 노발대발했다. 아버지에게 또리는 올케보다 먼저 가족이 된 존재였다. 그리고 또리에게 다친 마음을 위로받던 큰조카도 상처를 입었다. 내가 고양이를 데려온다면 아버지와 조카는 그나마 안심할 것이었다. 마음 같아서는 또리를 데려오는 게 아니라 엄마 아버지를 모시겠다고 하고 싶었다. 그러나 사정이 여의치 않았다.

내가 사는 '강화 공부방'은 주거와 공부방 공간이 분리되지 않은 주택이었다. 아이들과 공동체 식구들이 수시로 오가는 곳에서 엄마를 돌보는 일은 불가능했다. 개인적인 공간이 필요한 아버지에게도 좋은 곳이 아니었다. 무엇보다 내가 사는 그 집은 '내 집'이 아니라 공동체의 '강화 집'이었다.

2001년 이사한 강화 집은 공동체 식구들의 품앗이와

신부님들의 도움으로 마련했다. 집값의 절반이었던 빚은 『괭이부리말 아이들』이 잘되는 덕분에 갚을 수 있었다. 강화로 오기 전 지었던 만석동 공부방 건물 역시 뜻있는 분들이 도움을 주어 건축가 이일훈 선생님의 작품으로 탄생했다. 그곳에서 공동체 식구들은 서로 돌봄을 이어갈 수 있었다. '기찻길옆공부방' 건물에도 수천만 원의 빚이 있었고, 그 빚 역시 『괭이부리말 아이들』 덕분에 갚았다.

우리가 살고 있지만, 그 집이 온전한 '내 집'이 아니라는 걸 엄마 아버지도 잘 알았다. 그래서 그동안 딸이 사는 집에서 밥 한 끼 먹지 않았다. 아버지는 '우리 집'으로 올 생각이 전혀 없었다. 마을에 빈집이 있으면 그곳으로 엄마 아버지를 모실까도 생각했지만, 아버지의 밥이 문제였다. 아버지는 내가 한 음식을 입에 대지도 않을 게 뻔했다.

강화로 귀농해 김장거리를 직접 키우면서 늦가을이 되면 절인 배추와 무채 그리고 양념거리를 마련해 엄마에게 갖다 드렸다. 늙은 엄마 혼자 김장을 할 텐데 그렇게라도 일을 덜어드리고 싶었다. 혹시라도 아버지가 트집을 잡을까 봐 배추에도 고춧가루 한 톨 묻히지 않게 조심했다. 며칠 뒤 전화를 하면 엄마는 늘 똑같이 말했다.

"네 아버지랑 같이 양념해서 버무렸다. 배추가 아주 좋더라. 고맙다."

엄마가 요양병원에 가신 뒤로는 막내가 김치를 담근다고 했다. 그래서 그해 가을 막내에게 절인 배추와 양념거리를 주겠다고 했더니 펄쩍 뛰었다.

"누나, 하지 마. 아버지는 그동안 누나가 보낸 김장거리로 한 김치 입에도 안 대셨어. 내가 김치 담글 때도 양념에 뭐가 들어가는지 지켜보는 분이야. 누나네가 보내준 배추에 모르는 젓갈이 한 방울이라도 튀었을까 봐 아예 입에도 안 대셨어."

길이 보이질 않았다. 짙은 안개에 갇힌 느낌이었다. 여동생은 가족 문제로 힘들었을 때라 같이 의논할 수조차 없었다. 당장 고양이라도 데려오고 싶었지만, 우리 집에는 이미 고양이 다섯 마리와 마당에서 투병 중인 노령견을 비롯해 다섯 마리의 개가 있었다. 개와 고양이를 데리고 병원에 오가는 일, 주사를 놓고 욕창을 치료하는 일은 남편이 하고 있었다. 거기에 또리까지 데려오자는 말을 꺼내기가 쉽지 않았다.

한 달 넘게 혼자 끙끙거리다 더는 버틸 수 없게 되었을 때 남편에게 털어놓았다. 남편은 며칠 고민하더니 또리를 데려오자고 했다. 오빠는 자신의 처지 때문에 내게 또 짐을 지우게 됐다며 미안해했다. 그러나 오빠와 막내는 미안해하면서도 그 갈등을 해결할 길을 적극적으로 찾지는 않았다. 아버지는 해결하기 어려운 문제에 닥치면 항상 말했다.

"어떻게든 되갔지."

그러나 어떻게든 되는 일도, 저절로 괜찮아지는 일도 없었다. 아버지가 '어떻게든 되겠지' 하는 동안 할머니가, 엄마가 그리고 내가 종종거리며 어떻게든 되도록 애를 써야 했다. 어쩔 수 없이 나는 해결사가 되어야 했다. 엄마를 생각하면 '이제 할 만큼 했어' 하고 귀를 막을 수 없었다.

코로나19가 시작되면서 우리 공동체도 여러 위기를 겪었다. '이를 악물다'라는 관용구가 비유가 아니라는 것을 그때 알았다. 나는 정말 종일 이를 악물고 있었다. 밥을 하면서, 차를 타고 가면서, 글을 쓰면서도 이를 악물었다. 밤에 잠자리에 누울 때마다 이대로 영영 깨어나지 않으면 좋겠다고 생각하던 때였다. 그러나 그 말을 누구에게도 내뱉지 못했다. 겨우겨우 살아내려니 나도 모르게 온종일 이를 악물었던 것 같다.

밤이 물러가고 어김없이 되돌아오는 아침이 두려웠던 그때, 방문 앞에서 야옹거리는 고양이들과 마당의 아픈 개들 때문에 일어났다. 늙고 병들고 장애가 있는 식구들을 돌보기 위해 또 살았다. 당시 나는 우리 고양이와 개들에게 심리적 돌봄을 받았다. 나와 남편은 누군가를 돌보는 행위로 우리의 상처를 치유하고 있었다. 4월 중순이 되자 포도나무에 싹이 났다. 포도나무 역시 농부의 손길을 원했다. 포도밭에서 하루하루를 보내면서 알았다. 포도나무가 지친 내 마음을 돌보고 있다는 것을. 돌봄은 누구에게나 벗어나고 싶은 굴레였지만, 사실은 그 돌봄이 우리를 살게 했다.

팬데믹이 드러낸 노인 돌봄의 현실

고양이 또리는 우리 식구가 되었다. 그러나 올케와 아버지의 갈등이 고양이에서만 시작된 것은 아니었으므로 또 다른 갈등으로 이어졌다. 고민 끝에 올케들을 제외하고 사 남매만 모인 단톡방을 만들었다. 2021년 봄, 막내 집에서 가까운 오피스텔을 얻어 엄마 아버지를 따로 살게 하자고 제안했다. 처음에는 오빠가 반대했다. 막내네를 내보내고, 자기가 아버지와 함께 살겠다고 했다. 그러나 그 작은 아파트의 대출을 갚아야 하는 것은 막내였다.

엄마 아버지의 오피스텔 월세 정도라면 오빠와 내가

감당할 수 있을 것 같았다. 현실적이고 냉정한 내 제안을 오빠와 동생들도 받아들였다. 아버지는 당연히 펄펄 뛰었다. 믿었던 큰딸이 막내 부부가 아니라 아버지와 엄마더러 집을 나가라고 하다니, 아버지로서는 억장이 무너지는 일이었을 것이다. 쉽지 않은 일이라는 걸 모르지 않았다. 그러나 다른 방도가 없었다.

아버지 마음에 들 만한 오피스텔을 구하러 다니던 중 기적처럼 막내네 바로 옆 신축 오피스텔에 열 평짜리 원룸이 나왔다. 새 집인 데다 주방 인테리어와 가구가 모두 흰색으로 깔끔했다. 아버지 취향에 맞았다. 자식 이기는 부모 없다고 아버지는 마지못해 분가 제안을 받아들였다. 그 뒤로 이사는 순조로웠다. 아버지에게는 텔레비전, 컴퓨터, 침대 그리고 엄마만 있으면 되었다. 엄마도 집이 마음에 든다고 했다. 아버지는 엄마를 완벽하게 돌보겠다고 큰소리쳤다.

평일에는 막내 부부가 엄마 아버지의 식사와 집 청소를 챙기고, 주말에는 나와 여동생이 엄마 샤워를 돕기로 했다. 그런데 일요일에 가보면 막내가 엄마를 위해 만들어준 음식이 냉장고에 그대로 있었다. 아버지는 예상대로 당신 위주로 아침과 저녁 밥상을 차렸다. 아버지의 아침은 평생 토스트와 달걀프라이, 베이컨 그리고 사과 반쪽이었다. 사과를 빼고는 엄마가 입에 대지도 않는 것들이었다.

 엄마의 식사가 걱정돼서 아버지한테 계속 잔소리를 했다. 그러자 아침마다 떡만둣국을 끓였다. 막내가 떡만둣국만으로는 제대로 된 영양 섭취가 안 된다며 엄마가 좋아하는 반찬을 해다가 냉장고에 넣어뒀지만, 아버지는 그 반찬통들의 뚜껑조차 열지 않았다. 우리가 엄마를 위해 사다 드리는 과일이나 간식거리도 마찬가지였다. 음식만이 문제가 아니었다. 기저귀를 비롯한 일상적인 돌봄이 제대로 안 되었다.

 아버지도 구십이 가까운 노인이었다. 씻지 않겠다는 엄마를 억지로 씻기고 기저귀를 살필 여력이 안 됐다. 엄마는 가까이 사는 큰올케나 작은올케가 기저귀를 봐주는 것을 꺼렸다. 나와 여동생이 기저귀를 봐줄 때도 흔쾌히 몸을 맡기지 않았다. 씻겨드릴 때도 마찬가지였다. 엄마를 겨우 달래 욕실로 모시고 가면 아버지는 왜 억지로 엄마를 씻기냐고 화를 냈다. 아버지는 엄마가 주간보호소에서 돌아오면 기저귀를 봐주는 대신 물었을 것이다.

"여보, 기저귀 젖었어요? 화장실 갈래요?"

엄마가 싫다고 하면 아버지는 엄마의 뜻을 존중해준다는 이유로 기저귀를 살피지 않았을 거다. 다음 날이면 엄마는 무거워진 기저귀를 한 채 주간보호소로 가는 승합차에 올랐다. 주간보호소와의 연락을 맡은 여동생은 집에서 기저귀 케어가 안 된다는 전화를 수시로 받아야 했다.

한번은 강연을 갔다 돌아오는 길에 밤늦게 집에 들렀다. 초저녁이면 잠이 드는 아버지가 자다 일어났는지 짜증이 난 얼굴로 문을 열었다.

"와?"

"이리로 가는 길에 엄마 기저귀 좀 봐드리려고요."

엄마는 침대에서 멍하니 텔레비전을 보고 있었다.

"엄마, 안 주무세요?"

"내가 언제 일찍 자는 거 봤니?"

"맞아, 엄마는 늦게 자지? 아버지가 주무시면 혼자 텔레비전 보고 계시겠구나."

내 말에 아버지가 변명하듯이 말했다.

"그러다 네 엄마도 자지."

두 분의 삶이 처량해 가슴이 저리다가도, 그래도 두 분이 함께라 다행이라고 생각했다. 아버지 잠을 깨운 게 미안해서 얼른 기저귀만 봐드리고 나오려는데, 엄마가 기저귀를 갈지 않겠다고 고집을 피웠다. 그러나 이미 침대 시트까지 다 젖어 있었다.

"엄마, 이대로 주무시면 안 돼요. 주무시기 전에 화장실에도 한 번 다녀오면 좋잖아."

"나 혼자 화장실에 가면 돼."

"엄마, 혼자 가시다 넘어지기라도 하면 큰일 나."

그때 아버지가 옆에서 버럭 화를 냈다.

"싫다는데 와 자꾸 그러네? 그냥 놔두라우."

아버지는 욕창이 생긴다는 내 말에야 입을 다물었다. 좁은 욕실에서 엄마를 씻길 때면 땀이 났다. 엄마는 그런 나를 돌아보며 쩔쩔맸다.

"힘들게 해서 어떡하니, 미안해서 어떡하니."

"엄마, 엄마가 나한테 미안해하는 거 아니야. 날마다 이렇게 씻겨드리지 못해서 내가 미안한 거야."

"아니야. 내가 바보라서 그래. 내가 왜 이렇게 됐나 몰라."

엄마가 씻지 않으려고 했던 까닭은 수치심 때문만은 아니었다. 엄마는 그 와중에도 딸에게 미안했던 거였다. 엄마 앞에서 울지 않기로 마음을 다잡았지만, 나도 모르게 눈앞이 자꾸 흐려졌다.

엄마가 다시 넘어져 허리에 골절상을 입은 것은 2021년 9월 말 아침이었다. 출근 전인 오빠가 아버지 연락을 받고 구급차를 부른 뒤 달려갔더니, 엄마가 화장실 앞에 넘어져 있었다고 했다. 그 아침에도 아버지는 컴퓨터 앞에서 뭔가를 하느라 엄마가 혼자 화장실에 가는 것도 몰랐다고 했다.

구급차는 금세 왔으나 팬데믹 시기라 응급 환자를 받는 병원이 없었다. 구급차를 타고 1시간을 헤맨 뒤에야 겨우 환자를 받는 병원을 찾았다. 다행히 곧장 골시멘트 시술을 하고 입원할 수 있었지만, 가족 면회가 일절 안 됐다. 시술 경과와 환자 상태를 문자로만 확인해야 했다. 인지장애가 있는 엄마를 2주 동안 낯선 병원에 홀로 두어야 한다니 걱정이었다. 게다가 그 병원은 개별 병실로는 전화 연결이 되지 않았다. 아버지는 엄마 핸드폰으로 전화가 안 된다고 하루에도 몇 번씩 나와 여동생에게 연락했다.

　서민과 노동자들이 주로 가는 그 병원은 팬데믹 시기에 환자들이 몰려 외래뿐 아니라 병실까지도 도떼기시장 같았다. 그런 형편에 스스로 전화를 받지 못하는 엄마를 대신해 간병사에게 전화를 받아달라고 하는 것은 무리였다. 그러나 아버지는 수시로 엄마 목소리가 듣고 싶다고 하소연했다. 아버지는 엄마가 당신이 없어서 두려워하고 혼란스러워할까 걱정하는 것이 아니라 당신 곁에 엄마가 없는 것을 못 견뎠다. 엄마와 직접 통화하는 대신 간호사실에 엄마의 안부를 묻는 것으로 설득했지만 소용이 없었다.

　퇴원 후 엄마의 재활을 도울 병원을 알아보는데 알맞은 곳을 찾기가 쉽지 않았다. 팬데믹 시기에 허리까지 다친 치매 환자를 받아주겠다는 곳이 없었다. 다행히 엄마를 기억하는 인천시립노인병원에서 자리를 마련해주었다. 퇴원하는 날 병원 로비에서 만난 엄마는 우리를 알아보지 못했다. 자신이 처한 상황을 제대로 인지하지 못한 채, 낯선 병실에서 낯선 간병사에게 돌봄을 받으며 스트레스가 무척 컸던 모양이었다. 다행히 시립노인병원으로 가는 승합차에서 나를 알아보았다. 동생과 병원으로 온 아버지는 엄마를 보자마자 눈물을 쏟았다.

병원에서는 엄마 아버지의 순애보가 아직도 전설처럼 전해지고 있어 의료진이 엄마를 반겨주었다. 익숙한 곳이니 엄마가 잘 계실 거라고 믿었다. 아니 믿고 싶었다. 그런데 팬데믹으로 병원 상황이 예전과 달랐다. 외부인의 출입이 막혀 일주일 내내 활발하게 운영되던 프로그램이 모두 멈춘 상태였다. 여러 단체에서 오던 봉사자들도 오지 못하니 오로지 요양보호사, 간호사들이 노인들을 돌보고 있었다. 면회도 명절에 10분 정도만 허용했다. 개인 핸드폰으로 통화는 가능했지만, 엄마의 경우 요양보호사가 전화를 받지 않으면 통화할 수 없었다. 아버지는 하루에도 몇 번씩 울며불며 엄마와 통화를 하게 해달라고 졸랐다.

병원에 아무리 부탁을 해도 통화는 계속 어려웠다.

나와 여동생은 버스나 전철, 케이티엑스 안에서 수시로 아버지의 전화를 받아야 했다. 강연이나 수업 때문에 핸드폰을 껐다 켜면 전화가 수십 통씩 와 있기 일쑤였다. 내가 전화를 못 받으면 공부방에 있는 여동생에게 했다. 처음 한두 번은 걱정하지 말라고 어르고 달랬지만, 전화가 계속되면 참지를 못하고 불뚝거렸다.

"아버지, 나 일해. 내가 방방곡곡으로 강연 다닌다고 했잖아. 그리고 공부방은 수연이랑 나한테 일터야."

"내래 와 모르간. 그래도 답답한데 어쩌간."

"아버지는 왜 오빠랑 막내한테는 연락 안 해?"

"갸들은 일해야 하잖아."

"아버지, 나랑 수연이도 일한다니까?"

"나도 알아."

"알면서도 나랑 수연이한테만 전화하는 거야?"

아버지의 어리광은 늘 여동생과 나를 향했다. 여동생과 나는 이게 다 엄마와 할머니가 잘못한 탓이라고, 엄마와 할머니가 평생을 보살펴줘서 나이가 들어서도 같은 여성인 딸한테 의존한다고 부르댔다. 그러면 오빠와 남동생은 여동생과 내가 과민하다고 했다. 그냥 딸들이 편해서 그렇다고 했다. 사실 오빠와 남동생도 문제가 생길 때마다 나와 여동생이 해결해주길 바랐다. 한 가족 안에서 또 다른 가족의 돌봄은 늘 어머니에서 딸로 혹은 며느리로 흘러 고였다. 늘 같은 문제가 되풀이되는 데 짜증이 났지만, 오빠와 남동생을 상대로 페미니즘 운운하며 다툴 여력도 없었다.

이 글을 마무리할 즈음 『알츠하이머 기록자』(사이토 마사히코, 글항아리, 2025)라는 책을 읽었다. 사이토 마사히코는 노인 인지증 치료 전문가로, 어머니가 쓴 일기를 바탕으로 인지증에 대해 분석한 책을 냈다. 엄마가 인지장애를 갖게 된 뒤, 알츠하이머나 노인 돌봄에 관한 책이 새로 출간되면 망설이지 않고 사서 읽었다. 시중에 나와 있는 치매 관련 책 중 인지장애 환자 당사자의 경험을 담은 책은 대부분 초로기 인지장애 환자가 쓴 책이었다. 그런데 이 책은 노인 인지증 환자의 일기를 분석한 책이라는 점에서 흥미로웠다. 책을 읽는 동안 나와 비슷한 상황의 저자에게 공감이 가면서도 엄마를 끝까지 돌본 저자의 여동생 사이토 미도리에 훨씬 더 감정이입이 되었다. 책을 읽다가 자꾸 혼자 중얼거렸다.

"하여튼 남자들이란."

아버지의 투정은 어떻게든 견디면 되었지만, 요양병원에 고립된 엄마가 걱정이었다. 간호사실을 통해 요양보호사와 어렵게 통화가 되면 요양보호사는 다짜고짜 화를 냈다. 처음에는 요양보호사를 이해하려고 애썼다. 일주일 내내 혼자 여덟 명의 노인을 돌보는 것이 얼마나 힘든 일인지 나로서는 상상조차 어려웠다. 그래서 처음에는 눈치를 살폈다. 그런데 요양보호사의 반응이 점점 과해졌다.

"아니, 치매 걸린 노인을 병원에 맡겼으면 잘 있겠거니 하면 되지, 뭘 그렇게 야단스럽게 전화를 해대고 그래요? 나를 의심하는 게 아니면 도대체 왜 자꾸 전화하냐고요. 다른 사람들은 당신들처럼 안 그래요. 왜 이렇게 유별나게 굴어요?"

의심이 아니라 걱정이라고 해도 돌아오는 대답은 똑같았다. 아버지의 성화가 아니어도 우리 사 남매 역시 엄마의 목소리라도 들어야 안심이 되었다. 그런데 요양보호사는 요양병원에 부모를 맡긴 우리가 떳떳하지 못하다는 듯이 몰아붙였다. 면회가 불가능한 상태에서 가족과의 통화는 기본적인 인권이었다. 요양병원 측과 갈등이 커져가던 차에 우연히 길에서 요양보호사로 일하는 이웃을 만났다. 엄마가 인지장애인 걸 알고 계셨던 분이라 하소연처럼 이런저런 이야기를 나누었다.

"아이고 단비 엄마, 엄마를 왜 요양병원으로 모셨어. 요양원으로 모셔."

"엄마가 장기요양 3등급인데 동생이 알아본 바로는 2등급은 돼야 요양원에 가실 수 있다고 해서요."

"아니야, 아이고 진작 나한테 말하지. 3등급도 장기요양보험 돼. 차라리 우리 요양원으로 모셔. 나도 우리 시어머니 여기서 모셨어. 집에서는 힘들어. 우리는 전문가잖아. 전문가의 도움이 필요한 거야. 이럴 때는."

다음 날 바로 요양원에 가 시설을 둘러보고 원장님과 상담했다. 도시에 있는 요양원에 비해 시설이 좋은 편은 아니지만, 산자락에 있어 나무가 울창하고 서쪽으로는 바다도 보였다. 요양원 앞마당에는 밭이 있고, 꽃이 핀 산책로와 곳곳에 오리, 염소, 개가 지내는 공간이 있었다. 코로나가 잠잠해지면 예전처럼 산책도 자주 할 거라고 하셨다. 원장과 요양보호사들이 마을에서 만나는 이웃 같아 좋았다. 엄마가 지내기에 부족함이 없어 보였다.

다른 형제자매들은 요양원이라는 말에 거부감을 보였지만, 엄마의 상황을 모르지 않으니 설득이 어렵지는 않았다. 문제는 아버지였다. 연로한 아버지는 자신과 엄마가 처한 현실, 아들딸의 상황을 입체적으로 이해하지 못했다. 아버지는 엄마가 요양원으로 가면 경차를 사서 날마다 면회를 가겠다고 했다.

"아버지, 운전면허증 반납했잖아. 구십이 다 된 노인네는 운전 못 하게 돼 있어."

"내래, 노인이가?"

"그러면 아버지가 청년이야? 아버지 곧 구십이야. 나도 환갑이라고."

"난 아닌 것 같은데?"

"아버지 마음이야 그렇겠지. 그런데 아버지가 노인 아니라고 한다고 청년이 되지는 않잖아. 이제 제발 받아들여. 그냥 일주일에 한 번씩 면회 오시면 되잖아."

아버지는 난청이 심해 초인종 소리도 잘 듣지 못하면서 보청기를 끼면 노인 같아 보인다고 보청기를 하지 않았던 사람이다. 아버지는 이어폰보다 작은 보청기를 눈으로 확인하고서야 보청기를 착용하기 시작했다. 아버지를 이해하려고 노력하다가도 대화를 하다 보면 자꾸 윽박지르며 말씨름을 하게 되었다. 그러나 막상 엄마 없는 원룸에서 온종일 컴퓨터 앞에만 앉아 있을 아버지를 생각하면 가슴이 아렸다.

"여기가 어디예요?"

사설 응급차를 타고 요양원으로 온 엄마는 처음에는 나도 알아보지 못했다.

"엄마, 나야 중미."

"중미요?"

"응, 엄마 큰딸."

엄마는 나와 남편 그리고 자신과 같이 응급차를 타고 온 여동생을 올려다보다 갑자기 얼굴이 환해졌다.

"아, 중미, 수연이."

"맞아, 엄마."

잠시 아는 척을 하던 엄마가 자꾸만 꾸벅꾸벅 졸았다. 요양보호사가 점심을 거른 엄마를 위해 죽을 가져다주셨다. 다행히 잘 드셨다. 요양보호사는 엄마가 자꾸 주무시는 것을 보며 요양병원에서 온 노인들이 그런 현상을 보인다고 말했다.

엄마가 생활할 이 층으로 함께 올라갔다. 넓은 거실 양쪽 끝에 1인실, 3인실, 2인실 방과 식당이 있었다. 엄마는 3인실로 배정받았다. 새로 입소자가 왔다며 할머니 몇 분이 따라와 엄마에게 말을 걸었다. 요양병원과는 다른 가정적인 분위기에 마음이 놓였다. 요양보호사들이 엄마를 침대로 옮겨드리자 엄마가 다시 주위를 두리번거렸다.

"여기 어디예요?"

긴장한 엄마에게 애써 밝은 목소리로 차근차근 설명한 뒤 물었다.

"엄마, 여기서 계속 지낼 수 있겠어요?"

"어쩔 수 없지요."

어쩔 수 없다는 엄마의 말이 비수처럼 가슴에 꽂혔다. 다행히 요양보호사가 엄마에게 쾌활하고 따뜻한 목소리로 말했다.

"미자 엄마, 여기가 이제 집이야. 이제 우리랑 같이 살아."

엄마가 요양보호사를 올려다보았다.

"누구세요?"

"나? 중미 친구야."

요양보호사의 말에 엄마가 환하게 웃으며 고개를 끄덕였다. 요양보호사가 살갑게 농담을 하면서 엄마의 긴장을 풀어주었다. 덕분에 나도 긴장을 풀고 엄마에게 말했다.

"엄마, 여기 우리 동네랑 가까워. 우리 집에 한 번 와 봤지? 나랑 단비 아빠 농사짓잖아."

엄마가 고개를 끄덕였다.

"그렇지, 단비 아빠가 고생하지."

"우아, 우리 엄마 다 기억하는구나. 우리 집이 여기서 가까워. 그러니까 항상 내 딸이 바로 옆에 있다 생각하고 안심하고 있어. 내가 자주 올게."

엄마는 말없이 고개를 끄덕였다. 엄마는 침대에 눕자마자 눈을 감았다.

딸 등록금과 폴 모리아 악단의 내한 공연 사이에서

"엄마, 나 알아보겠어?"

엄마가 나를 흘겨보며 웃었다.

"얘가 내가 바보인 줄 아나?"

엄마를 요양원으로 모신 뒤, 일주일 만에 면회를 갔다. 팬데믹으로 인한 거리두기가 완전히 해제되기 전이었지만, 원장님과 요양보호사님의 배려로 엄마가 잘 적응하는지 살펴볼 기회를 얻었다. 다행히도 엄마 눈빛에 생기가 돌았다.

"엄마, 여기 괜찮아? 지낼 만해?"

엄마가 고개를 끄덕였다.

"괜찮아. 어서 나아서 집에 가야지."

"엄마, 집에 가고 싶어?"

"그럼 내가 여기서 평생 있냐? 어서 나아서 가야지."

"아버지가 빨리 오래?"

"그럼, 그 양반이 다른 사람이 해주는 밥을 먹는 사람이냐?"

"엄마가 가서 밥해주려고?"

갑자기 엄마의 눈빛이 흐려졌다. 뭔가 혼란스러운 것 같았다. 엄마가 나를 물끄러미 바라보았다.

"안 되겠지요?"

엄마가 요양원으로 입소한 지 한 달 만에 거리두기가 해제되며 면회가 허락되었다. 아버지는 첫 면회 때 눈물을 쏟으며 엄마 손을 쓰다듬었다. 엄마는 그런 아버지를 경계하며 손을 뿌리쳤다. 엄마는 아버지가 남편이라는 걸 정확히 인지하지 못하는 것 같았다.

"왜 울고 그래요? 이상하게."

아버지는 한 번도 엄마가 잘 적응하는지, 음식은 잘 먹는지, 잠은 잘 자는지 따위를 묻지 않았다. 그저 엄마가 없어서 자기가 얼마나 외롭고 슬픈지만 읊었다. 아버지는 엄마의 인지장애가 진행되고 있는 것을 인정하려 하지 않았다. 당신의 눈으로 보면서도 엄마는 모든 걸 다 기억하고 있다고 우겼다. 늘 자신을 걱정하고, 그리워한다고 믿었다.

면회만 가면 우는 아버지가 걱정되었지만, 일주일에 한 번 있는 면회는 우리의 일상이 되었다. 날씨가 좋은 날에는 요양원 밖에서 1시간 가까이 엄마와 있을 수 있었다. 면회를 마치고 나면 근처 카페에서 식구들과 커피를 마시며 더 이야기를 나눴다. 먹고사느라 소원해졌던 사 남매와 아버지가 엄마 덕분에 자주 만나게 되었다. 엄마가 우리에게 주는 선물이었다. 나는 그 시간을 기독교 신자들이 예배를 드리듯, 불교 신자들이 예불을 드리듯 소중하게 여겼다. 엄마가 나를 알아보는 데 걸리는 시간이 점점 길어졌고 때로는 아예 기억하지 못했지만, 면회가 끝나 헤어질 때면 엄마는 슬픈 표정으로 말했다.

"나는 계속 여기 있어요?"

"나도 가면 안 돼요?"

같이 갈 수 없다고, 며칠 있다 또 올 거라고 하면 엄마는 힘주어 말했다.

"그럼 그래야죠."

"꼭 와요."

엄마는 자신이 처한 상황을 정확히 인지하지 못하면서도 가끔 뜬금없이 요양원 비용이 얼마나 되는지 물었다. 읍에 있는 종합병원에 가도 걱정을 했다.

"네가 또 고생이다. 병원비가 많이 나왔지?"

"아니야, 엄마. 노인들은 병원비가 아주 싸."

"그래? 세상 좋아졌네."

그럴 때면 엄마가 멀쩡히 내 상황을 걱정하는 것처럼 느껴졌다. 반면 아버지는 요양원비, 오피스텔 월세, 생활비 따위에 전혀 관심이 없었다. 관심이 있다 한들 얼마 안 되는 노인 연금이 유일한 수입원인 아버지가 어쩔 수 있는 문제는 아니었다. 그러나 아버지는 예전에도 그랬다. 월급을 받아 엄마한테 맡기면 끝이었다. 우리가 등록금을 어떻게 마련하는지, 식구들이 입고 먹는 돈이 충분한지 따위에는 관심조차 두지 않았다.

인천으로 전학 온 뒤 더 나빠진 집안 형편을 외면할

수 없었던 나는 여상을 가기로 마음먹었다. 그러나 같은 선인재단에 있는 여상에는 진학하고 싶지 않았다. 전학 온 뒤 공부를 놓긴 했지만, 다른 여상에 충분히 갈 수 있었다. 그런데 선인재단 소속 중학교를 나온 학생들을 같은 재단의 선화여상으로 보내려는 중3 담임들의 회유와 압박이 상상을 초월했다. 앞으로 선화여상을 명문으로 만들겠다며 학생들을 설득했다. 전교 1, 2등 하는 학생들도 꼼짝없이 선화여상에 가는 판국에 내가 안 가겠다고 버티는 것도 한계가 있었다. 아버지한테 학교에 와서 말이라도 해보라고 부탁했더니, 여상은 아무 데나 똑같다고 말했다. '아무 데나'라는 말에 맥이 풀린 나는 결국 입학원서에 도장을 찍었다.

선인재단은 그렇게 억지로 학생들을 선화여상에 몰아넣고는 16학급의 절반은 보결로 받았다. 최소 오백 명가량이 정상적인 입시 절차가 아닌 돈을 내고 입학했다는 거였다. 학생들만이 아니었다. 자격 없는 교사까지 수두룩한 학교였다. 학교 곳곳에 돈 냄새와 썩은 냄새가 진동했다. 군인이 세운 학교법인 '선인학원'은 군대보다 손쉽게 돈을 벌 수 있는 사업일 뿐 애초에 교육에는 관심이 없었다. 간혹 재단의 비리에 맞서 학생들 편에 서는 선생님들은 오래 버티지 못했다. 그러면서 등록금은 꼬박꼬박 받았다. 담임들은 등록금 납부 기일을 하루라도 넘기면 학생을 교무실로 불러 닦달하고, 면박 주고, 매까지 들었다.

힘이 없는 내가 할 수 있는 저항이라고는 등록금 고지서를 며칠씩 가방에 넣고 다니다 교무실에 몇 번 불려 간 뒤에야 엄마에게 보여주는 거였다. 등록금 영수증을 바라보며 엄마가 내쉬는 한숨을 들을 때면 차라리 학교를 그만두고 싶었다. 그래도 고등학교는 졸업해야 취업을 해 엄마에게 보탬이 된다는 생각에 참았다. 고등학교에 다니는 동안 나는 늘 돈에 쪼들렸다. 엄마는 말할 것도 없었다. 그런데 그 쪼들리는 살림에도 아버지는 내한한 카라얀 음악회와 폴 모리아 악단의 연주회에 갔다. 특히 폴 모리아 악단이 내한했을 때는 내 등록금을 낼 시기기도 했다. 눈에 넣어도 아프지 않다던 딸이 등록금 때문에 담임한테 어떤 수모를 당하는지 아버지는 관심조차 없었다.

"네 아버지 쥐꼬리만 한 용돈 모아서 간 거야. 네 아버지가 다른 데 돈 쓰는 사람이 아니잖니? 어디 가서 술을 드시니, 도박을 하니, 옷을 사니? 아버지도 풀 데가 있어야지."

엄마의 변명에 더 화가 났다.

"엄마는? 엄마도 마찬가지잖아. 엄마는 어디서 푸는데?"

"나는 너희가 있잖아."

"우리가 엄마한테 뭘 해주는데? 짐만 되지."

"난 하고 싶은 것도 없어."

"엄마는 하고 싶은 게 없어도 난 하고 싶은 거 많아. 근데 참는 거야. 엄마도 알잖아."

엄마는 아무 말 하지 않았다.

한 달에 천 원밖에 안 되는 용돈으로는 책 한 권 제대로 살 수 없어, 엄마한테 도시락을 싸 가지 않을 테니 용돈을 이천 원으로 올려달라고 말했다. 엄마는 별말 없이 용돈을 올려주었다. 이천 원을 받으면 점심은 이틀에 한 번씩만 200밀리리터 우유로 때우고, 남은 돈으로 삼중당문고 한두 권, 〈월간팝송〉과 〈문학사상〉, 〈현대문학〉 같은 문학잡지, 개봉영화 한두 편을 보거나 불법복제 레코드를 샀다. 지금 생각해보면 그 형편에 세종문화회관에 가는 아버지나 점심밥을 굶고 책을 사고 영화를 보는 나나 별반 다르지 않았다.

그래도 나는 내 욕심 때문에 엄마에게 짐을 얹지는 않았고, 동생들한테 피해를 주지도 않았다. 방과 후에 친구들이 쫄면이나 떡볶이를 먹으러 가면 슬그머니 빠지고, 체육대회를 앞두고 이천 원짜리 학급 단체 티셔츠를 맞추자는 의견에 기를 쓰고 반대하면서도 용돈이 부족하다고 올려달라는 말을 하지 않았다. 아버지는 그때 나와 엄마의 고군분투를 알지 못했고, 알려고 하지도 않았다.

아버지는 구십이 넘어서도 환갑이 된 딸과 환갑이 넘은 아들이 감당할 경제적 부담 따위는 관심이 없어 보였다. 그래서 아버지가 엄마에게 오가게 차를 산다, 원룸을 구하겠다고 하면 나도 모르게 불뚝 성이 났다.

"제발 고집 좀 그만 피워. 아버지, 나 진짜 열심히 살거든? 요즘 같은 농사철에는 이렇게 일주일에 한 번씩 오는 게 쉽지 않아. 강연 다녀야지, 글 써야지, 공부방

해야지. 아버지 알잖아? 동생들 어려운 거. 엄마 병원비, 아버지 오피스텔비 오빠랑 내가 감당하고 있어. 오빠는 장남인 자기가 무능해서 나한테까지 짐이 된다고 미안하대. 근데 아버지, 장남인 오빠가 진짜 다 해야 해? 아니잖아. 오빠는 아직도 사업할 때 진 빚 갚고 있어. 수연이는? 암 투병할 때 얼마나 힘들어했는지 알아? 옆에 있는 나는 안 힘들었을까? 근데 내가 한 번이라도 힘들다고 말했어? 나 혼자 감당한다고 생색낸 적 있어? 수연이가 엄마 아버지를 원망한 적 있어?"

아버지가 당황했는지 눈을 피했다.

"알지. 나가 그걸 모르간? 그래서 미안하지. 그래서 내래 계속 미안하다고 하디 않아?"

"그래 맞아, 만날 미안하다고 하지. 나는 그 말을 듣고 싶은 게 아니라고."

"알았어. 내가 무능해서 미안하다."

"아 진짜, 아버지. 그 말 듣자는 게 아니잖아. 내가 유능해서 맏딸 노릇 하는 거야? 어쩔 수 없이 하는 거야. 나도 아버지한테 이런 말 하는 게 너무 싫어. 나야말로 엄마한테 미안하고 마음 아프다고. 근데 어쩔 수 없잖아. 아버지, 내가 엄마 모실까? 그럼 아버지도 우리 집에 오실 거야?"

답답함에 아버지를 협박하는 못된 딸이 되었다.

"내래 와 너희 집에 가네? 내가 네 엄마 데리고 있을 거야."

"아버지, 엄마 다시 집에 못 와."

"와 못 와?"

"아, 진짜. 계속 되돌이표잖아. 엄마 이제 움직이지도 못하시는데, 온종일 아버지가 어떻게 돌봐드릴 거야. 제발, 아버지 못 한다고요. 왜 자꾸 나를 나쁜 딸 만들어."

아버지가 한풀 꺾인 목소리로 말했다.

"알아, 네가 힘든 거. 내래 너한테 엄마 돌보라는 게 아니잖아. 내가 한다고."

"아버지, 혼자 못 한다고. 아버지가 못 해서 엄마 넘어졌고, 여기까지 온 거잖아."

"내가 혼자냐? 며느리가 있는데."

그렇게 실랑이를 하던 중에 아버지가 본심을 드러내고 말았다.

"아버지, 혹시 막내며느리가 엄마 돌봐야 한다고 생각해요?"

"갸이가 못 할 것도 없지."

화를 참으며 되물었다.

"아버지, 이 말 올케언니한테 할 수 있어?"

"갸이는 아프잖아. 요가 강의도 가고, 딸 대신 손자도 봐야 하고."

"막내며느리는? 막내며느리도 파트타임으로 일하잖아. 아들 어린이집 보내면서 일 시작했잖아요."

"그러니까 와 일을 다니냐? 얼마나 번다고. 아직 어린애를 어린이집에 보내면서까지."

"아버지, 막내네는 어린이집 오히려 늦게 보낸 거야. 동나이에서는 유치원에 일찍 안 보내서 올케도 늦게 보낸 거라고. 나랑 수연이는 딸들 두 살 때 어린이집 보냈어. 그래야 일도 하고 그러지. 아버지, 올케가 일 안 하면 막내가 힘들잖아. 팬데믹이랑 중국 경제 위기 때문에 막내네 회사도 더 어려워졌어. 월급이 안 나올 때도 있대. 올케가 일해서 베트남에 있는 어머니한테 보내고, 아들 학비도 보태고 그런다잖아. 올케가 파트타

임으로라도 일하니까 막내가 좀 숨통이 트인다잖아. 얼마나 다행이야."

아버지는 끝까지 심술을 부렸다.

"그럼 나는? 네 엄마도 없고, 손주도 어린이집 가고. 내래 심심하고 무료하잖아."

"그럼 아버지 심심하지 말라고 막내네 손가락 빨고 있으라고?"

정말 네 살 어린애처럼 구는 아버지한테 꿀밤이라도 먹이고 싶었다. 어쩌면 평생을 이렇게 한결같이 이기적일 수 있을지 원망스러웠다. 지금 다시 생각해도 아버지는 내현적 나르시시스트가 맞았다. 그래도 시간이 흐르면서 아버지도 현실을 받아들이고 체념했다. 루틴이 중요한 아버지는 혼자 사는 일상의 규칙을 만들어가고 거기에서 평온을 찾았다. 엄마 없이 침대 두 개만 덩그러니 놓인 원룸에서 새벽 1, 2시에 일어나 혼자 밥 먹고, 텔레비전 보고, 컴퓨터 하는 아버지를 떠올리면 마음이 무거워 일이 손에 잡히지 않았다.

초등학생 때까지 우리 집에 소니 릴 데크가 있었다.

우리는 주말이면 가족끼리 둘러앉아 노래를 불렀고, 아버지는 그 노래를 릴 테이프에 담았다. 인천으로 와서도 가끔 릴 데크를 꺼내 우리 사 남매의 유아기, 초등학생 시절의 목소리를 들었다. 앳된 내 목소리를 듣는 건 낯간지러웠지만, 엄마 아버지가 듀엣으로 부르는 노래는 언제 들어도 좋았다. '봄이 오는 길' '님이 오시는지' '그리운 사람끼리' '섬집 아기' '산 너머 남촌에는' '봄처녀' 등등. 아버지의 중저음과 엄마의 맑고 높은 목소리가 잘 어울렸다. 나는 어려서부터 엄마 아버지의 목소리가 담긴 릴 테이프를 오래오래 간직하겠다고 마음먹었다.

몇 년 전, 인천 싸리재카페 사장님한테 서울에 릴 테이프를 시디로 바꿔주는 스튜디오가 있다는 말을 듣고, 막내에게 릴 테이프를 찾아달라고 했다. 그러자 막내가 어이없다는 목소리로 말했다.

"누나, 그거 없어. 하도 이사 다녀서 언제 없어졌는지 기억도 없어. 이리로 이사 올 때도 없었던 거 같아."

2009년 엄마 아버지는 경제적으로 어려워진 아들들을 위해서 나이 쉰이 돼서야 처음으로 마련했던 낡은 빌라마저 팔았다. 그 뒤로 엄마는 싼 전셋집을 찾아 이사할 때마다 포장이사 비용만큼 전세금을 줄여야 했다. 집은 더 낡고 좁아졌다. 엄마는 이사 때마다 아버지가 소중히 여기던 추억이 담긴 상자를 하나씩 내다 버려야만 했다. 그중에는 아버지가 대학 때 보던 책과 습작들이 있었고, 엘피와 릴 테이프가 있었다.

가난은 아버지의 추억을 오래 담아둘 공간을 허락하지 않았다. 엄마는 나이 팔십까지 전세를 구하러 다니는 할머니는 자신밖에 없을 거라고 한숨을 쉬었다. 아버지는 엄마가 전셋집을 구하러 다닐 때 단 한 번도 동행하지 않았다. 엄마는 아버지를 데리고 가봤자 입도 뻥긋 못 할 테니 혼자 다니는 게 편하다고 했다. 아버지가 애지중지하던 물건을 내다 버린 것은 불가피한 게 아니라 엄마의 소심한 복수였는지 모르겠다. 이기적인 아버지를 원망하면서도 나 역시 바쁘다는 핑계로 엄마와 공인중개소 한 번 가지 못했다.

그때 나는 중개소에 동행하지 못한 것만 아니라 전세금에 얼마라도 보태질 못했다. 2001년 『괭이부리말 아이들』이 〈느낌표〉라는 예능 프로그램에 소개되면서 인세가 넉넉히 들어올 때가 있었다. 그때 엄마 아버지를 위해 얼마라도 남겨두었다면 여유가 있었을지 모른다. 그러나 텔레비전 방송을 통해 알려진 책의 인세를 사적으로 쓰는 건 옳지 않다고 생각했다. 2년간 들어온 인세의 절반을 사회복지공동모금회에 보냈고, 나머지는 지역운동이나 노동운동을 하는 단체나 개인 그리고 아픈 어린이와 낙도 주민, 등록금 지원이 필요한 공부방 청소년과 청년들을 도왔다.

물론 공동체와 공부방 운영을 위해서도 썼다. 공부방 식구들의 어려운 형편을 돕는 데도 쓰고, 1998년 공부방을 지으면서 받은 대출금과 2001년 강화로 이사 오면서 얻었던 빚도 갚았다. 우리 가족에 이어 강화로 이사 온 후배와 가정 폭력을 피해 강화로 온 공부방 아이와 엄마가 함께 살 집도 마련했고, 공동체 식구와 같이 농사지을 논도 몇 마지기 샀다. 그러나 내 가족을 위해 쓸 돈을 따로 모아두는 것은 옳지 못하다고 생각했다. 옳고 그름은 엄마 아버지가 가장 중요하게 생각한 가치였다.

어디에 얽매이기를 싫어하는 천성적인 자유주의자

에 자기가 먼저인 나르시시스트인 아버지는 고리타분한 유교가 싫다고 했지만, '시비지심' '수오지심'에 대해 자주 말했다. 청소년기에는 그것이 고지식한 자신에 대한 변명이라고 생각했다. 엄마와 달리 '측은지심'은 없는 아버지가 불만스럽기만 했다. 그러나 내 안에도 '시비지심'과 '수오지심'이 내면화된 것이었다.

엄마가 변함없이 가난에 짓눌려 사는 동안, 나는 『괭이부리말 아이들』 덕분에 전업 작가로 살며 강화 공부방 운영을 온전히 인세로 충당할 수 있었다. 남편이 농사로 얻는 수익은 고생하는 것에 비해 늘 형편없었고, 그마저도 공동체를 위해 써야 했기에 우리 가족의 생계는 내 몫이었다. 우리 집만이 아니었다. 내가 사는 강화 양도면의 농부들은 부부 중 한 명은 임금노동자로 살았다. 대농이 아닌 한 농업으로 생계를 꾸리고 자녀를 교육하는 것은 불가능했다. 그래도 나는 형편이 나은 편이었다. 글을 써서 보고 싶은 영화를 보고, 읽고 싶은 책을 읽고, 먹고 싶은 것을 먹었다.

물론 『괭이부리말 아이들』 이후에도 통장에 잔액이 없어 마이너스 통장을 써야 할 때가 적지 않았다. 딸들은 영어 학습지 외에는 사교육을 받아본 적이 없고, 그 흔한 어학연수 한 번 가지 못했다. 그러나 등록금은 내줄 수 있었기에 딸들은 아르바이트비와 장학금을 더해 학자금 대출 없이 대학을 졸업했다. 빚 없이 사회에 나간 덕분에 딸들은 대학원에 진학하고, 그 이후의 삶을 스스로 개척해나갈 수 있었다.

보험이라고는 국민건강보험밖에 없고, 적금 하나 붓지 못해도 내게 무슨 일이 생기면 공동체가 버팀목이 되어줄 거라는 믿음이 있었다. 공동체가 경제적으로 넉넉한 것은 아니었다. 공부방은 국가나 지자체의 지원을 따로 받지 않기 때문에 공부방 식구들이 공제회를 만들고, 후원회를 운영했다. 목돈이 들어가는 공연이나 체험활동, 캠핑은 문화재단, 사회복지공동모금회 등의 지원 단체에 사업계획을 넣어 마련했다.

그러느라 나는 엄마의 경제적인 버팀목이 되지 못했다. 그래야 한다고 생각하지 않았고, 엄마 아버지도 바라지 않았다. 엄마는 막내가 대출을 받아 작은 아파트를 마련할 때까지 계속해서 집을 구하러 다녀야 했다. 그사이 엄마는 아버지와 우리 사 남매의 추억이 담긴 물건과 기록을 하나씩 포기해야 했다. 내가 조금이라도 융통성이 있는 사람이었다면 그 추억들을 지켜낼 수 있었을지 모른다. 어쩌면 엄마의 우울증이 인지장애를 재촉하는 일이 일어나지 않았을지 모른다. 이제야 나는 그때의 내 완고함이 조금은 후회된다. 그러나 당시는 그것이 너무도 당연하다고 생각했다.

너희 엄마 아빠는
진짜 열렬히 사랑했어

　엄마가 요양원으로 간 뒤 아버지는 면회를 갈 때마다 눈물 바람이었다. 엄마는 아버지를 알아보지 못했지만, 아버지는 엄마가 자신을 기억한다고 믿었다. 그래서 만나면 손부터 덥석 잡았다. 그러면 엄마는 손을 뿌리치며 정색했다.
　"왜 남의 손을 함부로 잡아요!"
　"내가 당신 남편이잖아요. 당신 손 잡으면 안 돼요?"
　"안 돼요."
　"당신 손은 원래 내 건데."
　그러면 나는 또 옆에서 버럭 화를 냈다.

"엄마 손이 왜 아버지 거야! 손 잡고 싶으면 엄마한테 허락받아요."

아버지는 이내 슬픈 표정이 되어 비둘기 울음소리 같은 목소리로 물었다.

"여보, 당신 손 만져봐도 돼요?"

아버지의 서글픈 표정에 엄마가 마지못해 손을 허락하면 아버지는 또 눈물을 쏟았다. 아버지는 면회 때마다 엄마 머리를 쓰다듬으며 아쉬워했다.

"당신 머리가 너무 하얗네. 여기선 염색 안 해주나? 머리를 왜 그렇게 짧게 잘랐어?"

엄마가 인지장애로 혼자 머리를 자르러 갈 수 없게 되면서 그동안 아버지와 같이 미용실에 다녔다. 그때마다 아버지는 엄마의 머리카락을 까맣게 염색하고 일제강점기 여자아이들이 주로 하던 상고머리를 해서 왔다. 자글자글 주름이 가득한 얼굴에 까만 단발머리는 어울리지 않는 정도가 아니라 보기 흉했다.

"아버지, 엄마 염색해주지 말아요."

"너희 엄마가 하고 싶다는 거야."

옆에서 막내가 성을 냈다.

"아버지, 언제 엄마가 하고 싶다고 했어? 아버지가 억지로 모시고 가잖아요."

나도 참지 못하고 말했다.

"아버지, 엄마 단정하게 해드리고 싶으면 그냥 다듬어요. 파마를 하든가."

"나는 파마 싫다. 흰머리도 싫고. 왜 뭐라고 해? 내 건데 내 마음대로 못 하냐?"

농담 섞인 말이었지만 또 발끈하고 말았다.

"엄마가 왜 아버지 거야? 엄마는 그냥 김미자야. 엄마가 치매라고 해서 아버지 마음대로 해도 돼? 엄마가 아버지 소유물이야? 엄마는 염색 안 좋아해. 왜 아버지 맘대로 생각해? 엄마 불편한 건 생각 안 해?"

아버지는 금세 폭발할 것 같은 얼굴로 입을 꾹 다물고, 오빠는 그만하라고 눈짓했다.

초등학교 1학년 봄 소풍 때였다. 학교에서 남산모루까지 먼 거리가 아니었는데 부모님들이 꽤 많이 따라왔다. 그중 우리 엄마가 유난히 눈에 띄었다. 한복에 긴 머리를 쓸어 올린 모습을 하고 있었기 때문이다. 엄마는 학교 행사 때마다 꼭 한복을 입었다. 엄마한테 한복은 정장 같은 느낌이었던 것 같다. 중학교 운동회 때 찍은 사진에서도 엄마는 단정하게 한복을 입고 있다.

1학년 어린아이 눈에 한복은 그럭저럭 괜찮았는데 할머니 같은 쪽머리가 눈에 거슬렸다. 그래서 엄마도 파마머리를 하라고 졸랐다. 며칠 뒤 엄마가 파마머리를 하고 집에 왔다. 아버지는 그 모습을 보고 크게 화를 냈다. 그로부터 한 10여 년이 지난 어느 날 아버지가 지갑을 잃었다며 앓아누웠다. 아버지가 앓아누울 만큼 큰돈을 가지고 있을 리가 없는데 무슨 일인가 해서 엄마에게 물었다.

"돈이 얼마나 있었기에 저러셔?"

엄마가 쏠쏠하게 되물었다.

"돈이 얼마나 있었겠니?"

"그런데 왜 저렇게 끙끙 앓아?"

엄마가 쏠쏠하게 말했다.

"예전에 내가 긴 머리를 자르고 파마한 적 있거든."

"알아, 나 1학년 때."

"너도 기억해?"

"그럼, 나는 엄마가 파마해서 엄청 좋았는데 아버지가 막 화내서 이상했거든."

"그때 그것 때문에 너희 아버지랑 싸우고 가발 장수한테 머리카락을 팔러 나가는데, 따라 나오면서 머리카락을 몇 가닥만 달라는 거야. 기가 막혀서 줬는데 그걸 여태 가지고 있다가 잃어버렸다고 저 난리다."

그렇다고 엄마가 늘 긴 머리에 한복을 입고 다녔던 건 아니다. 아버지랑 연애하던 때 사진을 보면 엄마는 당시 유행하던 단발머리나 파마머리를 하고, 주로 치마보다는 바지 차림에 허리가 잘록한 바바리코트나 긴 모직코트를 입고 있다. 나는 오래된 흑백사진 속 세련된 엄마의 모습이 훨씬 좋았다.

2023년 9월 아버지 장례식장에서 고모가 물었다.

"언니는 오빠 죽은 거 모르지?"

"네, 말 안 했어요. 엄마는 아버지 기억 못 하지만 그래도 돌아가셨다고 하면 감정이 동요할 거 같아서."

"잘했어. 우리 언니, 오빠 죽은 거 알면 정말 슬퍼할 거야. 너희 엄마 아빠는 정말 열렬히 사랑했거든."

"맞다. 고모는 엄마 아버지 연애하는 거 다 기억하겠

구나."

"그럼, 진짜 열렬했지."

"고모, 엄마는 그때 어땠어?"

"너희 엄마 정말 똑똑한 여자였어. 책도 많이 읽고, 세련되고, 너희 외할아버지가 그렇게 안 되셨으면 우리 오빠는 언니랑 결혼 못 했겠지. 하여간 언니는 그때 일본 책도 그렇게 많이 읽었어."

고모 이야기를 듣다가 작은아버지도 덧붙였다.

"결혼 전에만 그랬나? 큰애 임신하고도 책 많이 읽었지."

"그런 엄마가 왜 아버지를 좋아했을까?"

내 말에 고모가 말했다.

"우리 오빠가 그래도 로맨티스트였어. 못 하는 것 없고. 너희 엄마 아니면 죽겠다고 할 정도로 열렬히 사랑했고."

엄마도 외할아버지가 돌아가시지 않았다면 결혼을 하지 않았을 거라는 말을 한 적이 있다.

"우리 오빠도 네 아버지를 못마땅해했어. 한번은 해군 장교를 소개해줬어. 서울 조선호텔 커피숍에서 만났어. 내가 원래 제복을 좋아하잖아. 매너도 좋고 괜찮았지. 저녁 먹고 바에 가서 페퍼민트라는 칵테일도 사줬어. 나는 술을 못 마시니까 그냥 보기만 했는데 그렇게 예쁠 수가 없었지. 그 남자랑 헤어져 집에 도착하니 너희 아버지가 딱 지키고 섰더라고. 그러면서 자기랑 안 사귈 거면 거기서 죽어버리겠다는 거야. 얼마나 무서운지. 이 사람하고는 더 만나면 안 되겠다 생각했지. 내가 끄떡하지 않고 있으니까 제 성질을 못 이기고 글쎄 자기 새끼손가락을 찌르더라고."

우리는 엄마가 그때 헤어졌어야 한다고 말했다. 막내는 그게 데이트 폭력이 아니면 뭐냐고 부르댔다.

"네 외할아버지가 사고를 당하지 않았다면 헤어졌겠지. 근데 우리 아버지가 외국 화물선을 도선하고 돌아오는 길에 팔미도에서 풍랑을 만나 사고를 당했어. 해양경찰선을 타고 40일 동안 인천 앞바다를 헤맸어. 그때 네 아버지가 내내 같이 있어줬지. 아버지 돌아가시고 의붓엄마랑 오빠가 그 재산을 다 나눠 가지고. 희로랑 영애랑 나는 갈 데가 없어졌어. 그때 네 할머니가 그냥 빈손으로 시집오라고 했어. 그래서 결혼했지."

"결혼해서는 다시 그런 일 없었어?"

"응, 결혼하고 나서는 그런 일 없었지. 네 아버지가 폭력을 쓰는 사람이 아니잖아. 그때는 내가 다른 사람 만나고 왔다니까 눈이 회까닥 돌았던 거지."

"엄마, 아버지랑 결혼한 거 후회 안 했어?"

"후회한 적 없어. 물론 우리 아버지가 그렇게 돌아가시지 않았으면 나도 뒤늦게 대학에 갔을 거야. 우리 영애도 성악을 계속했을 거고. 희로도 국가 유학생에 뽑히고도 유학을 못 가는 일은 없었겠지. 그렇지만 너희 아버지랑 결혼한 걸 후회한 적은 없어."

작은아버지 말로는 친가에서도 엄마를 반대했었단다. 엄마 배에는 큰 흉터가 있었다. 6·25전쟁 중에 맹장염으로 야전병원에서 수술을 받았는데, 도대체 어떻게 꿰맨 건지 바늘 자국과 실 자국이 그대로 남아 있었다. 그 사실을 안 친가에서는 배가 그 모양이니 임신은 못할 거라고 결혼을 반대했단다.

"우리가 비록 중인 집안이라 해도 그래도 종갓집이었잖아. 장손인 너희 아버지가 아들을 낳아 대를 이어야 한다고 생각했던 거지. 근데 배 흉터뿐 아니라 너희 엄마가 깡말랐었거든. 우리 엄마는 네 엄마가 싫었다기보다 애를 못 가질까 봐 반대했던 거지. 근데 너희 아버지가 자기는 배에 흉터가 있든 애를 못 낳든 상관없다고 했어."

작은아버지 말에 고모가 또 덧붙였다.

"하여간 열렬했다니까, 언니랑 오빠는. 다행히 오빠가 입대하기 전에 언니가 임신한 걸 알았지. 그래서 휴가 때 결혼식을 올린 거야. 지금 크라운볼링장 자리가 원래 인천 최초의 서양식 예식장이었어. 현악사중주로 웨딩마치를 연주했지."

피란민의 아들에다 돈 안 되는 문학 하는 남자를 반대한 외가와 결혼도 하기 전에 임신 가능성을 운운하며 며느릿감을 반대한 친가의 이야기를 듣다 보면 어린 시절 보았던 주말드라마의 흔한 레토릭처럼 느껴진다. 엄마 아버지는 그 반대를 뚫고 사랑에 성공한 사람들이었다. 어떻게 이처럼 다른 사람들이 만나 결혼했을까 싶었지만, 의외로 취향이 같은 부분이 많았다.

엄마 아버지는 음악, 문학, 영화 이야기로 밤늦게까

지 대화를 나눴다. 어릴 때 우리는 엄마 아버지가 나누는 이야기를 들으며 잠드는 날이 많았다. 그렇게 쪼들리는 삶에도 엄마 아버지가 돈 때문에 크게 싸운 걸 본 기억이 없다. 가난에 시달리면서도 엄마는 아버지가 무능하다고 탓하거나 아버지한테 돈을 더 벌어 오라고 채근하지 않았다. 체념한 것도 있겠지만, 엄마는 아버지의 최선을 존중했다.

외할아버지가 돌아가시고 남은 재산과 집, 보상금은 엄마의 의붓엄마인 신앙촌 할머니와 의붓오빠인 큰외삼촌이 다 나눠 가졌다고 한다. 엄마와 이모, 두 외삼촌에게는 한 푼도 주지 않았는데 엄마는 신앙촌 할머니나 큰외삼촌을 원망하지 않았다. 엄마와 이모는 우리가 어릴 때 1년에 한두 번, 덕소에 있는 신앙촌으로 의붓엄마를 만나러 갔다.

"신앙촌 엄니가 덕소 신앙촌에 돈을 가장 많이 기부한 사람 중 하나였어. 근데 그 재산을 박태선이한테 주고 신앙촌 엄니가 받은 건 시멘트로 대충 지은 방 한 칸, 부엌 한 칸짜리 집이 전부였어. 가보면 살림이 얼마나 궁한지 몰라. 신앙촌 엄니 인생도 기구하지. 신앙촌 엄니는 식모로 왔었어. 구한말에 순종이 죽고 궁에서 나온 나인이었어. 엄마가 대전으로 간 뒤 집안일을 도맡게 됐지. 나랑 영애가 엄마랑 피란을 갔다 오니, 그냥 아줌마였던 그이가 새엄마가 됐더라고. 계모 하면 떠오르는 모든 악행을 우리에게 저질렀어. 아버지는 신앙촌 엄니랑 살면서도 계속 우리 엄마한테 돌아오라고 했어. 근데 엄마가 상처받는 것은 나 하나로 족하다고. 당신 곁에 있는 여인이랑 잘 살라고 거절했지. 우리는 신앙촌 엄니를 새엄마로 인정한 적이 없어. 그러니 신앙촌 엄니도 불행했겠지. 그래서 사이비 종교에 빠진 거고. 임종이 얼마 안 남았다기에 갔더니 우리한테 미안하다고 하더라고. 용서하라고. 근데 그때는 용서할 것도 없었어. 다 지난 일인데 뭐."

"그래도 미웠을 거 같은데."

"뒤늦게 미워해서 뭐해."

"큰외삼촌은 원망스럽지 않았어?"

"아니, 우리 오빠도 불쌍해. 우리 엄마는 결혼하고 시댁에 인사하러 가서야 오빠의 존재를 알았대. 그 전에는 아버지가 혼례를 한 번 올렸다는 것도 몰랐대. 집안 어른들이 장손이 결혼도 안 하고 외지에 있으니 억지로 결혼을 시켰었나 봐. 혼례를 치르고 딱 하룻밤 보내고, 유학을 갔다 왔는데 애가 있더래. 첫 번째 아내는 남편을 기다리다 친정으로 돌아가고, 오빠는 할머니가 키웠대. 우리 엄마가 아무리 신여성이라고 해도 그 시절에 혼인을 무를 수는 없었겠지. 그래서 아버지를 용서하고 오빠를 데리고 올라왔대. 그렇게 와서는 또 우리 외할머니가 오빠를 키웠어. 외할머니가 진짜 보살이지. 우리 오빠도 오빠대로 맺힌 게 많을 거야. 그래도 동생들한테 잘했어."

"잘하긴? 결국 큰외삼촌이랑 외숙모가 외할아버지의 재산 절반을 가져갔는데. 근데 엄마는 왜 가만있었어?"

"가만 안 있으면? 그때는 장자상속이 법으로도 보장되었을 땐데, 하다못해 같은 아들인 희로랑 막내도 아무것도 못 받았어. 심지어 희로한테는 대학 등록금 보태준다고, 그 집 애들 과외를 시키라고 해서 대학 내내 조카들 입시를 봐줬어. 그때는 나도 좀 속상했지. 희로를 그렇게 이용하는 게. 그렇지만 어쩔 수 없었어."

 엄마가 외할아버지의 유산을 탐내지 않았던 것처럼 아버지 역시 고향은 그리워해도 북에 두고 온 재산을 아쉬워한 적이 없었다. 아버지는 공산당이 지주와 부르주아의 재산을 빼앗아 농민들에게 나눠준 것에는 크게 불만이 없다고 했다. 아버지가 빨갱이라면 질색하는 까닭은 전쟁을 일으키고, 정적을 용서하지 않고, 사람들을 많이 죽인 것 때문이라고 했다.
"나는 거기에 두고 온 재산 같은 건 하나도 아깝지 않아. 그것보다는 빨갱이 놈들이 한 짓이 아주 악랄했어. 남한에서도 김구 선생이나 여운형 선생이 암살당하고 조봉암 선생도 누명을 쓰고 죽었지만, 이북에서는 정적에 대한 학살이 더 노골적이었어. 나는 전쟁이 치 떨리도록 싫어. 피란 내려오면서 본 끔찍한 장면들은 지금도 잊히질 않아. 내가 한때 미국으로 이민 가려고 했던 거는 부자 되고 싶어서가 아니라, 내가 겪은 그 끔찍한 전쟁을 너희는 겪지 않게 하기 위해서였어. 우리나라는 아직도 휴전 상태야, 종전이 아니고. 그래서 불안했지."

1977년 겨울 엄마가 허리를 다치기 전, 미국에서 국제 우편물이 한 통 왔다. 처음에는 웰스 아저씨나 은숙이 언니한테 온 편지인 줄 알았는데 모르는 사람이었다. 그날인지, 다음 날이었는지 한밤중에 엄마 아버지의 대화 소리에 잠이 깼다. 언뜻언뜻 초대장, 미국 따위의 단어가 들려 귀를 기울였다. 아버지 한숨에 엄마가 말했다.

"나도 당신이 안 가면 좋겠어. 그런데 또 애들을 생각하면…… 우리 오빠네 봐. 여기서 좋은 대학 나와서 미국 가서 구두 고치고 세탁소 하면서 슈퍼마켓 차리고 잘살잖아. 당신이야 손으로 하는 건 뭐든 잘할 테니까 빨리 자리 잡을 거야."

"그렇겠지. 뭐든 하겠다는 각오야 돼 있지. 그렇지만 영주권 받아서 당신과 애들 초대하려면 몇 년이 걸릴지 몰라. 그동안 당신 혼자 어떻게 하려고? 그리고 이 사람이 정말 믿을 만한 지도 모르겠고. 당신도 동두천에서 많이 봤잖아. 사기당하는 거. 가서 불법체류 신세가 될 수도 있어."

"웰스가 소개했다며?"

 웰스 아저씨는 아버지가 친구로 지낸 유일한 미군이었다. 아버지는 미육군사관학교를 나온 장교들을 양키라고 불렀는데, 그들이 한국 사람들을 낮춰 보는 게 기분 나빠 철저하게 비즈니스 관계로만 대한다고 했다. 그렇다고 아프리카계 군인하고 친한 것도 아니었다. 아버지는 1973년 모병제 실시 이후, 한국에 오는 미군들은 아프리카계든 백인이든 무식하고 거칠다고 못마땅해했다. 그래서 아버지가 웰스 아저씨와 친구가 됐을 때 신기했다.

 웰스 아저씨는 의사였던 아버지가 간호사와 불륜을 저지르는 걸 목격한 뒤, 의대를 자퇴하고 반항하듯 군에 입대해 한국으로 왔다. 아버지와 어떻게 친해졌는지는 모르지만, 웰스 아저씨는 우리 단칸방으로 자주 놀러 왔다. 낯을 가리고 숫기가 없던 우리도 희한하게 웰스 아저씨와는 스스럼없이 지냈다. 한국에서 태국으로 발령받아 2년 동안 떨어져 있는 동안에도 아버지와 아저씨는 계속 편지를 주고받았다. 아저씨가 태국에서

2년을 근무하고 다시 한국으로 온 것은 한겨울이었다. 그때 웰스 아저씨는 울긋불긋한 색상에 반짝이가 있는 태국 전통 의상을 입고 있었는데, 우리 식구가 너무 보고 싶어 공항에서 곧장 왔다고 했다.

웰스 아저씨는 1년 남짓 한국에 더 있다가 한국 여성과 결혼해 미국으로 돌아갔다. 미국으로 가기 전 아저씨는 한국 여성과 아프리카계 군인 사이에서 태어나 버려진 아이 둘을 입양했다. 그러면서 나도 미국에 데리고 가서 미술대학에 보내겠다 했다. 철모르던 나는 아저씨를 따라가고 싶었다. 다른 사람도 아니고 웰스 아저씨랑 함께면 낯선 곳에서 살 수 있을 것 같았다. 귀여운 동생들도 봐주면서. 그러나 엄마 아버지가 단호하게 거절했다. 엄마 아버지는 막다른 골목에서도 안전이 보장되지 않는 모험은 하지 않았다.

"웰스가 소개한 위장결혼 브로커가 믿을 만한 사람인지 어쩐지 나도 웰스도 몰라. 당신도 알잖아. 위장결혼이 어떤 건지, 얼마나 위험한지."

위장결혼이 어떤 것인지는 나도 알았다. 동두천에는 아버지가 미국 여성과 위장결혼을 해 미국으로 간 뒤 초대장을 기다리는 가족들이 더러 있었다. 위장결혼은 당시 암암리에 성행하던 이민 방법이었다. 동두천이나 의정부에 있는 '오피스'와 미국의 이민 브로커가 짜고, 한국에 있는 가장이 이혼한 뒤 오피스를 통해 미국으로 서류를 보내면, 미국 내 브로커가 미국 여성과 혼인신고를 해 한국에 있는 남성을 초대하는 방식이었다.

나는 동두천 사람들이 유토피아로 가는 열차표로 여겼던 초대장이 사실은 존재하지 않는다고 생각했다. 친구 중에도 아버지가 위장결혼을 해서 미국에 간 경우가 있었지만, 친구네 가족은 우리가 동두천을 떠날 때까지 초대장을 받지 못했다. 한국에서 근무하는 미군들과 동거하던 여성들도 둘 사이에서 태어난 아이를 키우며 초대장을 기다렸다. 그러나 진짜로 초대장을 받는 여성들은 많지 않았다. 아버지 없이 한국에서 태어난 친구들은 엄마 성을 따르며 '튀기'라고 손가락질 받으며 자랐다.

보산리 골목의 오피스는 미국과 한국 간의 국제 우편물 대행과 환전만이 아니라 이민 알선을 해주는 곳이기도 했다. 그 오피스 앞에서는 우편물을 들고 주저

앉아 우는 여성들과 애를 둘러업고 사장과 멱살잡이 하는 여성들을 심심치 않게 볼 수 있었다. 동두천 사람들 중 더러는 미국이나 일본으로 밀항을 하기도 했다. 1987년 만석동에 왔을 때도 아이들의 친인척 가운데 일본으로 밀항해 부둣가나 유흥가에서 일하는 이들이 드물지 않았다. 만석동 전봇대에는 광부를 모집하는 홍보물이 붙어 있던 때였다. 가난한 이들은 늘 어디론가 떠밀리고, 죽음을 각오하며 모험을 선택해야 했다.

1990년대 초반, 한국으로 코리안드림을 이루려고 온 네팔, 필리핀, 중국인을 알게 되었다. 불과 10여 년 만에 우리나라가 누군가에게는 '돈'을 벌 수 있는 땅이 되었다는 것에 격세지감을 느꼈다. 그리고 '불법'이 된 그들에게서 우리 가족을, 동두천의 이웃들을 떠올렸다. 1977년 아버지가 받은 초대장은 우리 가족도 아메리칸드림을 꿈꿀 기회였다. 그런데 초대장이 도착하고 며칠 뒤 엄마가 허리를 다쳤다. 방에 누워 있는 엄마 대신 아궁이에 불을 지피려다 잿더미에 버려진 국제우편물을 보았다. 순간 안도했지만, 한편으로는 아버지가 미국으로 가지 않은 것이 아쉽기도 했다. 나 역시 아버지의 미국행이 우리가 더는 가난하지 않아도 되는 마지막 기회라고 여겼던 것 같다.

　며칠 뒤 성탄절에 동생들은 누워 있는 엄마 곁에서 멍하니 텔레비전을 보고, 나는 방 안의 무거운 공기를 외면한 채 책을 읽고 있었다. 그런데 퇴근한 아버지가 같이 나가자고 했다. 아버지와 간 곳은 현대시장이었다. 아버지는 시장 어귀에 있는 좌판 앞에서 걸음을 멈췄다. 그 좌판은 손톱깎이, 빗, 화장품, 거울, 지갑, 반짇고리, 장난감 따위의 잡동사니를 파는 곳이었다. 아버지는 좌판에서 한참을 고민하더니 엄마한테 줄 지갑을 골랐다. 나는 초라한 노점 좌판에서 엄마에게 줄 크리스마스 선물을 사는 아버지를 보며 낭만적이라고 생각했다. 그날 저녁 천 원도 안 되는 지갑 하나를 고르기 위해 신중에, 신중을 기하던 아버지의 모습을 나는 오랫동안 잊지 못했다. 엄마의 선물을 사고 나서 아버지는 여동생과 막내를 위해서도 장난감 같은 것을 골랐다. 아버지가 가진 돈은 오빠와 나의 선물을 사기에는 부족했다. 남은 돈으로 성탄 파티에서 먹을 새우깡과 맞동산을 샀다. 아버지는 집에 오자마자 장롱 한구석에 처박혀 있던 크리스마스트리를 꺼내 조립하고 장식을 달았다. 그리고 그날도 변함없이 크리스마스트리의 반짝이는 작은 등만 켠 채 다 같이 '고요한 밤, 거룩한 밤'을 불렀다.

Silent night, holy night!
All is calm, all is bright.

모두 잠든 밤, 방 한구석에 세워둔 크리스마스트리에서 빨갛게, 파랗게, 노랗게 반짝이는 불빛을 보며 나는 숨죽여 울었다. 우리의 가난이 너무 서글프거나 비참해서가 아니었다. 생뚱맞게도 그 성탄절이 아름답고 거룩하게 느껴져서였다. 신은 믿지 않았지만, 지지리 궁상인 우리 가족의 사랑을 믿었다. 허리를 다쳐 누워 있는 엄마를 사랑하는 눈으로 바라보는 아버지를 믿었다. 그래서 가난해도 괜찮았다. 더는 그림을 그릴 수 없어도, 대학에 가지 않아도 상관없었다. 지금보다 더 큰 어려움이 닥치더라도 이 가족과 함께라면 이겨낼 수 있을 거라 믿었다.

　그때 내 생각이 어리석었다고 생각하지 않는다. 만석동에 와서 가난한 형편에 가부장의 굴레에서 얽매여 하루하루 고된 삶을 사는 공부방 엄마들을 만났다. 또 딸이라서 가족의 살림 밑천이 되고, 장남이어서 소년가장이 되어야 하는 공부방 아이들을 만났다. 그러면서 서로를 살리는 가족이 아니라, 서로에게 올가미가 되는 가족주의에 진저리가 쳐졌다. 그래서 히어로물마저 가족주의를 내세우는 미국영화에 질색했다. 그러나 어린 시절 나를 지켜준 것이 우리 가족의 사랑이었음은 부정할 수 없었다.

　웰스 아저씨와 연락이 끊긴 것은 우리가 산동네로 이사 가면서부터다. 아마도 아버지가 웰스 아저씨에게 주소를 알려주지 않은 것 같았다. 우리의 좁은 단칸방 좌식 밥상에 앉아 접히지 않는 다리를 어쩔 줄 몰라 쩔쩔매던 웰스 아저씨가 오래도록 그리웠다. 그러나 우리가 이루지 못한 아메리칸드림은 아쉽지 않았다.

애증과 존경 그 사이 어딘가

2023년 3월 28일 저녁, 아버지한테서 다리를 다친 것 같다고 연락이 왔다. 오후 2시쯤 방에서 넘어졌는데 혼자 참다가 자식들이 퇴근할 시간에야 전화한 거였다. 대퇴부 골절이었다. 걱정하던 일이 현실이 되었다. 우리의 걱정은 수술이 아니었다. 입원하면서부터 발생할 아버지의 '밥'이 문제였다.

엔데믹이 왔지만 병원은 보호자의 출입이 허락되지 않았다. 오빠와 막내는 입원 수속을 하면서 외부 음식이 반입되는지부터 물었다. 코로나 시기라 절대 안 된다고 하자, 오빠는 간호사실에 뒷돈이라도 주면 어떻겠냐고 했다. 아버지를 잘 아는 오빠의 걱정이라는 걸 모르지 않았지만, 어처구니없다며 일축했다. 그런데 오빠와 막내의 우려대로 아버지는 다음 날부터 모든 음식을 거부했다. 외부 음식 반입은 절대 안 된다던 병원도 어떻게든 환자의 식사를 해결하라고 했다.

 여동생이 급한 대로 병원과 가까운 롯데리아에서 햄버거를 주문해드렸다. 그러나 점심에 한 번 드시고 더는 드시지 않았다. 그날 저녁과 다음 날 아침, 점심을 다 거른 채 수술에 들어갔다. 다행히 수술 결과는 아주 좋았다. 의사는 아버지가 평소에 건강해서 앞으로의 회복 과정도 순조로울 거라고 했다. 그러나 아버지는 수술 후에도 모든 음식을 거부했다. 큰 수술 후 영양 공급이 제대로 되지 않자 수술 직후에는 없던 섬망이 뒤늦게 시작되었다.

 평소에 아버지가 드시던 간단한 간식들을 간호사실을 통해 보냈다. 햄버거, 도넛, 서브웨이 샌드위치 등등. 간병인 말로는 무엇을 드리든 한 번 먹고는 더는 입도 대지 않는다고 했다. 할 수 없이 버거킹 햄버거를 부평까지 가서 사 왔지만, 그것도 한 끼로 끝이었다. 간호사가 뒤늦게 말했다.

"아드님이 해주시는 음식만 드신다니 간호사실을 통해서 보내주세요."

그러나 아버지는 간호사와 간병인이 전해주는 음식이 아들 것인지를 믿지 못해 그마저도 입에 대지 않았다. 일주일이 지나자 신장에 이상이 생겼다. 영양제와 항생제를 투여하고 나서야 염증이 잡혔다. 예상했던 기간보다 한 달이나 늦게 퇴원했다. 의사는 24시간 돌봐줄 사람이 없다면 재활병원으로 가는 편이 좋을 거라고 했다. 병원에서 소개해준 몇 개의 재활병원 중 집에서 가장 가까운 곳으로 정했다.

입원 절차를 밟으면서 외부 음식 반입과 물리치료 여부를 가장 먼저 확인했다. 그러나 막상 입원하고 보니 '재활'이라는 말은 허울뿐이었다. 일주일에 세 번씩 한다던 물리치료는 물리치료사가 그만두었다며 언제 재개될지 모른다고 말을 바꿨다. 아버지는 우리가 당신을 병원에 버린 것은 아닌지 의심했다. 서둘러 병원을 옮겨야 했다.

새로 간 곳은 전국적으로 있는 재활요양전문병원이었다. 노인뿐 아니라 자동차 사고나 산재 사고를 당해 정형외과나 신경외과 쪽으로 재활을 하러 온 환자들이 있었다. 문제는 종합병원에서 퇴원할 때 이미 쇠약해진 아버지의 몸이 물리치료를 감당하지 못하는 것이었다. 물리치료실에 갔다가 되돌아오기를 반복하면서도 여전히 음식을 거부했다. 식욕 촉진제도 소용없었다. 아버지는 영양주사로 하루하루 연명을 하는 것과 다름없었다. 병원에서는 영양주사로는 한계가 있으니 섭식 문제를 해결해야 한다고 했다. 다행히 '뉴케어' 같은 보조식품을 사다 드렸더니 뉴케어의 성분과 효능을 꼼꼼하게 확인하고 드셨다. 그것만도 다행이라 생각했지만, 의사는 식사를 하지 않으면 몸이 더 나빠질 거라고 했다.

재활병원의 간병사는 대부분 중국 동포였다. 아버지 병실의 간병사는 칠십 대 귀화인이었다. 나이가 있어서 그런지 고집불통인 아버지를 이해하려고 애썼다. 간병사의 배려에 막내가 일주일에 한 번씩 아버지가 좋아하는 갈비탕이나 소고기뭇국을 끓여 보내면서 아버지 수저까지 같이 보냈다. 그때까지 아버지가 병원 수저를 쓰지 않을 거라는 걸 간과하고 있었다. 그제야 몇 숟가락씩 식사를 시작했지만, 끼니때마다 반드시 먹어야 할 식사량의 30퍼센트를 넘기지 못했다. 영양 상태가 나빠지자 피부가 허옇게 일어났다. 간병사가 샤워한 뒤 로션을 발라주는데도 각질이 자꾸 떨어져 나왔다. 면역력이 무너지고 있었다. 그러니 신경은 더 날카로워지고 고집만 늘었다.

아버지는 날마다 엄마를 그리워하며 눈물을 흘렸다. 하루는 엄마하고 영상통화를 하고 싶다고 해서 연결했는데, 엄마가 아버지의 몰골에 충격을 받았다. 엄마는 핸드폰 화면 속 남자가 누군지 알아보지 못하면서도 놀란 목소리로 물었다.

"저, 어디가 아프세요?"

"당신이 밥을 안 해주니 못 먹어서 그래요."

아버지의 대답에 울화가 터졌지만, 엄마는 걱정스러운 얼굴로 말했다.

"그러면 안 돼요. 드셔야지요."

"당신이 먹으라니 내 노력을 해볼게요."

아버지는 엄마에게 자신이 얼마나 곤란한 처지에 놓였는지, 당신을 보러 갈 수 없어 얼마나 슬픈지 쏟아냈다. 간병사는 아버지가 통화를 끝내자마자 꾸짖는 투로 말했다.

"한국에서는 늙은이들이 자기 밥벌이를 해야 한단 말입니다. 그래서 나는 다니던 공장에서 정년퇴직하고 간병사 자격을 얻었어요. 24시간 일하고, 24시간 쉬는데 우리 아내도 요양보호사라 일하는 시간이 비슷해요. 그거에 비하면 할아버지는 자식들이 날마다 찾아오고 팔자가 좋지요."

아버지가 못마땅한 듯 헛기침을 하자 간병사가 덧붙였다.

"할아버지, 흉보는 건 아니고요. 뭐라도 드시란 말입니다. 드셔야 물리치료도 받고 걷지요. 그래야 마나님한테 가시지요."

아버지는 대꾸도 하지 않았다. 우리는 아버지를 특별히 신경 써주시는 간병사가 진심으로 고마웠다.

언젠가 오빠가 엄마 아버지를 제주도에 보내드린 적이 있었다. 2박 3일 동안 제주에서 아버지가 드신 것은 오로지 치킨과 햄버거뿐이었다. 치킨이나 햄버거를 잘 먹지 않는 엄마는 좋아하는 생선이 지천인 그곳에서 사흘을 쫄쫄 굶고 온 뒤로 다시는 아버지와 여행을 가지 않았다. 그런데 그로부터 십수 년이 지난 어느 날 갑자기 두 분이 강원도로 여름휴가를 간다고 했다. 아버지가 퇴직하고 1톤 트럭을 사서 의자 외판을 할 때였으니 육십 대 후반쯤이었다. 아니나 다를까 2박 3일 만에 돌아온 엄마가 분에 받쳐 소리쳤다.

"내가 미쳤다. 네 아버지가 어떤 사람인지 알면서도 거길 따라가서 2박 3일 동안 쫄쫄 굶고 왔으니, 종일 돌아다니다 저녁에 모텔 들어가서 치킨을 시키더라."

"아니, 엄마 그럼 혼자라도 드시지."

"말은 자기도 그렇게 하지. 혼자라도 먹으라고. 이 나이에 여행 가서 나 혼자 음식점에 들어가서 먹으라고? 생선구이라도 먹고 나오면 트럭에 올라타지도 못하게 했을 거다. 어쩌면 그렇게 이기적일 수가 있는지."

2008년, 엄마 아버지를 모시고 베이징 여행을 간 적이 있다. 노인과 가는 여행이라 패키지를 신청했다.

5월이었는데도 베이징은 한여름이었다. 나무 한 그루 없는 자금성을 돌고 나서 저녁으로 베이징덕을 먹으러 갔다. 엄마는 텔레비전에서 봤다며 좋아하셨다. 그러나 아버지는 냄새가 싫다며 아예 식당으로 들어오지조차 않았다. 손녀딸들이 외할머니라도 드시라고 해도 엄마는 아버지를 신경 쓰느라 제대로 먹지 못했다. 아버지는 3박 4일 동안 중국 향신료 냄새가 덜한 아메리칸 스타일 호텔 조식과 멜론 꼬치 외에는 어떤 음식도 입에 대지 않았다. 엄마도 결국 여행 내내 제대로 드시질 못했다.

아버지는 엄마가 하던 그 역할을 나와 여동생 그리고 올케들에게 바랐다. 딸들이 매정하게 아버지의 투정을 들어주지 않자, 올케언니와 막내올케한테까지 전화해서 하소연하기 시작했다.

아버지가 혼자 침대에서 내려오려다 넘어지는 일이 잦아졌다. 잠결에 그러는 건지, 병원을 나오려는 의지인지 알 수는 없었다. 자칫하면 다시 골절될 위험이 크다며 재활병원에서 밤에는 아버지를 침대에 묶어놓겠다고 보호자의 동의를 구했다. 어쩔 수 없이 동의했다. 면회 가서 아버지의 손이 침대에 묶여 있는 것을 보면 내 몸이 아팠다.

밤마다 손이 묶였고, 피부건조증은 점점 심해져 아버지는 밤새 잠을 자지 못했다. 아침에 결박을 풀면 온종일 긁으니 끝내 봉와직염에 걸리고 말았다. 다시 종합병원으로 옮겼다. 그 와중에 폐렴과 패혈증 그리고 섬망 증세가 다시 찾아왔다. 치료를 위해 항생제가 섞인 수액을 계속 공급해야 하는데 아버지가 링거 바늘을 자꾸 뽑았다. 병원에서 아버지를 중환자실로 옮기며 연명치료 여부를 물었고, 가족들에게 마음의 준비를 하라고 했다. 사 남매가 의논해 연명치료를 하지 않겠다는 서류에 일일이 사인했다. 그러나 다행히 4주가 지나자 치료에 차도가 보였다. 당장 돌아가실지 모른다던 아버지가 위기를 넘겼다. 상태가 좀 좋아진 아버지는 나를 보고 심술 가득한 얼굴로 말했다.

"이제 가야지."

"어딜요?"

"집에."

"아버지, 걷지 못하시잖아요."

"내가 와 못 걸어, 걸으면 걷지. 지금도 걸어."

"안 된다고요."

"그래? 그러면 콱 죽어버려야지."

"아버지, 진짜 죽고 싶어? 우리 생각은 안 하고?"

대화 끝에 조금 수그러든 아버지는 어떻게든 잘 먹고 퇴원하겠다고 약속했다. 다행히 섬망 증세도 완화되어 간병사와 농담할 만큼 상태가 좋아졌다. 하루는 병실로 들어간 나를 보며 간병사에게 말했다.

"야가, 내 큰딸이오. 작가야요. 내 꿈을 이뤄준 작가."

"아, 그러세요. 따님들은 좋겠네요. 이렇게 젠틀하신 아버지를 두셔서. 하긴 할아버지도 좋으시지. 자녀들이 다 인품이 좋으니 얼마나 복이에요."

아버지의 얼굴에 퍼지는 자랑스러운 표정에 갑자기 몸서리가 났다. 간병사가 다른 데로 간 뒤 심술궂게 말했다.

"내가 아버지 꿈을 이뤄주기 위해 작가가 됐나? 난 그냥 내가 쓰고 싶은 거 쓴 거야. 작가가 되고 싶어서 쓴 게 아니라고."

"그거이 그거지. 넌 날 닮았어."

"아니라고."

늙고 병든 아버지 앞에서 또 몽니를 부렸다. 아버지 때문에 글 쓰는 사람이 된 게 아니라고 끝까지 부르댔지만 공부, 성공에 집착하지 않는 아버지 덕분에 자유롭고 주체적인 사람으로 성장한 것은 틀림없다. 아버지의 지지 덕분에 어리바리하고 엉뚱하기 짝이 없던 아이가 단단하게 자랄 수 있었다. 그렇지만 여전히 자신이 세상의 중심인 아버지를 받아들이는 일은 쉽지 않았다.

아버지는 '소금을 지고 물에 들어가도 제멋, 도포 입고 논을 갈아도 제멋'이라는 말을 자주 했다. 아버지는 내가 제멋대로라서 좋다고 했다. 그때마다 나는 아버지와 같지 않다고 바득바득 우겼다. 아버지가 생계를 위해 팔아야 할 소금을 지고 물에 들어가는 바람에 우리가 가난에 허덕여야 했고, 도포 입고 논을 갈아 흙투성이가 된 옷을 책임지는 건 엄마의 몫이었다. 엄마는 아버지를 체념하듯 받아들였지만, 나는 그러고 싶지 않았다. 나의 자유를 위해 누군가의 희생이 요구된다면 그것은 폭력이었다. 나는 이기적인 아버지와 달라야 했고, 달랐다.

아버지가 고집을 피울 때마다 불뚝거리는 나와 달리 오빠는 원래 그런 사람이라고 아버지를 이해하려고 했다. 오빠 역시 아버지에게 불만이 없지 않았고, 아버지와는 다른 사람이 되겠다며 무리하게 사업을 했다가 어려움을 당했다. 그런데 육십 대 중반이 된 오빠는 이제 자신이 이만큼이라도 사는 게 다 아버지 덕분이라고 말한다.

"내가 중3 때, 할머니 할아버지랑 싸우고 집을 나왔어. 여름방학이 얼마 안 남았을 땐데 학교는 가기 싫고, 그래서 그냥 동두천으로 갔지. 친구들이 방학식을 하면 한탄강 유원지로 온다고 해서 거기서 만나자고 약속했어. 방학도 안 한 내가 집에 간 거잖아? 엄마나 아버지나 다 무슨 일이 있겠거니 했을 텐데 왜 왔냐고 묻지 않았어. 나를 혼내거나 다그쳐 묻지 않고, 내가 좋아하는 것만 골라서 밥상을 차려주고 일상적인 얘기만 하시는 거야. 찔려서 할 수 없이 사실은 할머니 집에서 나왔다 말했지. 엄마가 우시더라고. 아버지는 일단 학교로 돌아가라고 하고. 그러면서 등록금을 주는 거야. 등록금 내고 계속 학교에 다니라고. 새벽에 일찍 역에 바래다주면서 학교로 곧장 가라고 했어. 엄마는 학교 가서 친구들이랑 먹으라고 김밥까지 싸줬어. 솔직히 집을 나설 때까지는 학교 갈 생각이 없었어. 어수동역에서 서울 쪽이 아니라 한탄강 쪽으로 가는 기차를 탈 생각이었거든. 근데 안 되겠더라고. 그래서 인천으로 갔지. 만약 엄마 아버지가 그때 매라도 들고 혼냈으면 아마 한탄강으로 갔겠지. 아버지가 믿어주시는데 배신을 할 수 없었어."

오빠는 엄마 아버지 덕에 힘들 때마다 견뎠다고 했다. 오랫동안 오빠와 같이 일한 막내가 언젠가 말했다.

"형도 아버지랑 다르지 않아. 형은 아직도 신의, 의리, 도리, 이런 걸 중요하게 생각해. 형은 아직도 이 분야에서 손꼽히는 기술자야. 나이는 가장 많아도. 그러면 뭐해? 아버지랑 똑같이 고지식해. 사업 못 할 사람이 사업해서 힘들게 사는 거야."

공고 전기과를 졸업하고 서울 구로동에 있던 공장

에서 일하던 오빠는 1년 만에 군에 입대했다. 전역하자마자 오빠는 늦었지만 전문대학이라도 가겠다고 했다. 엄마 아버지는 선뜻 승낙하지 못하고 내 눈치를 보았다. 그래서 나는 오히려 오빠의 진학을 적극적으로 지지했다. 오빠는 2년 동안 목재회사 경비원으로 일하며 스스로 학비를 마련했다. 전문대를 졸업하고 제법 큰 인쇄회사에 전기 기사로 취업했고, 그곳에서 실크스크린을 만났다. 오빠는 그 시절 퇴근하면 우리를 모아놓고, 인쇄 기계가 무슨 마법 상자라도 되는 듯 설명했다. 아버지처럼 오빠도 손재주가 좋아 어려서부터 뭐든지 뚝딱거리며 만들기 좋아했다. 그 또래가 으레 그렇듯이 멀쩡한 시계, 트랜지스터라디오, 텔레비전을 해체하고 다시 조립하다 사고를 치기도 했다. 오빠는 인쇄 기계의 매력에 빠졌다. 업계에서 손꼽히는 기술자가 된 오빠는 기술 지원을 하러 중국을 오가다가 창업을 했다. 그러면서 자신을 따라 인쇄 기술을 배운 막내까지 중국으로 데려갔다.

오빠는 용의 꼬리로 사는 것보다 뱀의 머리로 사는 게 속 편하다고 했다. 오빠와 막내가 10년 넘게 중국에 있는 동안 두 올케는 각자 자기 일을 하며 자녀를 돌봤다. 두 사람은 자신들의 기술과 성실로 부족한 자본을 메울 수 있을 거라고 자신했지만, 자본이 없으니 세계 금융 위기의 파고를 넘지 못했다. 두 사람이 빚만 떠안은 채 빈손으로 한국에 돌아오면서 두 가정 모두 위기를 겪었다. 오빠는 기술 덕분에 프리랜서로 일하며 생계를 이어갔고, 막내는 인쇄공장에 취직했다. 그런 막내라고 오빠와 다른 건 아니었다. 팬데믹 전, 막내가 파주의 민주노총 사무실까지 갔다가 돌아왔다고 고백했다.

"우리 직원들한테 노동조합을 만들자고 하고 싶었어. 임금이 형편없는 건 고사하고, 휴일도 없이 일해. 공장장인 나는 일요일이라도 쉬지, 이주민 후배들은 밤낮없이 일해야 해. 그러다 회사 상황 안 좋으면 그 친구들부터 해고돼. 이래도 되나 싶은 거야. 회사가 어렵다, 어렵다 하는데 사실 사장 가족에게 들어가는 비자금이 아니면 덜 어렵거든. 회사에 이익을 내는 건 기술 가진 나랑 후배 노동자들인데, 우리는 번번이 월급이 밀려."

"그런데 왜 안 들어가고 돌아왔어?"

"내가 빈털터리로 한국에 돌아왔을 때, 내 기술만 믿고 공장장 자리를 준 사장을 배신할 수 없는 거야. 형도 그러면 안 된다고 하고. 사실 지금도 나한테는 더 좋은 조건으로 오라는 데가 있어. 근데 후배들 걱정도 되고. 그래서 직원들을 위해 할 수 있는 만큼 사장을 설득해 보고 있어."

그러나 사드 사태로 중국과의 무역이 급격히 줄고, 중국과 한국이 모두 경제 위기를 겪으며 막내네 회사는 계속해서 고비였다. 게다가 팬데믹을 지나며 업계의 생태가 변해 재무 상태도 더 나빠졌다. 최근 1, 2년 간은 월급이 밀릴 때가 많았다. 막내의 기술과 관리 능력을 탐낸 다른 회사에서 계속 스카우트를 제안해왔지만, 그놈의 '의리' 때문에 선뜻 결심을 못 했다. 얼마 전 꾹 참았던 말을 막내에게 내뱉고 말았다.

"너 아버지 생각 안 나? 인신목재 망하고 다른 데 갈 수 있는데 사장 따라가서 어땠어? 그거 때문에 우리는 어떻게 살았고? 의리? 도의? 그런 거 생각 말아. 자본을 가진 사람들은 노동자들을 두고 그런 생각하지 않아. 네가 나쁜 짓을 하는 것도 아니고, 어차피 임금 받아서 먹고사는 노동잔데 단순하게 생각해. 너 능력 인정해주고 조건도 좋다면 그냥 옮겨. 가족 부양해야 하잖아. 아버지처럼 살지 마."

막내가 6학년 때 친구들과 학교 담장을 타고 오르다 대퇴부가 골절되는 사고를 당했다. 개구쟁이들이 같이 놀다가 다친 거긴 해도 평소에 담장이 부실해서 그 밑으로 오가던 주민들도 불안해하던 곳이었다. 교감과 선생님들이 병원으로 와 병원비는 학교에서 내고 보상금도 마련하겠다고 했다. 그런데 그 당연한 조치를 아버지가 거절했다.

"저희 아이가 놀다가 다친 건데요. 저희 불찰입니다."

수술비는 어떻게든 마련했지만, 의료보험이 없으니 입원비가 점점 늘어났다. 엄마는 병원의 만류를 무릅쓰고 막내를 퇴원시켰다. 퇴원하는 날, 직장에 있는 아버지와 나 대신 엄마와 여동생이 막내를 데리러 갔다. 허리까지 석고붕대를 한 막내를 구급차가 아닌 택시에 태워 오는 동안 막내가 몇 번이나 통증을 호소했다며 여동생이 울었다. 1년 뒤, 막내는 성장판이 다쳐서 더는 다리가 자라지 않을 거라는 진단을 받았다. 나는 아버지 때문에 막내가 장애를 갖게 되었다고 오랫동안 아버지를 원망했다. 그러나 아버지는 그 선택을 후회하지 않았고, 엄마는 굳이 지난 일을 꺼내지 않았다.

몇 년 전, 여동생 부부가 막내의 다리에 맞는 특수 신발을 제작해주었다. 부부가 공부방을 하며 틈틈이 아르바이트한 돈으로 신발을 맞춰준 것이다. 여동생은 장애가 있는 다리로 기계 일을 하는 막내를 지켜보는 게 속상했다고 했다. 나는 막내가 다쳤을 때 입사한 지 얼마 안 된 직장에 적응하느라 정신이 없어 당시의 기억이 희미하다. 고등학생이던 여동생이 나를 대신해 아픈 동생과 지친 나머지 히스테릭해진 엄마를 감당하며 힘든 시간을 보냈다.

막내가 자신의 장애를 아버지 탓이라고 한 적은 없다. 그러나 마음 한구석에 원망이 없지 않았을 것이다. 막내는 가끔 혼자서 아버지가 계신 추모공원에 간다. 당신이 좋아하던 햄버거를 가지고 가서 말없이 있다가 오는 막내를 보며 아버지는 무슨 생각을 할까.

가난하고 힘없는 사람들은 자신에게 닥쳐온 불행한 사건과 사고를 늘 제 탓으로 돌린다. 그로 인한 불편과 고통도 그저 묵묵히 견딘다. 운이 없어서, 내 실수로, 안전의식이 부족해서, 그날따라 몸이 안 좋아서 사고가 났다고 치부한다. 왜 운이 없었는지, 왜 몸이 안 좋았는지 되묻지 않는다. 그러면 사는 게 피곤해지니까, 그나마 그 밥줄마저 끊길까 봐. 자신이 왜 다쳤는지, 왜 해고되었는지 그 원인을 분명히 아는 것 자체가 고통이다. 알게 되면 싸워야 했다. 함께 싸울 사람들을 모아야 하고, 거대한 자본과 노동자 편이 아닌 제도와 싸워야 했다. 그 또한 만만한 일이 아니었다. 규모가 작은 중소기업이나 영세사업장에서는 노동조합을 만드는 일이 쉽지 않았다.

1988년 2월, 천주교 도시빈민회와 기독교빈민회의 활동가들이 연합해 서울의 빈민 지역에서 현장 체험을 했다. 나는 봉천동의 한 봉제공장에 취업했다. 와이셔츠를 만드는 그 공장은 5층짜리 건물에 있었다. 그 건물 층마다 각기 다른 봉제공장들이 있었고, 지하에는 공동 식당과 물류창고가 있었다. 공장마다 DJ박스처럼 만든 다락 같은 공간이 있었는데, 그곳에서 노동자들을 감시했다. 노동자들 절반은 봉천동이나 난곡 산동네에 살았고, 지방에서 올라온 젊은 봉제사나 어린 시다는 작업장 위에 판자로 대충 만든 다락에서 생활했다. 그것도 기숙사라고 따로 돈을 냈다. 노동자들이 먹는 하루 세끼는 날마다 멀건 김칫국에 짠지, 가끔 콩나물무침이 올라오는 게 전부였다. 그 흔한 두부조차 없었다. 1987년 민주화 투쟁 이후 울산을 비롯한 대기업에서 노동자 대투쟁이 일어난 후였고, 그 여파로 인천의 크고 작은 공장에서도 노동조합이 만들어지던 때였다. 그곳에서 만난 동료 노동자들은 전태일을 몰랐고, 봉천동에서 가까운 대림동, 영등포, 구로에서 일어나는 노조운동도 몰랐다. 형편없는 임금과 식사, 허리도 펼 수 없는 기숙사, 일주일 내내 이어지는 잔업을 그들은 묵묵히 견디고 있었다. 그런 삶이 살 만한 삶인지 아닌지를 분별할 여유가 주어지지 않았다. 민주노조운동의 시선은 그곳까지 닿지 않았다.

바버라 에런라이크가 자신의 신분을 숨기고 워킹푸어로 살면서 만난 동료들이 그랬고(『노동의 배신』, 바버라 에런라이크, 부키, 2012), 만석동에서 만난 이웃 역시 마찬가지였다. 아파트 신축 공사장에서 청소일을 하다가 시멘트 독이 올라 손가락 마디마디가 썩어 들어가는 병이 생겨도, 30년 동안 온종일 구부정하게 서서 제품을 만드느라 허리가 굽어도, 어쩔 수 없는 일이고 누구나 다 겪는 일이라 여겼다. 반도체회사에서 일하다가 백혈병에 걸려 죽은 딸 앞에서도 사는 게 다 그렇다고 넘어갈 수밖에 없었다. 어떻게 싸워야 하는 줄 몰랐고, 혼자 싸울 엄두도 나지 않았다. 싸우면 달라질 거라는 믿음도 없었다. 늘 세상은 우리보다 거대했으니까.

우리 엄마 아버지가 싸우지 않는, 싸우지 못하는 사람이 된 것도 어쩌면 두 분이 태어나 살아온 세상이 너무 크고 잔혹했기 때문일지 모른다. 부와 명예는 아주 쉽게 깨지는 허상이라는 걸 직접 경험한 엄마 아버지에게는 사랑하는 사람과 보내는 하루하루가 가장 소중한 가치였을 것이다.

아버지는 미군 부대에 다닐 때부터 부모님 직업란에 뭐라고 쓰냐고 물으면, '노동자'라고 답했다. 노동자라는 말이 부끄러웠던 철부지 딸은 중학교 때 아버지 직업을 슬쩍 '회사원'으로 고쳐 쓰곤 했다. 대책 없는 낭만주의자에 정치적으로 보수였던 아버지는 자신의 계급이 노동자라는 것을 늘 강조했다. 그리고 일흔 살이 넘을 때까지 노동자로 산 것을, 여든 살에도 스스로 용돈벌이를 한다는 것을 자랑스러워했다. 그러나 다른 노동자들과 함께 연대하지 않았고 연대할 방법도 몰랐다. 싸우지 않으면 늘 당하고, 뺏기고, 가난하게 살 수밖에 없다는 딸에게 너무 아등바등하지 말라던 아버지와 나는 매번 대립했다. 우리는 대립할 수밖에 없었지만, 나는 또 그런 아버지를 사랑하지 않을 수도 없었다.

퇴직하고 1톤 트럭을 사서 의자 외판을 시작했던 아버지는 그마저도 몇 년 만에 그만두었다. 인터넷 쇼핑몰이 생기면서 장사가 예전 같지 않았기 때문이다. 그 뒤에는 아파트 경비원으로 일했다. 아버지는 늘그막에 그만한 일이라도 있는 게 다행이라며 성실하게 일했다. 경비원을 개인 집사로 여기는 교양 없는(아버지 왈) 사람들이 있긴 하지만, 아직은 좋은 사람들이 더 많다고 했다. 그러나 일은 고됐다. 낙엽이 쌓이는 가을이 되자 의자에 앉을 새가 없다고 했다.

"요즘 사람들은 낭만이 없어. 그냥 낙엽이 뒹굴게 놔 뒀다가 쓸어서 태우면 좋으련만 그렇게 하면 안 된대. 사람들은 인도나 차도에 낙엽 한 잎 있는 걸 용납 못 해. 낙엽도 쓰레기로 봐."

겨울에 눈이 와도 마찬가지였다.

"눈이 쌓이는 꼴을 못 봐. 노인이랑 아이들이 미끄러지지 않게 쓸긴 해야지. 그렇다 해도 사람들이 쌓인 눈을 보고 감탄할 여유가 없어."

봄이 오자 보도블록 사이에 핀 꽃다지와 냉이꽃을 잡초라고, 뽑으라고 한다며 아버지는 한숨을 지었다. 그래도 아버지는 그 일을 오래 할 수 있기 바랐다. 그런데 아파트 관리사무소 직속이었던 경비원 관리가 용역회사로 넘어갔다. 주민들한테 성실하고 친절하다고 인정받은 아버지는 재계약이 되었지만, 계약 기간이 11개월 28일이었다. 무기계약 전환을 막기 위한 편법이었다. 경비원들의 노동 조건은 더 나빠지고, 관리사무소와 아파트 주민들과의 관계도 나빠졌다. 어느 날 아버지가 물었다.

"아파트 경비원도 노조 같은 거 되나?"

"되죠."

"어디서 상담하나?"

"아버지 일하는 데랑 가까운 데 민노총 사무실이 있을 거예요. 근데 왜요?"

"주민 중에 몇 사람이 나이 많은 사람들은 해고하라고 했대. 한여름에 에어컨도 없는 사무실에 있을 수 없어 나와 있는 경비원들한테 성실하지 못하다고 트집 잡고, 잡상인 통제 안 한다고 트집 잡고, 개인적인 허드렛일 시키면서……."

"아버지, 일단 같이 일하는 경비원분들하고 이야기를 나누고, 몇 분이 같이 상담을 하러 가봐요."

"그래야겠어."

그러나 얼마 뒤, 아버지는 화가 나서 말했다.

"영감들이 잘릴까 봐 무섭다고 안 한단다. 나 혼자 얘기한다고 될 것도 아니고."

그러나 몇 달 뒤, 일흔 넘은 경비원들이 거의 다 해고되었다. 아버지는 주민들이 나서서 막아주는 바람에 11개월 28일을 더 일할 수 있었지만, 이듬해에는 아버지도 재계약이 불발되었다. 일흔 살이 넘었지만 연금 한 푼 없이 보험이라고는 국민건강보험밖에 없는 데다, 자식들도 벌이가 시원치 않으니 아버지는 다른 아파트 경비원 자리를 찾다가 포기하고 스페어 택시 기사를 시작했다. 우리가 택시는 위험해서 안 된다고 반대했지만 택시 기사를 2년 정도 더 했다. 그 뒤에도 계속 일자리를 찾았지만, 칠십 대 노인이 할 수 있는 일은 없었다.

무료한 일상을 견디다 못한 아버지는 복지관을 찾아갔다. 처음에는 복지관에서 연 강좌를 들었다. 디지털 기기 사용법, 컴퓨터 사용법, 플래시 애니메이션 등등. 그리고 1년 뒤, 같은 강좌의 강사가 되었다. 복지관을 통해 인근 학교의 도서관에서 공공근로를 하기도 했다. 늙는 것을 받아들이기 힘들어했던 아버지는 다시 필요한 사람이 된 것을 기뻐했다. 그러나 엄마가 아프면서 아버지는 예상보다 빨리 그 일을 포기해야 했다. 그 뒤로 아버지에게 남은 것은 오로지 엄마였고, 어쩌면 그래서 엄마에게 더 집착했는지 모르겠다.

아버지, 기다려줘서 고마워

아버지는 8월 말이 돼서야 종합병원에서 다시 재활요양병원으로 옮겼다. 병원 측에 부탁해 원래 아버지를 돌봐주던 간병사가 계시는 병실로 다시 갔다. 다음 날 면회를 갔더니 간병사분이 말했다.

"아버님이 식사를 하시는데, 오히려 그게 이상해요. 인지가 흐려지셨나?"

종합병원에서부터 투약한 스테로이드제 덕분이라기에는 뭔가 석연치 않았다. 그런데 아버지가 부대찌개 국물을 떠 드시는 걸 본 순간, 아버지에게 큰 변화가 왔다고 느꼈다. 아버지는 부대찌개라면 질색을 하는 사람이었다. 눈빛과 말투도 예전 같지 않았다. 간호사에게 아버지께 인지장애가 온 것 같다고 말했다. 병원에서는 더 두고 보자며 진단을 미뤘다. 며칠 지나지 않아 재활병원 원장도 인정했다.

9월 5일, 재활병원에서 만난 아버지의 상태가 예사롭지 않았다. 아버지는 얼굴이 벌게져 고열로 숨을 헐떡이면서도 자신의 상태를 자각하지 못하고 있었다. 간호사를 불러 이야기했더니 점심까지도 괜찮았다면서 곧 의사 진료를 하겠다고 했다. 포도 출하로 정신없을 때 아버지가 중환자실로 갔다는 소식을 들었다. 아버지의 상태가 점점 나빠질 무렵 우리 집에는 시어머니가 와 계셨다. 그동안 어머니와 함께 살던 시아주버니네 사정으로 우리가 모시기로 했기 때문이었다.

2023년 여름, 집을 새로 지어 이사했다. 2001년 우리 가족이 귀농한 뒤, 공동체 후배 세 가족이 차례로 강화로 왔다. 남편과 함께 농사짓는 후배 가족은 강화 집 옆 열 평짜리 창고를 개조해 20년을 살았다. 함께 살 집을 짓자고 20년 동안 노래를 했지만 여건이 되지 않았다. 2019년 강화에서 10년 동안 살았던 한 가족이 다시 만석동으로 간 뒤, 그 집을 판 돈을 종잣돈 삼아 남은 세 가족이 살 집을 짓기로 마음먹었다. 그러나 돈이 모이지 않아 자꾸 미뤄졌다. 그러다 공동체성을 살린 '채나눔'이라는 건축론을 펴온 이일훈 선생님이 암으로 돌아가시고, 추모회를 준비하는 중에 선생님의 제자인 알레프건축 박 소장님을 만나게 되었다. 오래전 이일훈 선생님이 강화에 오셨을 때 포도밭을 보여드렸는데, 강화공동체의 집터로 알맞은 곳이라고 하셨다. 우리가 준비되면 선생님께서 설계를 맡아주시기로 했었다. 이일훈 선생님이 못다 한 일을 박 소장님이 맡아주기로 했다.

알레프건축 박 소장님은 스승의 작품에 깃든 '채나눔'의 정신과 우리 공동체 정신을 자신의 작품에 담고자 했다. 첫 설계를 받았을 때 더할 나위 없이 마음에 들었지만, 우리가 돈이 없어도 너무 없었다. 그 뒤로도 박 소장님의 설계를 여러 번 물려야 했다. 박 소장님의 설계는 우리의 현실에 맞게 계속 수정되었다. 그때마다 소장님의 창작을 훼손하는 것 같아 몹시 미안했다. 2023년 봄, 우여곡절 끝에 집이 완성되었다. 세 가족이 살 집과 공부방으로 쓸 공간까지 합해 팔십 평 정도 되게 완성했다. 더 작게, 더 소박하게 지으려 노력했지만 빚을 지지 않을 수 없었다.

새 집을 설계할 때부터 시어머니가 지낼 작은 방을 만들었고, 이제 막 함께 살기 시작했는데 아흔이 넘은 시어머니마저 건강이 좋지 않았다. 결국 담낭염이라는 진단을 받고 수술을 하게 되었다. 그 와중에 약속된 강연이 줄줄이 있었다. 9월 14일 강연장에 막 들어서는데 여동생한테 전화가 왔다.

"언니, 오늘 2시간을 기다렸다가 원장을 만났는데 아버지 상태가 좋지 않대. 고열은 요도 염증 때문인 것 같대. 보호자가 전원을 원한다면 대학병원으로 가실 수 있겠지만 저 몸으로 온갖 검사를 할 거고, 그래도 아버지 상태에 대한 정확한 진단과 처방은 나오지 않을 거래. 어떻게 해야 할까? 지금이라도 대학병원으로 다시 옮겨야 할까?"

사 남매 모두 무엇이 옳은 선택인지 확신할 수 없었다. 일단 며칠만 더 두고 보기로 했다. 이틀 뒤 여동생이 중환자실에 있는 아버지를 뵙고 왔다며 울먹였다.

"아버지가 여전히 링거 바늘을 뽑는다네. 얼굴도 많이 부어 있어. 나를 알아보긴 하는데 아버지가 이상해. 병원에서 할 수 있는 모든 의료적 조치와 검사를 한 상태래. 언니, 지금이라도 대학병원으로 가야 하나?"

동생처럼 나 역시 판단이 서질 않았다. 대학병원으로 옮기면 여러 과를 돌며 검사하다 지치실 거라는 재활병원 원장의 말이 틀린 말 같지 않았다.

"수연아, 가도 아버지가 힘드실 거야. 일단 치료를 하고 있다니까 더 기다려보자."

시어머니가 서울에 있는 대학병원으로 떠나던 날, 나는 예정대로 부여에서 열리는 창비교육 행사에 갔다. 다음 날 이른 아침, 여동생이 아버지와 종합병원 응급실로 가고 있다고 연락했다. 그동안 병원과 연락을 도맡았던 동생은 몹시 지쳐 있었다. 아버지가 돌아가실지도 모른다는 말에 혹시라도 우리의 판단에 문제가 있던 건 아닐지 의심하고 걱정했다. 다시 연락이 온 것은 궁남지에 있을 때였다.

"언니, 의사가 오후 2시에 임종 면회를 할 수 있게 해준대. 언니 못 오지?"

11시까지 독자와 만남이 남아 있었다. 그 즉시 대중교통을 이용해 인천까지 가도 제시간에 갈 수 없었다. 그래도 동생에게 중환자실에다 나와 남편이 면회할 수 있도록 부탁을 해달라고 했다. 창비교육 편집자에게는 아버지가 병원에 계셔서 빨리 가봐야 하니 다른 팀보다 조금 일찍 출발하겠다고 부탁했다. 차마 임종 면회를 하러 간다는 말은 할 수 없었다. 다행히 편집자가 인천까지 데려다주겠다고 했다.

검암역에서 남편을 만나 중환자실에 올라가다가 아버지 담당인 내과 과장을 만났다.

"김창삼 님 상태에 대해 보고받고 저도 병원으로 왔습니다. 제가 환자가 입원해 계시던 병원 차트를 살펴봤습니다. 그곳에서도 할 수 있는 적절한 치료를 다 했더군요. 패혈증인데 원인을 찾지는 못했습니다. 환자분 상태가 여기 계실 때부터 워낙 나빠져 있어서 이런 결과를 예측하지 못한 것은 아닙니다. 자녀분들은 혹시 재활요양병원에서 처치가 부족하지 않았나 의심할 수도 있지만, 전문의 입장에서 볼 때 최선을 다했습니다."

그렇게 말해주는 의사가 고마웠다. 여동생에게 담당 과장의 말을 전했다. 중환자실에 들어가서 만난 아버지는 이미 의식이 없었다. 입을 크게 벌리고 숨을 거칠게 쉬었으며 혀는 말려 들어가고 있었다. 치료 때문에 민머리가 된 아버지의 머리를 쓰다듬었다. 몸에 근육이 하나도 남아 있지 않은 아버지를 보니 울컥했다. 아버지를 재활요양병원에 버려두었던 것은 아닌지, 아버지에게 다가온 위기를 모르는 척해왔던 것은 아닌지, 아버지가 정신을 놓기 전까지 우리를, 나를 얼마나 애타게 기다렸을지 죄책감으로 마음이 무너져 내렸다. 간호사가 와서 중환자실 환자 처치가 있다고 면회를 마쳐달라고 했다. 그러면서 임종이 얼마 남지 않았다며 장례식장을 알아보라고 했다. 남편이 아버지 손을 잡고 울먹였다.

"아버님, 고마웠습니다. 처음부터 저 마음에 든다고 해주시고, 믿어주시고, 사랑해주셔서 감사합니다."

처음 남편을 집에 데려갔을 때, 엄마 아버지는 남편에게 왜 대학을 휴학했는지, 왜 부모님이 별거하셨는지, 경제력이 있는지 없는지 따위를 묻지 않았다. 그저 내가 사랑하는 사람이라는 이유만으로 남편을 믿고 사랑해주었다. 오빠와 여동생, 막내가 결혼할 상대를 데려갔을 때도 마찬가지였다. 남편의 말에 우리를 향한 아버지의 믿음이 새삼스럽게 다가왔다.

아버지는 다리를 다친 후로 계속해서 죽음을 향해가고 있었다. 엄마를 보러 가야 한다는 의지만 아니었다면 아버지는 벌써 숨을 놓았을지도 모른다. 나는 궁금했다. 의식 없이 거친 숨을 몰아쉬는 아버지가 생과 사투를 벌이는 것인지, 죽음과 사투를 벌이는 것인지. 그동안 내가 만난 모든 죽음은 쉽지 않았다. 어떤 목숨도 쉽게 육신을 떠나지 않았다. 아버지 귀에 대고 말했다.

"아버지, 나 기다려줘서 고마워. 미안해, 늦게 와서 미안해. 아버지 혼자 가기 싫다고 엄마 데려가지 마. 엄마는 지금 이 상태로 우리 곁에 더 있다가 가시게 해줘."

그리고 잠시 망설이다가 다시 말했다.

"아버지, 내가 좋은 글 쓸게. 아버지한테 안 부끄럽게, 꼭 필요한 글을 쓰는 작가로 살다 갈게. 아버지, 내 아버지여서 고마웠어."

정확히 15분이 지나자 간호사가 다시 와서 나가달라고 했다. 중환자실을 나와 주차장 쪽으로 가고 있을 때 곧 임종할 것 같다며 다시 오라는 연락이 왔다. 다시 중환자실로 뛰어가니 환자감시장치상의 심장박동수, 혈압, 호흡수가 급격하게 떨어지고 있었다. 아버지의 뺨을 만지며 귀에다 말했다.

"아버지, 고생했어. 곁에 있지 못해 미안해. 사랑해 아버지."

잠시 후 간호사가 와서 아버지의 임종 선언을 했다.
"2023년 9월 17일, 4시 29분 임종하셨습니다."

공부방을 하면서 먼저 떠나보낸 아이들이 있다. 1989년 열한 살이던 상도가 공부방 앞에서 교통사고를 당했다. 남편과 내가 상도의 시신을 안고 병원으로 갔었다. 그 뒤로 근이영양증을 앓던 상광이를 보냈고, 어선 사고로 형석이를 보냈다. 미정이와 규태는 스스로 생을 마감했다. 모든 죽음이 억울했고, 안타까웠고, 애틋했다. 어떤 죽음, 어떤 이별도 익숙해지지 않았다.

아버지가 떠나기 두 달 전, 10년을 함께한 고양이 레오가 죽었다. 레오는 구조했을 때부터 몸이 약했고 병치레가 잦았다. 2022년 급성 당뇨로 입원했던 동물병원에서 응급 상황이라고 종합병원으로 가라는 말을 들었을 때 망설일 새가 없었다. 일산에 있는 동물종합병원으로 가서 레오를 입원시켰다. 수의사는 급성신부전으로 당뇨 수치도 높고 혈압도 불안정해서 그날 밤으로 위험한 순간이 올 수 있다고 했다. 입원해서도 레오의 상태는 좋아지지 않았다. 나흘째 되던 날, 집에서 이별하고 싶다는 우리에게 수의사가 하루만 더 최선을 다해보겠다며 시간을 달라고 했다. 수의사는 밤새 레오 곁을 지켰고, 다음 날 새벽 레오가 위기를 넘었다는 연락이 왔다. 동물도 사람과 마찬가지로 생명을 가진 존재였고, 그 생명을 다루는 수의사도 자신의 환자에 최선을 다한다는 믿음을 갖게 되었다.

레오는 일주일 만에 콧줄을 빼고 걸어서 우리 품으로 왔다. 레오는 2023년 7월 22일 새벽 3시에 떠날 때까지 하루에 두 번씩 수액을 맞았다. 마지막 두 달은 힘들게 투병했고, 죽기 5일 전부터 경련이 시작되었다. 딸들은 저녁마다 레오와 영상통화를 하면서 자신들이 갈 수 있는 주말까지 버텨달라고 했다. 딸들의 목소리를 들으면 레오는 몸을 버둥거렸다. 나는 레오가 딸들을 보지 못하고 떠날 것 같았다. 그런데 레오가 금요일까지 버텼다. 7월 21일 금요일 밤, 레오의 호흡이 불규칙해졌다. 공부방 아이들과 마지막 인사를 나눴다. 둘째가 안산에 있는 직장에서 강화까지 오는 동안 수시로 영상통화를 했다. 둘째의 목소리가 들리면 레오는 힘겹게 고개를 들고 둘째를 찾는 듯 두리번거렸다. 밤 10시, 둘째가 현관문을 열며 자신의 이름을 부르자 레오가 누운 채로 버둥거려 둘째에게 갔다.

"레오야, 누나 왔으니까 이제 마음 놓고 떠나도 돼. 괜찮아, 레오야 너무 많이 애쓰지 마."

그러나 레오는 첫째가 도착할 때까지 기다렸다. 레오는 동공이 풀린 상태에서 첫째의 목소리를 듣고 나서야 숨을 놓았다.

강화로 귀농한 뒤 우리는 십수 마리의 유기견과 함께 살았다. 건강하게 오래 사는 개들보다 아픈 애들이 더 많았다. 사고를 당하든, 돌연사하든, 병으로 오래 앓다 떠나든 죽음의 무게는 다르지 않았다. 모리와 레오,

또롱이, 마마, 감동이, 또리, 복동이, 조던, 진국이, 바람이, 구름이, 보리, 반장이, 꼬맹이, 복실이를 떠나보내며 알았다. 생명을 가진 존재들이 목숨을 내려놓는 일이 그렇게 단순하고 쉬운 일이 아니라는 것을. 사람뿐 아니라 개나 고양이들도 죽음에 무릎 꿇기보다 처절하게 싸웠다. 투병 역시 삶의 연장이었다.

아버지가 투병하던 7개월간도 그랬다. 그 투쟁은 누군가가 대신해줄 수 없었다. 그저 곁을 지킬 뿐, 내가 정말 아버지 곁을 지킨 것인지 자신할 수 없지만, 중환자실에 도착해 의식 없는 아버지를 보면서 아버지가 나를 기다리고 있었다는 걸 알았다. 아버지를 너무 기다리게 해서 미안했다. 그러면서도 마지막 인사를 나눌 수 있게 기다려줘서 고마웠다.

아버지가 돌아가신 뒤 나는 다시 K장녀가 되었다. 아버지를 잘 보내드리고 싶었고, 우리 사 남매 사이에서 갈등이 일어나지 않도록 잘 조율하고 싶었다. 제단의 꽃을 선택하는 일부터 납골당을 정하는 것까지 모든 것을 같이 의논했다. 장례식장에 오는 조문객들, 장례식장에서 일을 도와주는 분들도 불편하지 않도록 신경을 썼다. 어렸을 때는 의례에 의미를 두지 않았다. 지역에서 일하는 활동가가 아니었다면 결혼식마저도 불필요한 의례라며 하지 않았을지 모른다.

결혼을 준비하며 내내 '대충, 대충'을 달고 살았다. 심지어 큰딸은 돌 사진도 스냅사진밖에 없다. 그날 하루 먹을 걸 걱정하던 때라 어쩔 수 없었지만, 돌잔치나 돌 사진 같은 것에 큰 의미를 두지 않기도 했다. 그런데 누군가를 떠나보내는 일은 '대충, 대충' 할 수 없었다. 잘 떠나보내고, 오래오래 기억할 수 있게 하고 싶었다. 남은 사람들이 서로를 위로하는 자리로 만들고 싶었다. 후배들, 공부방 아이들이 결혼하고, 새로운 생명이 태어나는 과정을 지켜보고, 사랑하던 존재를 떠나보내는 슬픔을 여러 번 겪고 나서야 관혼상제를 비롯한 의례가 평범한 인간의 평범한 삶에 의미를 부여하는 중요한 일이라는 것을 깨달았다.

그래도 내가 상주가 돼서 치르는 장례는 처음이었으므로 모든 것이 낯설었다. 장례지도사가 없었다면 우왕좌왕하느라 놓친 게 많았을 텐데, 장례지도사의 도움으로 큰 실수 없이 장례를 치렀다. 장례식장에 오랫동안 만나지 못했던 친인척들이 찾아왔다. 짧게는 수년, 길게는 수십 년 동안 만나지 않고 살아왔던 이들을 장례식장에서 만나면서 그동안 닫혀 있던 기억의 문이 열렸다. 나는 그동안 아버지가 우선으로 여기는 '우리 가족' '내 핏줄'에 거부감이 컸다. 그래서 어린 시절의 추억을 소중히 여기면서도 굳이 친척들과 관계 맺고 살아야 할 필요성을 느끼지 못했다. '핏줄' '혈육' '가족'이라는 말이 가진 폐쇄성과 배타성을 깨버리고 싶었다. 그런데 장례식에서 작은엄마, 작은아버지, 고모, 사촌동생들과 아버지의 외가 식구들을 만나자 그들과 공유하고 있는 시간의 의미가 소중하게 다가왔다.

장례식을 치르는 중에 조카가 조심스레 물었다.

"고모, 엄마가 할아버지 조문을 하고 싶다는데 안 되겠죠?"

"아빠가 곤란하지 않을까? 이미 둘 다 다른 가족이 있는데?"

조카가 고개를 끄덕였다.

"네, 그럴 거 같아요."

"네가 대신 엄마한테 고맙다고 전해줘. 정말 고맙다고."

막내와 이혼한 조카의 엄마가 아버지 가는 길에 와서 인사하고 싶었던 건 한때 시아버지와 며느리로 지냈던 때문만은 아니었을 것이다. 엄마 아버지와 조카의 엄마는 사이가 좋았다. 두 딸보다 더 딸 같다며 좋아했다. 세 사람 사이에는 내가 모르는 추억이 쌓여 있을 터였다. 아버지는 이혼한 지 10년이 넘도록 조카 엄마의 생일을 달력에 표시해놓았고, 엄마는 명절 때마다 조카의 엄마가 좋아하는 음식을 따로 챙겨 조카 편에 보내곤 했다. 끝이 어떠했든 함께한 시간이 주는 힘은 세다.

나는 제단 앞에서 조카 엄마의 인사를 전했다. 영정 사진 속 아버지는 환하게 웃고 있었다. 그 사진은 막내와 재혼한 새 올케가 사 드린 하늘색 패딩점퍼를 처음 입어보는 순간 찍은 것이었다. 아버지가 환하게 웃는 모습이 참 좋았다. 장례식장에서 처음 알게 된 사실도 있었다. 오랫동안 사업을 했던 오빠에게 화환이 계속 도착했는데, 그중 한 문학회에서 보낸 화환이 있었다.

문학회라니, 아버지가 다니던 복지관에 문학 동아리도 있었나 싶었는데 오빠가 부끄러워하며 말했다.

"아, 그거 내가 하는 거야. 별거 아냐. 그냥 친목회 같은 거야."

2023년 11월 4일 49재를 올렸다. 막내올케는 아버지가 돌아가시고 49일 동안 베트남식으로 제사를 드리고, 아버지가 아침을 드시던 시간에 맞춰 도넛과 커피를 올렸다. 막내올케 고향인 동나이에서는 올케의 어머니가 사당에다 초와 향을 켜고 날마다 음식을 놓는다고 했다. 장례를 치르는 2박 3일 동안 막내올케와 다섯 살 조카는 제대 앞에서 계속 눈물을 흘렸다. 그래서 그런지 막내올케와 다섯 살 조카의 꿈에만 아버지가 다녀갔다. 막내올케 꿈에 나타난 아버지는 환하게 웃는 얼굴이었다고 한다. 얼마 전에도 조카가 자다가 깨서 할아버지가 꿈에 나왔다고, 할아버지 보고 싶다고 엉엉 울었다고 한다. 어린 조카는 요즘도 할아버지의 영정 사진을 꺼내달라고 해서 쓰다듬는다. 막내네 가족은 종종 아버지가 좋아하는 도넛과 햄버거, 커피를 사 가지고 납골당에 간다. 생의 끄트머리에 찾아온 막내올케와 조카 덕분에 아버지가 덜 외로웠겠다 싶다.

우리 사 남매는 아버지가 돌아가신 뒤에도 여전히 일요일 아침마다 엄마 면회를 하고, 아버지가 좋아하던 카페에 가 커피를 마신다. 이런저런 이야기를 나누다 보면 지난 시간에 대한 기억이 서로 엇갈린다. 그 엇갈린 기억 속의 아버지가 우리 사이에 함께하고 있다고 느낀다.

2023년 12월, 아버지가 돌아가시고 처음 맞는 대림절 공동체 미사에서 바이올리니스트 서수진 선생님과 후배 상범이가 '고요한 밤, 거룩한 밤'을 바이올린과 기타로 합주했다. 연주를 들으면서 아버지가 돌아가신 지 석 달 만에 펑펑 울었다. 아버지가 사무치도록 그리웠다. 그때 곁에 있던 동생이 미사가 끝나고 말했다.

"언니, 나 아버지 생각나서 계속 눈물이 났어."

철부지 피터 팬 같은 아버지가, 쇠심줄보다 더 질긴 고집불통 아버지가 그리워졌다.

맏딸콤플렉스에서 벗어나
새로운 길을 가다

"힘들지?"

2024년 11월, 강연과 공동체의 여러 행사로 쉬지 못해 3주째 감기로 고생하고 있을 때였다. 마스크를 쓰고 있어 눈밖에 보이지 않았을 나를 엄마는 한참을 물끄러미 바라보다, 다시 안쓰러운 표정으로 말했다.

"힘든가 보다."

"아닌데? 안 힘든데?"

그러자 엄마가 걱정스러운 얼굴로 말했다.

"딸들이 힘들겠지."

옆에 있던 여동생이 훌쩍거리며 말했다.

"엄마는 다 아는구나. 맞아, 언니가 힘들어."

엄마는 늘 다 알고 있었다. 그래서 자꾸 작아지고 우울해졌을 것이다.

중국에서 인쇄공장을 하던 오빠와 막내가 금융 위기로 큰 타격을 받고 연락이 끊겼던 몇 달 동안 엄마는 불안과 우울로 잠을 거의 자지 못했다. 두 올케의 불안과 원망이 엄마에게 쏟아지자, 막다른 골목에 몰린 엄마의 히스테리가 나와 여동생을 향했다. 공부방이 딸이 사는 집이 아닌 공적인 공간이라고 생각해 웬만해서는 전화하지 않던 엄마가 여동생과 나를 번갈아 찾았다.

"네 오빠가 여기저기 빚을 얻은 모양이다. 나더러 자기는 기댈 데가 하나 없다고 한탄하더라. 자기가 막다른 골목인데 도움을 받을 데가 없대. 내가 잘못 살았어. 내가 진작 공장에라도 나가 돈을 벌어야 했는데. 이러다 네 오빠랑 막내가 이혼이라도 하면 어떡하니?"

"엄마, 그건 그 사람들 문제야. 오빠랑 막내가 사업하다 망한 거 엄마 책임 아니라고. 궁지에 몰리니까 엄마한테 신세타령도 했겠지. 엄마가 뭘 해줄 수 있어? 그냥 들어주는 것밖에 할 수 없잖아. 나도 마찬가지고.

그리고 엄마 잘못 살지 않았어. 우리 이만큼 키웠잖아."

"내가 잘못 생각했던 거야. 나도 집에서 놀지 않고 나가서 돈을 벌었어야 해."

"엄마가 언제 놀았다고 그래. 밥하고, 살림했잖아. 우리 가족에 관한 모든 일, 제세공과금, 전출입 신고, 은행 업무에 살림까지. 엄마가 그 힘든 일들을 도맡은 덕분에 우리도 이만큼 살잖아."

"그래, 중미 너는 항상 옳은 말만 하지. 하지만 현실은 달라. 내 탓이야. 이렇게 무능한 엄마가 될 줄 몰랐다, 내가."

문득 좋은 엄마가 꿈이었다던 엄마의 말이 떠올라 뭉클했다. 그러나 애써 냉정하게 다시 쐐기를 박았다.

"엄마, 현실이 같든 다르든 어쩔 수 없어. 그냥 신경 끊어."

엄마가 진짜 하고 싶은 말은 내가 올케를 만나 이혼을 막아달라는 거였다. 그걸 알면서도 시치미를 뗐다. 그렇지 않아도 막내올케한테 원망 어린 이메일을 몇 통 받은 뒤였다.

막내 부부가 협의이혼을 하고 조카가 아빠와 살겠다고 했을 때 엄마는 날마다 울며 전화했다. 무능한 부모로서의 자책, 아들에 대한 원망, 조카에 대한 걱정, 딸처럼 아끼던 올케에 대한 서운함도 숨기지 않았다. 전화벨이 울리면 엄마일 것 같아서 일부러 전화를 받지 않는 날도 있었다.

2007년부터 보육시설의 아이들을 만나면서 아동학대나 가정 폭력으로 인한 트라우마를 공부하고 있었다. 그 무렵 누군가의 권유로 앨리스 밀러의 『폭력의 기억, 사랑을 잃어버린 사람들』(양철북, 2006)이란 책을 읽게 되었는데, 엄마와 아버지의 부모 역할에 지쳐 있던 나를 건드리는 문장들이 많았다. 10년 전, 집단 상담에서 맏딸콤플렉스를 지적받았을 때 해결하지 못했던 자기 연민, 원망, 죄책감 등의 양가감정이 치고 올라왔다. 그날도 엄마는 전화해서 막내네가 기어이 이혼했다며 울먹였다. 막내가 이혼하든, 오빠와 올케 사이가 예전 같지 않든 엄마가 어떻게 할 수 없는 일이라고 매정하게 말하자, 엄마가 언짢은 내색을 했다.

그때 번뜩 '내면화된 부모에 대한 예속 상태에서 벗어나려는 길에서 결정적으로 중요한 과정의 하나는 감사하는 마음과 죄책감을 내려놓는 것'이라는 문장이 떠올랐다. 앨리스 밀러는 자식이 부모에게 바랐던 것, 부모를 향한 감정을 솔직히 드러내고 서로 대화를 하는 것이 꼭 필요하다고 했다. 하다못해 부모의 무덤에 가서라도 해야 한다고 했다. 갑자기 더 늦기 전에 나의 상처를 엄마에게 말해야겠다는 생각이 들었다.

"엄마, 나도 딸이야. 나는 해결사가 아니라고. 엄마, 나는 안 불쌍해? 나는 안쓰럽지 않아? 나는 전화벨 울리는 게 두려워. 엄마가 '나다' 하고 말하기 시작하면 화가 나. 나는 이제 엄마의 엄마 노릇 그만하고 싶어. 왜 내가 오빠랑 막내 걱정까지 해야 해? 왜 내가 그 사람들한테 미안해야 해? 엄마는 내가 포기하고 참아야 했던 건 생각 안 해? 오빠가 엄마를 원망했다고? 그래, 그럴 수도 있겠지. 나는 그런 오빠가 이해되는 게 화가 나. 엄마, 나는 단 한 번도 엄마를 원망해본 적이 없잖아? 내가 돈 달라고 한 적 있어? 내가 하고 싶은 거 포기했다고 원망한 적 있어? 엄마한테 말만 안 한 게 아니라 나는 진짜로 엄마 아버지를 원망한 적이 없었어. 그런데 이런 내가 싫어. 엄마 걱정, 아버지 걱정, 오빠 걱정, 막내 걱정, 여동생 걱정까지 놓지 못하는 내가 싫다고. 엄마가 이렇게 만들었다고."

내가 말하는 중간에 아버지가 전화기를 빼앗아 호통을 치고 끊어버렸다. 난생처음이었다. 엄마에게 가시 돋친 말을 쏟아낸 것도, 원망한 것도. 그런데 속이 시원해지기는커녕 후회가 밀려왔다. 그날은 하필 공동체 모임이 있는 날이었다. 애써 감정을 추스르고 만석동으로 가는데 아버지한테서 전화가 걸려 왔다.

"네 엄마가 쓰러졌다."

그 말에 오히려 차분해졌다.

"의식이 없어요?"

"아니다. 진정됐다, 이제."

"그럼 됐네요."

"네가 와서……."

아무 대답도 없자 아버지가 말했다.

"미안하다."

"그런 말 하지 마세요."

"미안하지. 엄마랑 내가 네 마음을 모르는 게 아니다."

"……."

"네 엄마가 속을 털어놓을 데가 너밖에 더 있냐?"

"……."

"알았다. 미안하다. 이 아버지가 못난 탓이다."

"제발 그런 말 하지 마세요. 내가 잘못했다는 말로 들려요. 엄마 아버지 두 분 다 오히려 내 탓이라고 말하는 것 같다구요. 나 엄마한테 사과 안 해요."

며칠이 지나도 엄마 아버지로부터 연락이 오지 않았다. 감정에 치우쳐 자기 연민에 빠졌던 내가 한심했다. 그러면서도 엄마가 먼저 전화해주기를 기다렸다. 그러나 엄마는 석 달이 지나도록 전화 한 통 하지 않았다. 정말 대단한 사람이었다. 맏딸콤플렉스 때문이건 뭐건 더는 그대로 둘 수 없었다. 엄마한테 가서 내가 너무 감정적이었다고 말하자 엄마가 무심한 얼굴로 고개를 저었다.

"네가 뭘 미안해. 다 내 탓이지. 내가 널 힘들게 했다면 미안하다. 내가 너한테 뭘 해결해달라고 한 말이 아니야. 내가 부족한 엄마라는 거 나도 안다. 너희가 무능한 부모 때문에 고생한 거 다 알아. 특히 너한테 엄마 아버지는 받기만 했지."

엄마에게 사과하러 가서 듣고 싶었던 말이 따로 있지는 않았다. 다만 그런 자책의 말을 듣고 싶지는 않았다. 그 일이 있고 엄마는 인지장애가 오기 전까지 단 한 번도 먼저 전화하지 않았다.

1986년 가을, 직장을 그만두고 빈민 지역으로 들어간다고 했을 때 엄마와 목청을 높이며 싸웠다. 여동생이 대학교 3학년 때였다. 일을 그만두고 내가 원하는 삶을 살겠다고 결심하고도 쉽게 사표를 쓰지 못했던 이유는 동생들 등록금 때문이었다. 4년 넘게 가족을 위해서 성실히 일했으니 더 늦기 전에 새로운 삶을 시작해야겠다는 생각과 여동생이 대학을 졸업할 때까지 퇴사를 미루자는 생각이 오락가락했다. 그래도 한번 말이라도 해보자고 엄마 아버지께 빈민 지역에 들어가겠다고 했다. 예상했던 대로 아버지는 노발대발하며 동생들한테 방에 있는 책 중 '민중' 들어가는 건 다 뽑아버리라고 호통을 쳤다. 아버지의 반응은 예상했던 거라 충격이 크지 않았는데, 엄마의 말 한마디가 비수처럼 꽂혔다. 순간 현관을 박차고 나와버렸다. 집을 나와 버스 정류장에 섰는데 여동생이 내 가방을 들고 따라 나왔다.

"언니 걱정된다고 아버지가 따라가래."

집 앞에서 버스를 타고 부평역까지 갈 동안 말이 없던 동생이 입을 열었다.

"언니, 엄마가 그냥 속상해서 한 말이니까 너무 신경 쓰지 마."

늘 엄마와 나의 관계를 살피고 쩔쩔매던 여동생은 그날도 엄마를 변명하고 나를 위로하려 애썼다. 그날 영등포역으로 가 야간열차를 타고 여수까지 갔다 왔다. 다음 날 밤, 집에 들어가자 엄마가 내 눈치를 살피다가 방으로 들어와 미안하다고 사과했다. 그러면서 뭔가 말했는데 그때도 내가 버럭 화를 냈다.

"엄마, 엄마는 왜 나한테까지 자존심을 앞세워? 나는 딸이잖아."

그러자 엄마가 말했다.

"자격이 없어서 그래. 자격이. 네게 하지 말아야 할 말을 쏟아낸 것도 다 내 자격지심 때문이야. 못난 부모라서 그래."

자격이 없다는 말, 못난 부모의 자격지심이라는 말에 또 골이 틀린 나는 엄마와 울고불고 싸웠다. 십 대 후반에 꼭 챙겨 보던 미국 드라마가 있었다. 원제목은 〈에이트 이즈 이너프〉인데 한국어 제목은 기억나지 않는다. 밤늦게 하던 드라마인데, 텔레비전이 있던 안방에서 봐야 해서 엄마 아버지의 허락이 필요했다. 그런데 아버지가 〈에이트 이즈 이너프〉 보는 것을 못마땅해했다. 엄마한테 아버지가 왜 그 드라마만 못 보게 하는지 물었더니 생각지도 못했던 답이 돌아왔다.

"아버지가 자격지심이 있어서 그래."

"무슨 자격지심?"

"드라마 속 아버지 같지 않은 자신에 대한 자격지심. 너도 나중에 부모가 되면 알 거야."

엄마든, 아버지든 자격지심을 운운하면 나는 어깃장을 놓았다. 두 사람에게는 그것이 미안함의 표현이었을지 모르지만, 그 말을 들을 때마다 숨이 막혔다.

몇 년이 지난 뒤, 여동생한테 그때 여수 가던 날 저녁에 엄마가 내게 뭐라고 했는지 기억하냐고 물었다. 그 말이 가슴에 꽂혀 계속 쓰라리고 아팠는데 정작 무슨 말이었는지가 떠오르지 않았다. 동생이 어이없다는 듯이 물었다.

"그때 무슨 말을 들었는지 기억 안 나?"

"응. 굉장히 히스테릭했다는 정도만 기억나."

"근데 하도 오래되어서 나도 기억 안 나."

10년 전, 꿈 분석을 받을 때 선생님께 그때 이야기를 했더니 최면을 통해 당시의 기억을 되살릴 수 있을 거라고 했다. 그런데 굳이 그때 일을 되살리고 싶지는 않았다. 엄마가 자격지심이라고 했던 걸 보면 내게 꽂힌 그날의 비수는 어쩌면 내가 아닌 엄마를 찌르는 말이었을 수 있다. 그래서 더 아팠던 것 같다. 나는 그 충격을 기억에서 지웠다. 그러면서 엄마의 마음이 병들어가는 걸 모르는 척했다. 내가 선택한 길을 가려면 사랑하는 가족, 이제까지 내가 선망했던 예술, 친구들과 멀어져야만 한다고 생각했다.

내가 빈민 지역으로 들어가 활동가로 살기를 선택한 것은 병원 수납처에서 만난 한국 사회의 불평등과 차별에 순응하고 싶지 않았기 때문이다. 그 선택을 가능하게 한 것은 스물한 살에 만난 '예수'라는 존재였다. 1982년 가을, 병원 앞에 있던 섬유공장 원풍모방에서 민주노조를 파괴하려는 정부와 회사에 맞서 노조원들이 파업을 벌였다. 경찰이 며칠 동안 회사를 에워싸더니 여성 노동자들이 응급실로 실려 오기 시작했다. 신문은 원풍모방에서 일어난 폭력 사태를 알리지 않았다. 병원 로비까지 꽉 들어찬 경찰들의 대화 속에서 '빨갱이' '도산' '지오세'라는 단어를 들었다. 빨갱이는 알았지만 '도산' '지오세'는 처음 듣는 말이었다. '도산'과 '지오세'가 무엇인지 알고 싶어 영등포역 근처에 있던 영풍문고에 가서 책을 뒤졌다. 겨우 알아낸 건 두 단체가 '도시산업선교회'와 '가톨릭여성노동자회'라는 것 정도였다. 더 알고 싶었지만 내게는 대학생 친구도, 노조원도 없었다.

그때 원풍모방 여성 노동자들의 보호자로 병원에 왔던 외국인 신부가 마침 병원에서 예비자교리를 개설한다고 했다. 그래서 예비자교리 반에 가서 1년 동안 신부님과 〈마태오 복음〉을 공부했다. 복음을 읽으며 예수의 부름에 따르고 싶다는 열망에 휩싸였다. 그 무렵 읽은 시몬 뻬트르망의 『시몬느 베이유, 불꽃의 여자』(까치, 1978)도 그 열망에 불을 붙였다. 세례를 받고 난 첫 성탄절, 친구와 명동성당으로 가서 미사를 드렸다. 명동성당의 미사는 아름다웠으나 예수는 다시 태어나지 못하고 성당에서 꾸민 구유 안에 갇혀 있었다. 몹시 절망스러웠다.

그날 미사를 마치고 친구와 명동 거리를 헤매다가 대림동에 있던 친구의 자취방으로 갔다. 친구가 간호조무사인 사촌동생과 살던 그 방은 인근 공장노동자들에게 세를 놓기 위해 지은 일명 기찻집이었다. 현관 겸 주방에는 싱크대 한 칸과 휴대용 버너가 있었고, 방은 두 사람이 누우면 꽉 찼다. 그날 친구에게 말했다.

"진숙아, 만약 예수님이 다시 태어난다면 아마 이 골목 어디쯤일 거야."

그날 이후 나는 내가 일하던 대학병원 응급실에서, 환자들이 사는 신림동, 구로동, 대림동, 난곡 산동네에서 예수를 만났다. 예수는 동두천에 살 때 만난 이웃들과 친구들 속에, 송림동 산동네에도 있었다. 예수에게 더 다가가고 싶었고 그곳이 내게 만석동이었다. 엄마는 그런 나를 보며 자신을 외롭게 했던 자신의 엄마, 나의 외할머니가 떠올라 몹시 두려웠다고 나중에 말했다. 그러나 나는 엄마의 두려움을 모르는 척했다. 엄마와 밀착해 있던 여동생은 엄마가 얼마나 외롭고 힘든지 말하며 내 마음을 돌리려 했다. 그러나 나는 그건 엄마가 감당해야 할 몫이라고 매정하게 쳐냈다. 마음이 편했던 것은 아니다. 엄마가 살아온 세월을 누구보다 가까이에서 보고 들은 나였다. 엄마 곁이 아닌 세상으로 나갔던 이유는 누구보다 엄마의 가난을, 가난한 여성의 삶을 잘 알고 있었기 때문이다.

인천 목재회사 사택으로 이사 간 지 1년이 넘도록 수도가 연결되지 않았다. 직원들의 점심밥을 해주던 엄마는 눈이 내리던 날, 길 건너 식당으로 물지게를 지고 갔다가 눈길에서 자빠지고 말았다. 중학교 3학년 겨울이었다. 병원에서 골절은 아니지만, 미세한 금이 있을 수 있으니 입원 치료를 받아야 한다고 했다. 그러나 엄마는 병원에 가봤자 누워만 있을 거라며 집으로 돌아왔다. 병원비 때문이었다. 엄마는 석 달 넘게 꼼짝 못하고 누워 있었다. 어차피 살림에 보탬이 되지도 않던 직원 점심 식당은 그만두었고, 우리 식구의 세끼는 내 몫이 되었다. 미안해서 쩔쩔매는 엄마의 눈빛을 마주하기 싫어 묵묵히 밥 짓는 아이로 살았다. 아버지 생일을 며칠 앞두고 할머니가 미역과 양지머리를 가져와 나더러 미역국을 끓이라고 했다.

며칠 후 아침, 눈을 뜨니 온 집 안이 뿌연 연기로 휩싸였다. 방과 부엌까지 연기가 가득했다. 동생들이 방바닥이 너무 뜨겁다며 요를 젖혔다. 장판뿐 아니라 요까지 누렇게 탄 게 보였다. 그제야 탄내가 코로 들어왔다. 방바닥에다 물을 끼얹으니 푸르르 소리를 내며 김이 올라왔다. 그 모습을 보고 나도 모르게 웃음이 터지고 동생들도 따라 웃었다. 아버지도 어이가 없는지 "영락없는 핀란드식 사우나로구나" 하고 웃었다. 그러나 이내 누가 아궁이에 불을 땠냐고 성을 냈다. 아버지가 부뚜막 위의 솥뚜껑을 열자 탄내가 진동했다.

"이거이 뭐이가?"

솥 안에 까맣게 탄 덩어리 하나가 있었다. 도대체 무슨 일이 일어났는지 알 수가 없었다. 그런데 엄마가 방에 누운 채 나를 불렀다.

"중미야, 혹시 너 아버지 미역국 끓이려고 소고기 삶았던 거 아니니?"

그제야 솥에 있는 숯덩이의 정체를 살폈다. 그러고 보니 할머니가 가져다주신 소고기가 어디에도 없었다. 내가 아궁이에 불을 지펴 소고기를 삶은 기억은 없었다. 그렇지만 새벽에 부엌으로 나가 소고기를 삶을 사람 또한 나밖에 없었다. 아버지가 그을린 부엌과 탄 솥을 닦는 동안 엄마가 말했다.

"너 새벽에 나갈 때 화장실 가는 줄 알았는데, 그때 불을 땐 거 아닐까?"

"엄마, 내가 나가는 거 봤어?"

"응, 그때 이상하다고 생각했는데. 그냥 화장실에 가는구나 하고 말았어."

엄마는 아버지 생일 미역국을 끓여야 한다는 압박감에 내가 잠결에 국을 올렸을 거라고 했다. 가장 합리적인 추리였지만, 그 뒤로도 내 기억은 돌아오지 않았다. 엄마가 앓아누웠어도 아버지가 있고, 오빠도 있었는데 엄마의 빈자리를 메워야 하는 건 맏딸인 나였다. 그 심리적 압박은 잠결에 일어나 소고기를 올릴 정도였을 거다. 그 전까지 나는 의도적으로 밥하는 엄마의 노동을 모르는 척했다. 그 가난을 견디는 것만으로도 딸로서 최선을 다하는 거라고 여겼다. 그러나 엄마의 빈자리가 생기자 당연한 듯 내가 그 자리를 메웠다.

하루는 동생들이 좋아하는 감자찌개를 해주려고 자전거를 타고 현대시장에 갔다. 성한 감자를 파는 채소가게가 있었지만, 엄마가 준 돈으로 살 수 있는 감자를 찾아 좌판을 돌아다녔다. 그런데 시장 맨 끄트머리에 언 감자를 깎아 찬물에 담가놓고 파는 아주머니가 있었다. 가격도 가격이었지만, 아주머니의 굽은 손가락과 허옇게 튼 손을 보니 그냥 지나칠 수가 없었다. 한겨울 추위에도 시장 골목 한 귀퉁이에 웅크리고 앉은 아주머니들 앞에 있는 물건은 각각 감자 몇 알, 대파 몇 단, 시금치 몇 단, 삶은 나물 몇 무더기가 전부였다. 하루 장사로 그날 저녁거리를 마련할 수 있을지조차 장

담할 수 없어 보였다. 그 추운 겨울에 시장에 나와야만 했을 아주머니들을 보며 나는 동병상련 같은 감정을 느꼈다.

물에 담겨 있을 때는 노랗던 감자가 집에 도착해보니 겉이 거무죽죽해져 있었다. 엄마가 감자를 보고는 언 감자를 사 왔다고 혀를 찼는데, 나는 거무죽죽하던 아주머니의 손등이 떠올랐다. 그 아주머니의 손도 감자처럼 얼어 있었다는 걸 깨닫는 순간 눈물이 핑 돌았다. 엄마는 내가 꾸중 때문에 우는 줄 알고, 언 부분만 도려내고 빨리 찌개를 끓이라고 했다. 다행히 동생들은 내가 끓여준 감자찌개가 엄마가 한 것과 똑같다며 잘 먹었다.

엄마는 2월 말에야 겨우 몸을 움직였다. 고등학교에 입학한 나는 더는 부엌일 따위는 돌아보지 않았지만, 수도도 없는 곳에서 지게로 물을 지어 밥집을 해야만 했던 엄마 덕분에 학교 가는 길에 지나는 송림동 6번지의 판자촌 사람들이 '우리'라는 자각을 하게 되었다. 〈문학과지성〉에 실린 조세희 작가의 「난장이가 쏘아올린 작은 공」과 〈문학사상〉 실린 「은강 노동 가족의 생계비」를 읽은 것이 그 무렵이었다. 동두천에서 인천 목재 단지 사택 그리고 송림동 산동네로 이어지는 우리 가족의 여정이 운명처럼 느껴졌다. 대학병원 원무과에서 한국 사회의 불평등을 경험하게 하고, 만석동으로 이끈 것이 바로 예수라고 느꼈다. 운명이든, 하느님의 뜻이든 상관없었다. 이미 낮은 곳에 있던 나를 더 아래로 내려가라고 등을 떠밀어도 좋았다. 그곳에 마음이 맞는, 내가 사랑하게 될 사람들이 있었다.

곁을 느끼고 배운 동두천 시절

"나 혼자 먹어요? 다들 같이 먹어요."

엄마가 오빠가 사 온 바나나를 들고 우리를 둘러보며 말했다.

"엄마, 드세요. 우리는 먹었어요."

엄마가 다시 당신 손에 있는 바나나를 내려다보다 탁자에 있는 바나나 송이를 바라보았다.

"같이 먹어야 나도 먹지요. 하나 먹어봐요. 다들."

남편과 제부가 바나나를 까서 먹자 그제야 엄마도 바나나를 한 입 베어 물고 흐뭇하게 물었다.

"맛있어요? 맛있지요?"

엄마의 한마디에 우리가 웃었다. 엄마를 돌봐주시는 간호조무사가 마침 옆에 있다가 따라 웃었다. 그러자 엄마가 간호조무사를 올려다보며 내게 물었다.

"저분은 누구시지?"

"엄마 건강을 돌봐주시는 선생님이지. 여기 계속 계셨잖아."

엄마는 손에 들고 있는 바나나를 내려다보며 내게 물었다.

"근데 이걸 나 혼자 먹어요?"

"여기 많아. 그러니까 이건 엄마 혼자 드셔도 돼."

엄마가 난감한 표정으로 말했다.

"다 같이 먹으면 더 좋을 텐데?"

"이따가 다 같이 먹으면 돼요."

엄마는 그래도 찜찜한 표정으로 당신 손에 있는 바나나를 들어 보이며 간호조무사를 불렀다.

"선생님, 이리 와보세요. 이거 한번 잡숴봐. 이게 한 개밖에 없네요. 이거라도 드셔봐."

나는 얼른 간호조무사에게 바나나 하나를 드렸다. 그제야 엄마가 만족한 표정으로 말했다.

"선생님, 어서 드셔봐요. 맛있어요."

그 모습을 보며 오빠가 울먹였다.

"우리 엄마 마음이야. 엄마의 그 마음 덕분에 우리가 이렇게 잘 살고 있어요. 가난하지만 잘 살아요."

엄마는 모든 기억을 잃어가고 있지만, 음식은 혼자 먹는 것이 아니라는 걸 기억하고 있었다.

취약하고 가난한 사람들이 험한 세상을 살아가려면 반드시 함께 살아야만 한다는 것을 동두천에 살 때부터 배웠다. 엄마와 친한 동네 아주머니들은 우리가 어렸을 때 내 아이만 감싸고, 내 아이만 더 먹이려고 하는 사람들을 좋아하지 않았다. 동네에서는 오히려 제 아이만 예쁘다고 감싸는 엄마들을 흉보았다.

어렸을 때 어른들이 문둥병 환자라고 하는 걸인들이 집집마다 구걸을 다녔다. 아이들은 모자를 깊이 눌러 쓴 걸인들을 보면 얼굴 없는 사람이라고 손가락질하며 피했다. 동네에는 얼굴 없는 사람들이 아이들을 납치한다는 소문이 돌았다. 그래서 어른들도 그 걸인들을 피했다. 그런데 엄마는 그분들이 대문을 기웃거리면 부엌에 들어가 쌀을 퍼다 드렸다. 때로는 백 원짜리 지폐를 드리기도 했다. 내 하루 용돈이 십 원이었고, 엄마는 자신을 위해서는 십 원짜리 동전 하나도 쓰지 않던 시절이었다. 엄마는 문둥병이라는 말도 못 하게 했다.

"한센병은 공기 전염이 아니야. 그리고 저렇게 밖으로 다니는 사람들은 대부분이 완치된 분들이야. 그러니 무서워하거나 도망가지 마. 저분들 속상하셔. 일제는 한센병 환자들을 수용소에 몰아넣거나 한동네에서만 살게 했거든. 해방되고도 그분들은 여전히 수용소에 있었어. 인천에도 그분들이 모여 사는 동네가 있었는데, 내가 다니던 중학교에서 봉사활동을 하러 갔어. 봉사하러 가기 전에 선생님이 말씀해주셨어. 한센병은 환자의 상처와 직접 접촉하지 않으면 옮지 않는다고. 글을 모르는 분들이 많아서 책을 읽어드리고 청소도 했지. 점심시간이 되니까 그분들이 긴 식탁에 밥을 차려놓으셨더라고. 그런데 아이들이 식당에 들어가지 않는 거야. 그때 음식을 차린 아주머니들 표정이 눈에 들어왔어. 철부지 아이들이 그런다고 해도 얼마나 속상했겠어. 그래서 내가 먼저 들어가서 식탁에 앉아 밥을 먹기 시작했지."

그 이야기는 여러 번 들었지만 질리지 않았다. 언젠가 나도 한센병 환자를 만나게 된다면 엄마처럼 행동하겠다고 마음먹었다. 엄마는 그 무렵 한하운이라는 시인 이야기도 해주고, 시도 한 편 소개해주었다. 한하운 시인의 '보리피리'는 교과서에도 실려서 알고 있었는데 '전라도길'이라는 그 시는 처음 보는 거였다.

가도 가도 붉은 황톳길
숨 막히는 더위뿐이더라.

낯선 친구 만나면
우리들 문둥이끼리 반갑다.

천안삼거리를 지나도
쑤세미 같은 해는 서산에 남는데

가도 가도 붉은 황톳길
숨 막히는 더위 속으로 절룸거리며

가는 길.

신을 벗으면
버드나무 밑에서 지까다비를 벗으면
발가락이 또 한 개 없어졌다.

앞으로 남은 두 개의 발가락이 잘릴 때까지
가도 가도 천리, 먼 전라도길.

 '쩔룸거리며 가는 길' '지까다비를 벗으면 발가락이 또 한 개 없어졌다' '남은 두 개의 발가락이 잘릴 때까지 가도 가도 천리'라는 구절을 읽으며 눈앞이 흐려졌다. 엄마한테 문둥이끼리는 왜 반갑냐고 물었다. 엄마가 같은 처지라 '동병상련'을 느끼는 거라고 했다. 동병상련, 그 단어가 퍽 마음에 들었다. 엄마는 '전라도길'이 한센병 환자들만 모여 사는 남쪽의 작은 섬, 소록도로 가는 길이라고도 말해주었다. 엄마에게서 여러 이야기를 듣고 난 뒤, 걸인이 찾아오면 혹시 한하운 시인은 아닌지 보려고 쫓아가다가 혼쭐난 적이 여러 번이었다.

우리 집과 친구 희숙이네 집 사이로 난 좁은 길은 판 잣집이 다닥다닥 붙어 있는 골목으로 연결되었다. 그 골목 한가운데로 복개되지 않은 시궁창이 있고, 집마다 닭이나 토끼를 키우고 있었다. 그래서 항상 지린내가 나고 땅이 질퍽거렸다. 그 골목 어귀에 우리가 꽃님이네라고 부르던 가족이 살았다. 아주머니와 아저씨 모두 지적장애를 갖고 있었던 것 같다. 아저씨가 일하러 가는 것은 본 적이 없었고, 아주머니가 업고 다니는 막내까지 딸만 여섯인가 일곱인 집이었다. 아이들은 늘 꾀죄죄했고, 집 앞에서 자기들끼리 옹기종기 모여 놀았다.

꽃님이는 우리 또래였지만 같이 어울려 놀지 않고, 우리가 고무줄놀이나 사방치기 하는 걸 멀리서 바라보기만 했다. 우리 중 누구도 그 아이를 불러 함께 놀자고 하지 않았다. 꽃님이한테서 구린내와 지린내가 난다며 끼워주지 않은 것 같다. 꽃님이가 신경 쓰이고 불편했지만, 나 역시 깍두기인 처지라 끼워주자고 말하지 못

했다. 어른들이 지나다가 그 모습을 보면 꽃님이도 끼워줘야지 왜 너희끼리 노냐고 꾸짖었다. 그제야 언니들이 마지못해 꽃님이더러 같이 놀자고 했지만, 꽃님이는 동생들을 데리고 골목으로 들어가버렸다. 그러고 나면 꽃님이한테 미안한 마음에 더 놀고 싶은 마음이 뚝 떨어졌다. 동두천을 떠난 뒤에도 부러워하는 것인지, 원망하는 것인지 알 수 없었던 꽃님이의 눈빛이 떠오르면 얼굴이 뜨거워졌다. 비겁했던 내가 떠올라 수치심이 느껴졌기 때문이다.

꽃님이네 아이들은 학교에 다니지 않았다. 엄마와 동네 아주머니들이 읍사무소에 신고해서 꽃님이랑 동생들이 뒤늦게 학교에 가게 되었다. 그때 동네 아주머니들이 각자 집에 있는 옷을 모아 꽃님이네에 가져다주었다. 우리가 입던 옷을 입은 꽃님이와 동생들이 학교에 가는 걸 몇 번 보긴 했지만, 계속 학교에 다녔는지는 모르겠다.

어느 날 우리가 살던 디귿자집의 화장실 옆방으로 아주머니와 청년이 이사 왔다. 이삿짐은 가방 몇 개가 전부였다. 청년은 이사 온 다음 날로 집을 나갔다가 어쩌다 한 번씩 왔다. 아주머니 혼자 방에 틀어박혀 뭔가를 하더니 며칠 지나 마당 빨랫줄에 바비 인형 정도만 입을 수 있는 형형색색의 드레스가 널렸다. 아주머니는 넋을 잃고 구경하는 동생과 나를 향해 그 드레스는 홍콩에 수출할 상품이니 절대로 손대지 말라고 으름장을 놓았다. 그때부터 우리는 아주머니를 홍콩 아줌마라고 불렀다. 아주머니가 조현병을 앓고 있다는 걸 언제 알았는지는 기억나지 않는다. 아주머니는 방에서나 화장실에서나 인형 옷을 빨아 널 때나 쉬지 않고 혼잣말을 했다. 아주머니는 툇마루에 모여 앉아 인형 옷을 탐내는 우리를 향해 홍콩에서 자신을 잡으러 스파이가 올 텐데 자기가 여기 산다는 것을 비밀로 해달라고 했다. 그러면서 옷을 수출해 돈을 벌면 맛있는 과자를 사주겠다고 약속했다. 아주머니한테 과자를 얻어먹을 날이 올 거라고 믿지는 않았다. 그렇지만 수시로 홍콩 아줌마의 방을 엿보고, 아주머니가 하는 말을 가지고 이런저런 추리를 하며 탐정 놀이를 했다. 엄마는 그런 내게 아주머니를 귀찮게 한다고 혼을 냈다.

주인아주머니는 조현병인 줄 모르고 세를 주었다고 끌탕을 하면서도 홍콩 아줌마가 밥을 제대로 먹지 않는다며 음식을 챙겨주었다. 홍콩 아줌마를 챙기는 건 엄마와 종태 엄마도 마찬가지였다. 홍콩 아줌마는 집에서 음식을 거의 해 먹지 않았다. 하긴 그 방에는 부엌도 딸려 있지 않아서 툇마루에 냄비 하나와 밥그릇 몇 개, 풍로 하나가 있을 뿐이었다. 주인집에서 나가라고 한 건지, 홍콩 아줌마 말대로 남편이 있는 홍콩으로 간 건지 모르지만 홍콩 아줌마는 몇 달 후 이사를 갔다. 올 때처럼 갈 때도 아들과 둘이 커다란 가방을 들고 대문을 나섰다.

아주머니는 우리 엄마와 종태 엄마에게 복 받을 거라는 말을 여러 번 했다. 나는 그때 그 이별이 무척 슬펐다. 왠지 아주머니의 삶이 순탄할 것 같지 않았다. 그래도 홍콩 아줌마가 만든 인형 옷이 진짜로 홍콩에 수출되어 치료받고 건강해지기를 바랐다. 어릴 적 엄마와 동네 아주머니들이 가난했던 '우리'보다 더 어려운 처지의 이웃들에게 곁을 내어주던 모습은 내 기억 속에 깊이 각인되었다.

언니, 손잡고 자면 안 돼?

보일 듯이 보일 듯이 보이지 않는
따옥따옥 따옥소리 처량한 소리
떠나가면 가는 곳이 어디 메이뇨
내 어머니 가신 나라 해 돋는 나라

가장 오래 기억하던 '중미'마저 잊은 2024년 여름에도 엄마는 '따오기' 노래 1절을 다 불렀다. 엄마는 우리가 어렸을 때, '따오기'를 불러주며 외할머니 이야기를 해주었다.

"우리 엄마가 아코디언으로 연주하던 '따오기'가 아

직도 귓가에 쟁쟁해. 우리 엄마는 외할머니를 항상 그리워했어. 해방되고 얼마 안 돼서 외할머니가 스스로 목숨을 끊으셨거든. 학교 갔다 와서 서까래에 매달려 있는 외할머니를 내가 발견했지. 해방 전후에 우리 집은 하루도 편할 날이 없었어. 어려서 잘 기억은 나지 않지만, 원래 희로 아래로 남동생이 태어났었어. 그런데 백일도 되기 전에 우리가 사상가 삼촌이라고 부르던 분이 한밤중에 몰래 와서 몸을 녹이다가 잠이 들어 아기 위로 고꾸라진 거야. 그 바람에 아기가 죽었어. 그때 우리 아버지는 배를 타고 외국에 나가 있었어. 엄마랑 외할머니가 나한테 아기가 어떻게 죽었는지 아버지한테는 비밀이라고 했어. 해방 전에 엄마가 부녀회를 했는데 주변 부인들한테 저축금을 독려했대. 돈을 많이 불려 되돌려 준다고. 그런데 그게 사실은 일제가 태평양전쟁 하는데 쓰려고 부녀회를 이용한 거였대. 해방되었을 때 그 돈은 이미 전쟁 자금으로 들어간 상태이니 엄마는 부녀회 회원들한테 돌려줄 돈이 없었던 거지. 해방되자마자 우리 집으로 그 사람들이 와서 돈 달라고 졸랐어. 거기에 친가 사람들까지 와서 엄마

머리채를 잡았어. 알고 보니까 엄마가 고보에 다니던 막냇삼촌, 그러니까 엄마의 시동생을 징용에 보냈다는 거야. 그 삼촌이 행방불명이 됐어. 그때는 엄마가 일제에 동조하는 부녀회 활동을 했다는 것도 잘 몰랐고, 징용을 부추겼다는 것도 몰랐어. 왜 그래야만 했는지 지금도 모르겠어. 나도 어렸으니까. 동네 사람들이랑 친척들이 오면 불안하고 무서웠던 기억만 나. 그러다 외할머니가 스스로 목숨을 끊으신 거야. 모든 게 당신 탓이라면서. 그리고 얼마 지나지 않아 엄마가 막내만 데리고 대전으로 떠났지. 그래서 주말이면 혼자 엄마를 만나러 대전에 갔어. 엄마가 퇴근하면 툇마루에 앉아 엄마 아코디언 연주에 맞춰 같이 노래를 했지. 엄마는 '따오기'나 '오 대니 보이'를 부를 때면 눈물을 글썽였어. '따오기'는 외할머니를 그리워하는 노래였고, '오 대니 보이'는 자식을 그리는 엄마의 노래였을 거야."

언젠가부터 엄마는 자신의 외할머니와 엄마를 그리워하는 이야기마저 하지 않았다. 나 역시 굳이 청해 듣지 않았다. 엄마는 그 그리움마저 꾹꾹 눌러 담으며 하루하루 먹고사는 일에만 매달려야 했다. 엄마에게 과거와 미래는 모두 사치였다. 그저 '오늘'이 절실했다. 엄마는 우리한테 "공부해라, 성공해라"라고 말한 적이 없었다. 그렇게 궁상맞게 살면서도 내게 "너는 나처럼 가난하게 살지 말아라"라는 말 한 번 하지 않았다. 나는 이루지 못한 꿈을 너는 이루어야 한다고도 하지 않았다. 엄마는 오히려 우리가 꿈을 꿀까 두려워하는 것 같았다. 엄마는 우리의 미래에도 자격지심을 느꼈는지 모르겠다.

어렸을 때 그런 엄마의 마음을 이해한다는 것은 불가능한 일이었다. 엄마의 두려움을 직관적으로 받아들였을 어린 시절의 나는 함부로 '미래'를 꿈꾸지 않았다. 엄마는 일제강점기와 6·25전쟁을 겪으며 물질적 풍요, 높은 지위 따위가 행복한 삶이 아니라는 걸 일찍 깨달았던 것 같다. 나약한 개인과 한 가족을 무기력하게 만드는 세상이 불가항력으로 느껴졌을 것이다. 엄마는 늘 말했다. 전쟁만 일어나지 않으면 된다고, 죽지만 않으면 어떻게든 살아진다고. 그래서 엄마는 그저 아무 일도 일어나지 않는 삶을 원했다. 그러나 우리를 키우며 또 알았을 것이다. 가난 역시 사람을 옭아매고 쪼그라들게 한다는 것을.

초등학교 때 엄마는 내가 미술대회에서 상을 타올 때마다 똑같은 말을 되풀이했다.

"중미 2학년 때 담임 선생님이 사립학교로 가시면서 너는 동두천에서 키우면 안 된다고, 당장 서울로 데리고 가라고 했었어. 늦기 전에 전학 보내라고."

어렸을 때는 그 말이 미안함의 표현인지, 변명인지, 안타까움인지 혹은 생뚱맞은 자랑인지 헷갈렸다. 엄마 아버지는 우리가 어떤 상을 타와도 잘했다는 말 한마디면 끝이었다. 나와 여동생이 받아 오는 상장, 메달, 상패가 책상 서랍에 차곡차곡 쌓였지만 나는 그게 특별한 일이라고 생각하지 못했다. 어느 날 친구네 집에 갔더니 대청마루 벽에 상장이 든 액자가 빙 둘러 걸려 있었다. 그 친구와 언니 오빠들이 받은 것들이었는데 '장려상' '입선' 같은 상까지 다 걸려 있었다. 집에 돌아와 엄마에게 물었다.

"엄마, 우리는 왜 상장 안 걸어줘?"

엄마가 무심하게 대답했다.

"상은 자랑하는 게 아니야."

"자랑하는 게 아니어도 몇 개는 걸어주면 안 돼?"

"상장을 걸어놓을 데가 있어야 걸어놓지."

우리 가족의 단칸방은 두 짝짜리 포마이카 장이 놓인 곳을 빼면 빙 둘러 높낮이가 다른 선반이 놓여 있었다. 좁은 방의 수납을 위해 아버지가 만든 것들이었다. 그나마 한쪽 벽은 아버지가 부품을 하나씩 사 모아서 만든 오디오 시스템과 텔레비전이 차지하고 있었다. 어디에도 상장 한 장 걸 여백은 없었다. 무엇이든 열심히 해봤자 소용없다는 체념이 차곡차곡 쌓였다.

여동생은 나보다 공부를 잘했고, 중고등학교 시절에는 서울대 갈 아이로 선생님들의 기대를 받았다. 목재회사 사택을 나와 산동네에 살 때 여동생의 담임 선생님이 참고서와 문제집 그리고 얼마간의 돈을 가지고 집을 방문한 적이 있다. 퇴근하고 집에 갔는데 엄마와 동생의 표정이 어두웠다. 엄마는 담임 선생님의 선의를 동정이라고 여겼고, 예민한 청소년이었던 여동생도 마찬가지였다. 나는 그 동정을 기꺼워하지 않는 엄마와 여동생이 야속했다.

취업해 막 수습 딱지를 떼었던 그때, 쥐꼬리만 한 월급을 타면 생활비에 보태라고 줄 돈, 동생 줄 용돈, 동생들 등록금으로 모을 돈과 내 한 달 치 교통비와 점심값을 빼면 남는 돈이 얼마 없었다. 취업하자마자 그동안 갖고 싶던 삼성출판사의 세계 사상 전집을 할부로 들여놓았던 터라 적금도 붓지 못할 때였다. 주말에 연극 공연이라도 가려면 점심 대신 자판기에서 율무차를 뽑아 허기를 채웠다. 나 역시 자존심이 없지 않았지만, 그땐 그 정도의 동정은 받아도 될 것 같았다. 그러면 내 짐이 좀 덜어질 것 같았다. 가끔은 여동생이 더 열심히 공부하지 않는 게 섭섭했다. 선생님들 말대로 좀 더 열심히 해서 국립대에 가면 좋겠다고 생각했다. 나는 그때 여동생의 고민, 고통은 알지 못했다. 언젠가 여동생이 그때 이야기를 했다.

"나는 엄마가 내가 공부 잘하는 걸 별로 좋아하지 않는다고 느꼈어. 그래서 학력고사 준비를 안 했던 것 같아. 핑계 같지만 내 안에 그런 마음이 있었어. 공부 잘해봐야 소용없다. 어차피 내가 원하는 걸 이룰 수 없다. 언니, 그때 내가 학력고사를 망친 게 실수가 아니라 무의식적인 저항이었는지 모르겠어."

그 말이 무슨 뜻인지 충분히 이해할 수 있어서 그 시절의 동생과 나를 위로하고 싶었다.

언젠가 우연히 저녁 정보 프로그램에서 스물아홉에 혼자되어 사 남매를 키워야 했던 어머니의 인터뷰를 보았다. 그 어머니는 자녀들이 공부를 잘하는 게 두려웠다고 했다. 공부 잘하던 둘째가 대학에 가겠다고 할까 봐 마음을 졸였는데 산업체 부설고등학교에 진학하겠다고 해서 한숨을 돌렸다고 했다. 나도 모르게 눈시울이 뜨거워졌다. 산업체 부설고등학교를 선택해야 했을 그 집 둘째와 그 엄마의 마음을 다 알 것 같았다.

여동생의 학력고사 성적은 뜻밖이었다. 엄마 아버지는 겉으로 티를 내지 못했지만 실망하는 빛이 역력했고, 학교 선생님들도 여동생을 볼 때마다 믿을 수 없다고 했단다. 엄마와 아버지는 여동생이 취업이 보장되는 간호대나 교대에 가길 바랐지만, 여동생은 국문과에 진학했다. 글 쓰는 데 질린 아이가 국문과라니 믿기지 않았다. 동생은 고등학교 3년 내내 학교 대표로 글쓰기대회에 나가 상을 받았다. 동생은 어느 대회를 나가든 어떻게 쓰면 상을 받을지가 보였다고 했다.

"그래서 진짜 짜증이 났어. 학교에서는 글쓰기대회가 있을 때마다 나를 내보내고, 대회에 나가지 않겠다고 할 용기는 없고. 한편으로는 대회 나가서 받는 부상과 상품이 탐나고."

동생이 대학에 입학하기 전까지 나는 여동생이 놓아 버린 꿈, 친구들 사이에서 겪는 갈등과 열등감을 미처 헤아리지 못했다. 그때 우리는 각자의 방법으로 주저 앉지 않으려 안간힘을 쓰고 서 있었다. 엄마 역시 그걸 모르지 않았고 그래서 자격지심에 시달렸을 것이다.

여동생마저 나와 함께 빈민 지역에서 일하겠다고 했을 때, 엄마는 걱정하면서도 크게 말리지 않았다. 동생과 내가 선택한 삶이 엄마 아버지가 바라던 삶이었는지도 모르겠다는 생각이 들었다. 엄마 아버지는 가난하게 살면서도 수단과 방법을 가리지 않고 돈을 벌어서 성공해야 한다고 말하지 않았다. 당신들이 그럴 깜냥이 안 돼서가 아니라 그렇게 살면 안 된다고 믿었다. 우리 역시 엄마 아버지의 그 태도와 가치를 내면화했을 것이다. 언젠가 엄마 아버지께 드리는 성탄 카드에 썼다. 엄마 아버지 덕분에 이런 삶을 살게 되었다고, 엄마 아버지가 우리에게 가르쳐준 것이 남을 이기고, 성공하고, 남의 것을 빼앗아 부자가 되는 게 아니라 부족해도 다 같이 나누며 사는 것이어서 다행이라고, 감사하다고. 카드를 읽고 나서 아버지가 말했다.

"그렇게 살아줘서 우리가 고맙다. 수연이랑 네가 같이 있어서 마음이 놓인다."

내가 여동생 수연이를 처음 만난 건, 동두천 서울병원 산부인과 병동이었다. 네 살 때인데도 그때 기억이 선명하다. 고모 손을 잡고 어두컴컴한 계단을 올라가 신발들이 어지럽게 놓여 있는 방으로 들어갔다. 그때만 해도 산모 병동은 온돌이었다. 병실에 들어가니 엄마 곁에 아기가 누워 있었다. 그때 기분이 어땠는지는 잘 기억나지 않는다. 엄마가 이제 나한테 친구가 생겼다며 아기를 보여주던 장면만 흐릿하게 남아 있다.

지금은 없는 아버지의 소니 릴 테이프에는 수연이의 세 살 때 목소리가 녹음되어 있었다. 아버지가 수연이에게 "수연이는 똑똑해, 영리해?"라고 물으면 수연이가 또랑또랑한 목소리로 대답했다. "영리해." 실제로 어리바리한 나와 달리 수연이는 야무지고 영리했다. 또 나보다 착했다. 수연이는 사 남매의 셋째로 자라다 보니 자기보다 타인의 욕구에 예민했다. 특히 언니인 나와 엄마의 감정을 늘 살폈다. 수연이는 같이 아이스크림을 먹다가 내가 먼저 먹고 나서 무심코 막대를 씹으면 늘 제가 먹던 아이스크림을 내미는 아이였다.

"언니, 딱 한 입만 더 먹어."

그러면 나는 또 모르는 척 한 입 베어 먹었다. 겁이 많은 수연이는 멀리서 들리는 사이렌 소리에 울고, 무섭게 생긴 사람을 보고 울고, 텔레비전 뉴스를 보고도 울었다. 어둠이 내린 밤을 특히 무서워했다. 짓궂은 나는 그런 동생에게 무서운 이야기를 해주곤 했다. 겁에 질린 수연이는 밤마다 내게 통사정을 했다.

"언니, 손잡고 자면 안 돼?"

"안 돼."

"그럼 언니 종아리에 발만 대고 자면 안 돼?"

"안 돼."

"그럼 발가락 끝만 대고 잘게."

누군가의 몸이 내 몸에 닿는 걸 싫어하던 나는 마지못해 발톱만 대라고 허락했다.

언젠가 수연이가 갑자기 생각난 듯 물었다.

"언니, 기억나? 큰 시장 건너편에 있던 뱀사탕집. 나는 징그럽고 무서운데 언니는 계속 거기 가서 진열장을 보며 신기해했던 거. 거기 가면서 도대체 왜 나를 데려간 거야?"

오랫동안 잊고 있던 기억이었다. 그 뱀사탕집 진열장에는 원통 모양의 커다란 유리병에 여러 종류의 뱀들이 죽은 채 담겨 있었다. 어떤 병에는 알이 들어 있고, 다른 병에는 알에서 갓 깨어났을 새끼 뱀들이 같이 들어 있었다. 유리병 아래에는 깨알같이 뱀 이름이 적혀 있었다. 왜 그렇게 뱀사탕집에 갔는지는 모르겠다. 그저 가끔 그 병에 갇힌 뱀들이 살아서 유리를 깨고 탈출하는 상상을 했다. 수연이를 굳이 데려간 까닭은 모르겠다. 워낙 둘이 붙어 다녔으니 거기도 같이 간 게 아니었을까.

나는 뭐에 꽂히면 싫증이 날 때까지 하는 편이었다. 겨울방학 때 스케이트장 한 달 이용권을 끊고는 스케이트는 안 타고 한나절 내내 스케이트 날 가는 것만 보거나, 스케이트장에는 아예 들어가지도 않고 한나절 내내 국화빵 틀만 들여다보았다. 수연이는 내 옆에 쪼그려 앉아서 스케이트를 타러 가자고 먼저 조르지도 못하고 어쩌다 한 번씩 물었다.

"언니, 스케이트 언제 타러 갈 거야?"

초등학교 4, 5학년 때쯤에는 여름방학 내내 멍게 파는 포장마차 아저씨에 빠져 신포동 육교 아래로 출근했다. 아저씨가 나무 도마에서 칼로 빨간 멍게의 머리를 자르면 주황색 속살과 노르스름한 물이 나왔다. 그러면 멍게 특유의 비리면서도 신선한 냄새가 주변에 확 번졌다. 아저씨는 멍게를 일정한 크기로 잘라 접시에 담고, 스펀지에 나란히 꽂아놓았던 옷핀을 얹어 손님에게 주었다. 그러면 손님은 그 옷핀으로 멍게를 집어 초고추장에 찍어 먹었다. 그렇게 멍게를 손질해 접시에 담아주는 걸 구경하다 보면 한나절이 금세 지났다.

하루는 주인아저씨가 멍게를 하나 썰어 내게 먹으라고 줬다. 아마도 내가 돈이 없어 구경만 한다고 생각했던 모양이다. 나는 그 선의를 어떻게 거절할지 몰라 그만 내빼버리고 말았다. 그날도 나를 따라 포장마차 옆에 서 있던 수연이는 그 광경을 지켜보다가 뒤늦게 나를 쫓아오면서 울음을 터뜨렸다. 수연이는 내가 그 아저씨에게 한 일이 못된 짓이라고 여겼다. 나도 아저씨한테 가서 죄송하다고 말하고 싶었지만, 끝내 용기 내지 못했다. 수연이는 고약하기 짝이 없는 언니를 늘 졸졸 따라다녔고, 짓궂은 내 장난의 희생자가 되었다. 그게 오죽 억울했던지 『톰 소여의 모험』을 읽고는 나더러 "언니는 톰 소여야"라고 했다. 나는 아무렇지도 않게 "그럼 너는 시드야"라고 대꾸했고, 수연이는 또 울고 말았다.

초등학교 때 학기 초가 되면 선생님들은 학생들이 원하는 직업을 조사했다. 대부분 서면 조사였는데 6학년 때는 직업을 불러주고 손을 들게 했다. 대통령, 의사, 간호사, 군인, 과학자, 선생님 등이 가장 많았는데 나는 딱히 손 들고 싶은 직업이 없었다. 끝까지 손을 들지 않은 나에게 담임 선생님은 "김중미, 너는 화가잖아" 하고 임의로 정해버렸다. 그때 내 머릿속에는 스케이트 날 가는 사람, 국화빵 장사, 포장마차 사장이 맴

돌았을 것이다. 그러면서도 탐험가나 동물학자가 되어 인도나 남미, 태평양 제도, 아프리카에 가고 싶은 마음도 있고, 고흐나 렘브란트 같은 화가도 되고 싶었다. 또 영화 〈사운드 오브 뮤직〉에 나오는 마리오네트 인형극을 배우러 오스트리아에도 가고 싶었다.

그러나 어린 마음에도 그 꿈은 너무 멀리 있는 것 같았던 모양이다. 미래의 꿈을 말하라고 하면 머릿속이 멍해지던 나는 상상의 세계로 빠졌다. 희한하게 『신데렐라』나 『소공녀』의 주인공이 되는 꿈 같은 건 꾸지 않았다. 〈소년중앙〉에 실리던 길창덕의 만화 『비둘기 가족』의 일원이 되거나, 이향원의 만화 『떠돌이 검둥이』와 함께 전국 방방곡곡을 여행하는 꿈을 꾸었다. 스무 장이 넘던 종이 인형에 내가 만든 다양한 캐릭터를 입혀 인형극 놀이를 하는 것도 좋아하던 상상 놀이였다. 거기에는 수연이도 늘 함께였다. 수연이와 나는 드라마 취향도 비슷했다. 우리는 미국 드라마 〈초원의 집〉을 좋아했는데 나는 주인공 '로라'를 좋아했다. 그때 수연이는 로라보다 '메리'가 좋다고 했다. 겨울방학마다 해주던 흑백영화 〈작은 아씨들〉도 둘 다 장면을 외울 정도로 좋아했는데 그때마다 나는 '조'가 좋다고 하고, 수연이는 '메그'가 좋다고 했다. 나는 여성스러운 수연이가 자기다운 캐릭터를 좋아한다고 치부해버렸다.

그런데 수연이가 나중에 고백했다.

"언니, 나도 로라랑 조가 좋았어. 그런데 언니가 좋다고 하면, 왠지 나는 똑같은 걸 좋아하면 안 될 것 같아서 반대로 말했어."

그 말을 하는 수연이의 목소리에서 억울함이 느껴졌다. 뒤늦게 미안해 몸 둘 바를 몰랐다. 나는 관계에 예민하고 타인의 필요에 부응하려는 수연이의 기질을 여성스럽다고 오해했다. 나 역시 여성성에 편견을 갖고 있었다. 나는 늘 자기주장이 강했고, 수연이는 내 의견에 순응하거나 양보하는 편이었다. 수연이는 선머슴 같고 제멋대로인 나한테 늘 눌려 있었다. 그나마 다행인 건 수연이는 참고 참다가 한 번씩 화를 폭발했다. 반면 나는 속마음을 잘 드러내지 않았다. 아버지는 내가 그때그때 하고 싶은 말을 숨기지 않는다고 솔직한 게 매력이라고 했다. 그런데 언젠가 엄마가 아버지 말에 고개를 저으며 말했다.

"당신은 뭘 몰라. 중미 얘가 얼마나 속을 안 드러내 는지."

엄마는 내가 어려운 딸이라고 했다. 반면 수연이는 살가운 딸이었다. 수연이는 초등학생 때도 온종일 엄 마가 어디로 가는지, 어디에 있는지 살폈다. 수연이는 엄마가 가는 곳이면 어디든 따라갔다. 시장, 읍사무소, 약국, 동네 아주머니들 모임 심지어 화장실까지 쫓아 갔다. 나는 엄마가 시장에 가자고 해도 따라나서지 않 는 아이였다. 엄마는 가끔 내게 장난처럼 말했다.

"너는 엄마 없어도 잘 살 거지?"

그게 섭섭한 표현이었다는 걸 나중에야 알았다. 몇 년 전 후배들과 이런저런 이야기를 하는 중에 수연이 가 말했다.

"엄마 아버지는 늘 언니 얘기였어. 나는 그게 부러웠 어."

처음 드러내 보이는 수연이의 속내에 놀라 변명하듯 말했다.

"그게 칭찬은 아니었잖아? 내가 모자란 아이여서 다 사고 친 얘기였지. 칭찬은 네가 많이 받았지."

"아니야. 엄마 아버지는 언니를 특별하게 생각했어."

어릴 적 기억 대부분이 내 위주로 편집된 것이라면 내가 놓치고 지운 기억 속에서 누군가는 소외되고 상처받았을 거라는 생각이 들었다. 가장 가깝고, 가장 사랑한 수연이가 그랬으니 엄마나 아버지, 오빠나 막내도 그럴지 모르겠다.

수연이와 나는 가난 때문에 무언가를 포기할 때마다 자신에 대한 기대를 낮춰갔다. 내가 갖지 못한 것을, 이루지 못한 것을 선망하고 우러르다가는 허공에서 버둥거리다 추락할 가능성이 높았다. 우리는 늘 땅에 발을 대고, 그 발로 도달할 수 있는 것만을 좇았다. 나는 내가 사는 '세상'을 바로 보려고 노력했고, 내가 보고 깨닫는 모든 것을 수연이와 공유했다. 우리는 끊임없이 나눌 게 있었고 그래서 행복했다.

내가 가톨릭 세례를 받고 1년 뒤, 수연이도 원효로에 있던 성심수녀회에서 세례를 받았다. 내가 빈민 지역에 들어간다고 했을 때만큼은 선뜻 지지하지 못하던 수연이는 1988년 대학 조교로 일하게 되면서 공부방 중등부를 담당하는 이모가 되었다. 조교를 그만두고 글쓰기, 논술 선생을 하면서 공부방 일을 점점 늘려갔다. 후배들이나 공부방 아이들은 엄격한 큰이모보다 따뜻하고 다정한 수연이를 따랐다. 수연이는 후배들의 상담사 역할을 해주었고, 청소년기에 접어든 아이들을 다독여주었다. 우리는 서로 부족한 면을 누구보다 잘 아는 자매였기에 취약한 부분을 보완할 수 있었다. 공부방을 하면서 수연이와 나는 친자매에서 동지로 더 단단해졌다.

  11년 전 수연이가 갑상선암 4기 진단을 받았다. 이미 임파선으로 전이된 상태였다. 1년에 한 번씩 정기 검진을 받았는데도 담당 의사가 암을 발견하지 못했던 탓이다. 하늘이 노래지는 것이 아니라 눈앞에서 모든 빛이 사라지는 것 같았다. 그러나 내가 휘청이면 안 된다는 생각이 먼저 들었다. 수연이가 수술실에 있는 동안 나는 변함없이 우리의 일상을 살았다. 공부방 문은 닫히지 않았고, 청년들을 데리고 백령도에 가서 인형극 워크숍을 하고, 캠핑도 예정대로 갔다. 다른 사람들에게는 내가 모질게 보일 정도로 차분했겠지만, 하루하루 피가 말라가는 것 같았다. 아직 어린 조카들, 후배이자 제부인 동훈이에게 수연이가 없어서는 안 됐다. 아니, 그 누구보다 나에게 수연이가 없으면 안 되었다. 수연이는 우리 부부가 강화로 귀농한 뒤, 공부방에 들어가 살면서 초중고 아이들에 청년들까지 보살피느라 몸과 마음을 혹사했다. 수연이가 아픈 것이 내 탓인 것만 같았다.

공동체 식구들은 수연이와 그의 남편이 오로지 수연이의 회복에만 집중할 수 있도록 애써주었다. 그때 동생의 빈자리를 메워주고, 마음 써준 공동체 식구들을 결코 잊을 수 없다. 수연이는 투병 중에도 공부방에 왔다. 아이들 곁에 있어야 살 것 같다고 했다. 큰 수술을 두 번이나 한 수연이가 5년 만에 추적 관찰을 끝내자, 투병을 돕던 가족의 몸과 마음이 아프기 시작했다. 수연이의 돌봄 노동이 다시 시작되었다.

생과 사를 오가는 순간에도 '사랑하기'를 포기하지 않았듯이 수연이는 엄마의 자리를 지키기 위해 하루하루 투쟁하듯 살았다. 언니인 내가 있고 공동체 식구들이 있었지만, 그 시간의 고통은 오롯이 수연이의 것이었다. 그 기간을 곁에서 보내면서야 알았다. 사실은 수연이가 나보다 몇 백 배 더 단단하고 강한 사람이라는 것을. 나는 그저 수연이가 사랑하는 사람들을 위해 희생한 그 시간에 경의를 표할 수 있을 뿐이었다.

엄마는 수연이가 그렇게 강한 사람이라는 것을 미처 모른 채 인지장애를 갖게 되었다. 수연이가 늘 약하고 여려서 걱정이라던 엄마가 그때의 수연이를 보면 걱정을 놓았을 텐데, 그게 몹시 아쉽다. 그래도 엄마는 수연이 곁에 내가 있어서 그리고 내 곁에 수연이가 있어서 안심했을 것이다.

꽤 쓸 만한 방어기제,
나는 강한 아이야

2024년 2월 어느 날 저녁, 요양원에서 연락이 왔다. 엄마가 일요일 이후 한시도 쉬지 않고 혼잣말을 하고 있다고 했다. 그 증상은 2023년 11월, 엄마가 2주간 입원한 뒤에 찾아왔다가 잦아들었었다. 독실한 기독교 신자인 요양원 원장은 우리의 기도가 모자라서 악마가 들어왔다며 당장 기도를 하라고 했다. 전화 너머로 들려오는 엄마의 목소리는 평소와 달리 날카롭게 고양되어 있었다.

"엄마, 왜? 뭐가 마음에 안 들어요?"

"누구세요?"

"엄마, 나 중미."

엄마가 격앙된 목소리로 다그쳐 물었다.

"중미, 중미예요? 진짜 중미예요? 그런데 왜 안 오고 전화해요?"

"엄마, 나 엄마 있는 곳에서 가까이 있어. 내일 보러 갈게. 그러니 걱정 말고 주무세요. 응?"

그러나 엄마는 전화를 끊지 않고 의미 없는 말들을 자꾸 되뇌었다. 마귀를 쫓는 기도를 어떻게 하는지 모르고, 엄마를 찾아온 것이 마귀라는 걸 믿지 않았지만 엄마가 두려움에서 벗어나기를 기도했다. 다음 날 엄마를 보러 갔다. 면회실에 들어가자 엄마가 나를 보며 울먹였다.

"얼마 만에 보는 거냐? 그동안 왜 안 왔냐?"

"엄마, 우리 그저께 만났잖아. 엄마는 기억하지 못해도 나는 엄마 보러 자주 와."

"그래? 그렇지만 나는 계속 보고 싶고, 잘 지내는지 궁금하지."

"그랬구나. 엄마는 내가 걱정이 됐구나?"

"그럼, 걱정되고, 무섭고, 보고 싶고 그러지."

"뭐가 무서워?"

"날 버릴까 봐. 내가 밉다고 안 올까 봐."

"엄마, 우리가 왜 엄마를 버려. 엄마가 왜 밉겠어?"

엄마는 내 말에 대답하지 않고 남편을 보며 물었다.

"나 안 미워요?"

남편이 대답했다.

"그럼요. 어머니, 저희는 어머니 좋아해요."

엄마는 평소 면회 시간에 아들이나 사위를 '남자'로만 인식했다. 면회하는 중에도 수시로 경계하는 눈빛으로 저 남자는 누구냐고 물었다. 그날도 마찬가지였다. 자신의 질문에 대답하며 웃는 남편을 경계하며 내게 물었다.

"저 남자가 왜 자꾸 웃으면서 나를 봐?"

"엄마, 사위잖아. 엄마 보니 좋아서 그러지."

엄마는 한동안 남편을 바라보다 안도의 한숨을 쉬며 말했다.

"저렇게 잘생긴 남자가 사위라니 아이고 좋아라. 사위가 그렇게 말하니 이제 안심이 되네."

그러면서 되물었다.

"내 딸 어때요?"

엄마가 나를 딸이라고 정확히 지목해서 놀랐다.

"엄마, 내가 딸이야? 나 알아보겠어?"

그러자 엄마는 나를 꾸짖는 듯 눈을 끔벅하더니 자기 손으로 내 손을 꾹 눌렀다. 마치 내가 저 사람하고 할 말이 있으니 너는 잠자코 있으라는 듯이.

"내 딸 어때요?"

엄마가 다시 묻고 남편이 대답했다.

"어머니 딸 착하죠. 좋아요. 사람들이 다 좋아해요."

그러자 엄마가 환하게 웃었다.

"아이고 다행이다. 이제 안심이다. 그럼 나는 어떠우? 내가 애 엄만데, 나는 어떠우?"

"어머니도 좋지요. 똑똑하시고, 예쁘시고."

그러자 손뼉까지 쳤다.

"아유 좋아라. 이제 안심이다."

그런데 몇 초도 지나지 않아 공허한 눈빛이 되어 면회실을 둘러보며 말했다.

"나는 여기가 어딘가 싶어."

"엄마, 여기가 어딘지 모르겠어? 어제도 낯설어서

불안했나 보다."

엄마가 슬픈 얼굴을 지으며 어린아이 같은 말투로 대답했다.

"그럼, 나 혼자 있는데."

"엄마, 혼자인 것 같아서 무서웠어?"

"그럼. 그래서 여기도 사람 사는 데다 생각하며 살지."

엄마는 다시 어른의 말투로 돌아와 한숨을 쉬었다. 엄마는 자신이 겪는 불안과 두려움을 정확하게 표현했다. 그러다 어느 순간 자신이 집이 아닌 다른 데 있다는 것을 인식했다. 엄마는 그때마다 혼자 낯선 곳에 버려진 것 같아 두려울 것이다. 단기 기억이 사라진 상태라 자신을 돌봐주는 요양보호사님들은 늘 낯선 존재였고, 아무리 자신을 '엄마'라고 불러주고, '미자 씨'라고 불러주어도 채워지지 않는 그리움으로 날마다 외로울 것이었다.

"엄마, 맞아. 여기도 사람 사는 데야. 여기에 엄마를 돌봐주는 보호사님들이 계시고, 간호사님도 계시고, 원장님도 계시잖아. 그러니 안심해도 돼."

그러자 엄마가 슬픈 눈으로 물었다.

"여기서 내가 계속 살아야 돼요? 그래야겠죠?"

목이 메어 대답이 나오지 않아 엄마 손을 꼭 잡았다. 그러나 엄마의 손을 잡고 집으로 올 수 없었다. 미안하고 아팠다. 그런데 갑자기 엄마가 휠체어에서 일어나려고 했다.

"저녁은 먹은 거야? 배는 안 고프니?"

"엄마, 우리 밥해주려고?"

엄마는 휠체어에서 일어나지 못한다는 것을 자각했는지 실망한 표정을 지었다. 엄마가 우리에게 밥은 먹었는지 묻고, 금방이라도 주방으로 가려는 듯한 행동을 한 것은 6년 만에 처음이자 마지막이었다. 엄마는 곧 자신의 상황을 깨달은 듯 슬픈 표정이 되더니 나를 바라보며 말했다.

"이렇게 소중한 내 딸인데, 날마다 보고 싶고, 걱정되고."

"엄마, 내가 걱정돼?"

"그럼, 부모는 자식 걱정이 전부지."

그러면서 남편을 바라보며 말했다.

"어디 가지 마요. 절대로."

그렇게 걱정하는 딸에게 엄마는 그동안 사랑한다는 말을, 소중한 내 딸이라는 말을 하지도 못하고 가슴속에 꾹꾹 눌러놓기만 했다. 그런 고백마저 자존심이 허락하지 않았을 것이다. 속마음을 숨기고, 미안하고 고마운 마음만 앞세워야 했던 엄마가 가슴에 사무친다. 나처럼 좋은 것만 기억하고, 나쁜 기억은 적당히 편집하며 살았더라면 엄마는 오랫동안 우울증에 시달리지 않았을지도 모른다. 기어이 치매라는 늪에 빠지지도 않았을 거다. 엄마에게 나는 어떤 딸이었을까.

나는 팔삭둥이였다. 엄마는 아직 출산 날이 두 달이나 남은 어느 날 저녁, 저녁밥을 먹고 누워 책을 읽다가 양수가 터졌다고 했다. 그래서 나는 산파가 오기도 전에 태어났다. 무슨 원인으로 세상에 일찍 나왔는지는 모르지만, 나는 태어날 때 오른쪽 눈이 얇은 막으로 덮여 있고 귀 아래로는 작은 혹이 두 개 나 있었다. 내가 태어났다는 소식에 말년휴가를 나왔던 아버지는 내가 너무 작아 이불을 들치고 한참 찾았다고 말했다. 얼마나 작고 말랐는지 말린 개구리 같아 숨을 쉬는지 자꾸 확인했다고도 했다.

의사는 눈에 있는 막을 제거하려면 돌이 지나야 한다고 했지만, 아버지가 전역하고 얼마 되지 않아 동두천으로 가는 바람에 태어난 지 백일도 안 돼 기독병원에서 수술을 받았다. 그때 의사의 실수로 눈물샘이 잘려나갔고, 오른쪽 눈에서 눈물이 나오지 않게 되었다. 눈물은 슬플 때, 하품할 때만 나오는 것이 아니었다. 항상 눈에 수분을 공급하는 중요한 역할을 했다. 눈물샘이 없어 건조한 눈은 망막과 각막에 이상을 초래했다. 의사는 언젠가 실명할 수도 있다고 했다. 그래서 엄마와 동생들이 치과에 못 가고 진통제로 치통을 참을 때도 나는 안과 진료를 받았다.

실명이라는 말을 사전에서 찾아보고 나는 언젠가 맹인이 될 수 있다고 생각했다. 아무리 쪼들리는 형편이어도 방학 때마다 동두천에서 인천 장안과로 가 정기검진을 하고 안경을 맞춰 썼지만, 인천으로 이사 온 뒤로는 내 눈을 신경 쓸 겨를이 없었다. 엄마한테 안경을 새로 해야 한다는 말을 할 수 없어 맞지 않는 안경으로

3년을 버티다가 더는 책을 읽을 수 없을 지경이 돼서야 말했다. 가난은 철부지 아이도 철들게 하는 법이다. 그때는 미리 점자를 배워둬야 하지 않을까 고민했었다. 스무 살 무렵부터 내가 여전히 눈으로 보고, 귀로 듣고, 두 발로 걷고, 두 손을 자유롭게 쓰는 것이 당연한 일이 아니라는 걸 알았다. 운 좋게 건강한 몸을 가지고 있으니 이 몸을 필요한 데에 잘 쓰며 살고 싶었다.

지지리도 가난했던 엄마는 사는 데 지장 없는 혹 따위는 단발머리로 가리면 된다고 생각했다. 초등학교 때까지는 나 역시 귀에 난 혹을 신경 쓴 기억이 거의 없다. 그런데 중학생이 돼서는 달랐다. 더욱이 전학 와서는 그 혹 때문에 놀림감이 돼서, 엄마한테 언제 수술을 해줄 거냐고 몇 번 물었다. 엄마의 대답은 늘 '돈이 모이면'이었다. 수술은 갈래머리가 학교 규정이었던 고등학교 입학을 앞두고서야 할 수 있었다. 희한하게 이 글을 쓰기 전까지 귀 아래 있던 혹을 까맣게 잊고 있었다. 힘들었던 기억을 잊는 것은 내가 가진 꽤 쓸 만한 방어기제다. 지금 여기의 삶에 만족하고 행복하기 위해 나는 적절히 내 기억을 편집하며 살아왔다. 대체로 그 편집 능력에 만족했지만, 가끔은 무의식적인 억압이 몸으로 드러나기도 했다.

칭찬에 박한 엄마가 나에게 했던 유일한 칭찬은 '참을성이 많다'는 것이었다.

"돌 지난 너랑 오빠가 홍역을 앓을 때 네 살인 네 오빠는 어찌나 보채는지, 할머니랑 내가 번갈아 가며 업고 달랬는데 너는 하나도 보채질 않는 거야. 그래서 괜찮은 줄 알았지. 그런데 밤에 애가 쌕쌕거리며 숨을 이상하게 쉬더라고. 제 손을 입에 넣고 질경질경 씹으면서. 그래서 보니까 글쎄 열꽃이 입안까지 다 돋았어. 그제야 기독병원으로 뛰어갔지. 넌 어려서부터 그렇게 참을성이 많았어. 동생들처럼 엄살을 피워야 한 번이라도 더 봐주는데 안 그러니 모르고 지나치는 게 많았어."

순둥이였던 나는 크게 우는 법 없이 기저귀가 젖어도, 배가 고파도 조금 칭얼거리다가 말았다고 한다. 아파도 아프다고 말하지 못한 것이 엄마가 말하는 참을성 덕분인지, 타고나길 둔하게 태어난 것인지 지금도 헷갈린다.

초등학교에 들어가고부터는 다리가 자주 아팠다. 한번은 큰 개울에서 떼 부리는 막내를 업고 나오다 다리에 참을 수 없는 고통이 와 나도 모르게 주저앉고 말았다. 그날 일은 엄마한테 말한 것 같은데 그 뒤로는 아프다는 말을 하지 않았다. 엄마가 대수롭지 않게 넘겨서인지 아파도 병원에 갈 수 없다는 체념 때문인지는 기억나지 않는다. 다리는 비가 오기 전이나 추운 겨울철에 더 아팠다. 절룩거리면서도 엄마가 병원에 가지 않고 참듯 나도 참고 넘어갔다. 다행히 고등학교 때를 정점으로 통증이 조금씩 옅어졌다. 그러나 여전히 비가 오기 전에는 무릎이 심하게 쑤셨다. 친구들이 일기예보보다 내 통증이 더 정확하다고 할 정도였다. 여상을 졸업하고 대학병원에서 근무할 때도 신경통 같은 증세는 계속되었다. 그래서 정형외과에 갔더니 엑스레이를 판독한 의사가 어릴 때 신경통 같은 증상이 있었는지 물었다. 어렸을 때 아팠던 이야기를 하자 고개를 끄덕이며 '소아 류머티즘성관절염'이었던 것 같다고 했다.

"근데 어렸을 때 병원에 한 번도 안 갔어요?"

의사의 말에 갑자기 얼굴이 화끈거렸다. 나의 가난을 들킨 것 같아 창피했다. 의사는 다행히 소아 류머티즘성관절염은 청소년기를 지나면서 저절로 낫고 신경통 정도로 남았다가 그마저도 괜찮아진다고 했다. 스물한 살이 돼서야 오랜 통증의 원인을 알았지만, 그게 서럽고 속상하기보다는 혼자 그 통증을 이겨냈다는 게 대견스러웠다. 그러면서 역시 '나는 강해'라고 자기최면을 걸었다.

 열한 살까지 계속되었던 야뇨증 때문에 엄마나 아버지한테 혼이 난 기억은 없다. 그러나 내가 요에 실수할 때마다 막내가 뒤집어쓰는 것이 괴로웠다. 그래서 밤이 오는 게 무서웠다. 오죽하면 어린아이가 불면증에 걸렸을까. 엄마 아버지가 잠들면 몰래 뒷마루로 나와 옆집 종태네 개 메리와 놀았다. 메리는 내 표정을 보고 내가 슬픈지 기쁜지 알아채는 친구였다. 심지어 대문을 나서면 따라 나와 내가 서울병원 쪽으로 갈지, 성모병원 쪽으로 갈지를 알아챘다. 메리가 있어 불면으로 잠을 못 잘 때도 외롭지 않았다. 밤에 실수하지 않으려고 물을 참으면 아버지는 괜찮다고 물을 마시라고 했다. 괜찮지 않은 건 내 자신이었다. 다행히 열한 살에 야뇨증이 나았다. 아버지는 내 어깨를 두드리며 자랑스럽다는 듯이 말했다.

"너는 강한 아이야."

야뇨증이 있던 아이가 열한 살이나 돼서야 오줌을 가리게 되었는데, 장하다고 칭찬해주는 엄마 아버지 앞에서 나는 진짜 강한 아이라고 믿었다. 자라면서 힘든 고비를 넘길 때마다 '나는 강한 아이'라는 이상을 내면화하며 버텼다.

야뇨증이 낫고 얼마 지나지 않아 기지촌에 사는 여자아이들이 흔히 그랬던 것처럼 목욕탕에서 나쁜 균이 질에 옮았다. 동두천은 국가에서 운영하는 성병 검역소가 있던 곳이었다. 엄마를 비롯해 동네 아주머니들은 유흥업소에서 일하는 여성들을 굳이 '직업여성'이라고 부르며 멀리했다. 어릴 때는 가정주부가 직업여성보다 우월한 존재라고 생각했다. 그러면서도 직업여성을 향한 어른들의 혐오와 차별이 불편했다. 그때 어른들이 성매매업소나 클럽에서 일하는 여성들에게 '직업'이라는 말을 붙인 까닭은 그때까지도 여성은 일하는 존재가 아니라는 편견 때문이었을 것이다. 아니면 여성성을 파는 여성이라는 혐오가 담겨 있던 건지도 모르겠다.

나는 어려서부터 편견으로 가득한 어른들의 세계가 불편했다. 미제를 그렇게 좋아하면서 미군과 한국인 사이에서 태어난 아이들을 '튀기'라고 차별하고 업신여기는 것도, 여성을 가정주부와 직업여성으로 나누며 차별하는 것도. 그러나 목욕탕에서는 그 차별이 통하지 않았다. 가정주부, 미혼여성, 직업여성, 여자아이가 함께 목욕을 했고, 덕분에 나쁜 균도 사람을 가리지 않고 공평하게 침범했다.

집에 목욕 시설이 없으니 겨울이면 엄마는 나와 여동생을 1, 2주에 한 번씩 목욕탕에 보냈다. 목욕비를 아끼려는 심산으로 나와 여동생만 보내고 엄마는 부엌에서 따뜻한 물을 받아놓고 씻었다. 엄마는 내게 동생을 딸려 보내며 목욕탕 의자와 대야에는 나쁜 병균이 많으니 비누로 여러 번 씻으라고 당부했다. 그때 나는 고작 열한 살 혹은 열두 살이었다. 씻는다고 씻었겠지만 충분하지 않았을 것이다. 나는 옆집 영희, 경희, 뒷집 미애, 미숙이 언니처럼 그 나쁜 균에 옮고 말았다.

당시 서울의원에 가면 내 또래의 여자아이들뿐 아니라 나보다 더 어린아이들부터 고등학생 언니, 어른들까지 같은 증상으로 치료를 받았다. 그때 맞은 주사가 얼마나 독한지 엉덩이에서 허벅지까지 근육 마비가 왔다. 균은 쉽게 사라지지 않았고, 나는 3년 가까이 일주일에 한두 번씩 주사를 맞았다. 그러니 엉덩이에 늘 시퍼런 멍이 들었다. 주사를 맞고 나면 간호사들이 안티푸라민으로 마사지를 해주고 사탕을 주었다. 그 주사를 맞고 울지 않은 사람은 어른 아이 통틀어 나뿐이라며, 아프면 울어도 된다고 했다. 그래도 울지 않았다. 더는 병원에 가지 않아도 되었을 때 간호사 선생님이 문구 세트를 선물로 주었다.

엄마는 동네 아주머니들한테 그 이야기를 자랑하듯 여러 번 말했다. 홍역을 앓을 때 참았던 이야기까지 덧붙이면서. 동두천에서는 목욕탕에서 몹쓸 것이 옮는 게 특별한 일이 아니었지만, 그 주사를 맞고 울지 않는 아이는 특별했다. 나는 점점 "나는 강한 아이야, 나는 참을성이 많은 아이야"라며 스스로를 억압하기 시작했다. 엄마는 내가 스무 살이 되자 산부인과에 데려가 혹시라도 그 균이 남아 있지는 않은지 확인했다. 결혼을 앞두고는 나 역시 두려운 마음에 홀로 비뇨기과에 가서 다시 검사했다. 미혼여성이 홀로 비뇨기과를 찾은 까닭을 궁금해하는 의사의 시선이 불편했다. 그러나 내 몸에 이제 어떤 균도 살지 않는다는 것만으로 괜찮았다. 엄마 아버지의 삶을 시대의 굴곡과 떼어놓을 수 없듯이 나의 삶 역시 내가 태어나 살아온 시대, 공간과 분리할 수 없다. 내 몸에 남은 흉터와 상처의 기억은 늘 지금 여기의 나를 깨닫고 움직이게 하는 동력이기도 했다.

'참을성'이 나의 방어기제였다는 걸 자각한 것은 2020년 난소낭종과 자궁근종 수술을 했을 때였다. 그때도 걸을 수 없을 정도의 통증을 참다가 위험한 상태가 돼서야 수술하게 되었다. 수술은 잘되었다는데 밤마다 열이 올라 퇴원이 계속 미뤄졌다. 입원한 지 닷새째가 된 밤에도 점점 열이 오르는 것 같았지만 참을 만

했다. 간호사가 2시간마다 바이탈 체크를 하러 오니 굳이 호출벨을 누르지 않았다. 그런데 2시간 뒤에 온 간호사가 열을 재고는 놀랐다.

"아니 환자분, 아이스팩을 하고도 열이 39도가 넘는데 아무 말도 안 하고 계시면 어떡해요! 이렇게 참으시면 안 돼요. 참는 게 좋은 게 아니에요. 몸에 이상을 느끼면 제발 비상벨 누르세요. 오히려 저희가 곤란해져요."

간호사나 간병사를 배려해서만은 아니었다. 그저 참을 만하다고 느꼈기 때문이었다. 참을 만한 고통은 참는 게 이미 몸에 배어 있었다.

팬데믹 덕분에 퇴원하고도 모처럼 온전히 나에게 집중할 시간이 주어졌다. 그동안 나의 방어기제인 억압을 마주하고, 그 시작을 되돌아볼 수 있었다. 모자라는 게 많은 약한 아이였던 나는 착한 아이가 되기 위해, 강한 사람이 되기 위해 애를 쓰며 살았다. 엄마에게 인정받고 싶은 욕구가 '잘 참는 아이'로 살게 했다. 강박과도 같은 인내심이 어디서부터 비롯되었는지 알게 되자 비로소 나에게 조금 너그러워졌다. 나도 모르게 이를 악물던 버릇도 조금씩 나아졌다. 그러나 여전히 아플 때 아프다는 걸 인정하지 못하고, 힘들 때 힘들다고 말하지 않아 딸들에게 지적을 받는다. 그때마다 나의 억압이 타인에게 투사될 수 있다는 걸 자각하고 정신을 차리려 노력한다.

친구들은 출산하고 젖을 먹이며 엄마의 노고와 사랑을 깨닫고 눈물이 났다고 하는데 나는 별다른 감정이 없었다. 오히려 엄마의 오랜 자격지심을 이해하고 나서야 엄마의 사랑을 깨달았다. 엄마는 내가 팔삭둥이로 태어난 것이 자기 탓이라고 생각했다. 야뇨증도 자신의 애정이 부족해서라고 생각하며 살았다. 심지어 내가 몹쓸 균에 옮은 것도 자신의 탓이라고 자책했다. 엄마의 자격지심은 그렇게 뿌리 깊었다. 엄마는 엄마다운 엄마가 되지 못한 자신을 탓하며 점점 더 작아졌다. 엄마에게 마음에 드는 딸이 되고 싶어 '잘 참는 아이'가 된 나는 또 다른 자아인 '강한 아이' 덕분에 엄마 곁에서 머뭇거리지 않고 앞으로 나아갔다. 동두천에서 인천으로 와 빛이 보이지 않는 터널에 갇혔을 때도 기어이 터널의 끝까지 걸어가 세상과 만났다.

나는 미련하리만치 성실했던 엄마 아버지의 삶의 태도를 내면화했고, 엄마 아버지가 들려준 수많은 이야기 속에서 염치와 인의를 배웠다. 생각해보면 나는 애초에 성공 따위에는 관심이 없었다. 엄마처럼 옳고 그름을 가릴 수 있는 지혜를 가진 사람, 공정한 사람이 되고 싶었다. 그러면서도 가끔은 엄마가 이것저것 따지지 않고 다 품어주고, 다 괜찮다고 말해주는 사람이면 좋겠다고 생각했다. 엄마가 주지 못한 지지와 응원을 아버지에게 넘치도록 받았지만, 나는 엄마의 지지가 더 고팠다. 가끔은 아버지처럼 '나'만 보며 살 수 있으면 좋겠다고 생각했지만, 나는 그런 사람이 못 되었다. 그래서 아버지의 자유로운 영혼이 부러웠다. 아버지처럼 너무 과해 주위 사람들을 괴롭게 하지 않는다면 말이다. 나는 아버지 덕분에 자유에 따르는 책임에 대해 일찌감치 깨달았다. 어쩌면 그것 또한 감사할 일이다.

내가 꿈꾼 예술이 준
위로와 힘

 면회를 온 여섯 살 조카가 엄마를 안으며 "사랑해" 하고 갔다. 엄마가 눈이 동그래져서 조카에게 물었다.
 "어머, 정말이니?"
 그러면서 다시 확인이라도 받고 싶은지 나를 보며 물었다.
 "재가 사랑해, 하고 도망을 가네. 진짜 사랑할까?"
 "그럼 해솔이가 엄마 사랑한대."
 "정말?"
 조카가 학원에서 배운 발차기를 하자 엄마가 갑자기 손을 들어 보이며 말했다.

"잘하네, 내가 힘을 줄게."

말을 잃은 줄 알았던 엄마에게서 예전 엄마의 언어가 튀어나올 때면 가슴이 뛴다. 그 순간을 박제하고 싶어진다. 내가 엄마의 말을 서둘러 핸드폰에 메모한 뒤 말했다.

"엄마가 우리 자랄 때도 예쁘고 고운 말만 써서 내가 글 쓰는 사람이 됐나 봐. 엄마, 알아? 내가 작가야."

그러자 엄마가 내 눈을 똑바로 바라보며 말했다.

"나는 우리 딸이 작가라서 좋아. 더 좋아."

그러고는 쑥스러운 듯이 내 눈을 피해 남편을 가리키며 말머리를 돌렸다.

"저 파란색 옷이 참 좋아. 더 예뻐."

쑥스러워하는 엄마의 얼굴에서 칭찬을 아끼던 예전 모습이 돌아온 것 같아 반갑고, 귀엽게 느껴졌다.

"엄마, 딸이 작가라서 좋다며 왜 쑥스러워해?"

엄마가 얼굴까지 빨개져 우리 둘을 번갈아 보며 말했다.

"몰라요. 그래도 좋아요."

수줍어 어쩔 줄 모르는 엄마의 모습이 어릴 적 자주

보던 그대로여서 뭉클했다.

"엄마가 이렇게 좋아하니 우리가 더 자주 와야겠네?"

"그럼요, 그래야지요. 나는 다 보고 싶어요. 항상 보고 싶어. 아들도 좋고, 딸도 좋고, 누구를 좋아해야 할지 모르겠네."

엄마가 남편과 나를 번갈아 보다가 팔을 뻗어 내 허벅지를 쓰다듬었다. 자연스러운 엄마의 손길에 놀라 나도 모르게 크게 말했다.

"엄마! 엄마가 웬일이지? 나를 쓰다듬어줬네?"

그러자 엄마가 이내 당황해하며 엉뚱한 말로 민망한 순간을 넘기려 했다.

"딸 바지가 참 좋다. 부들부들, 색도 예쁘고."

그러더니 남편 바지를 가리키며 말했다.

"아들은 이 바지를 안 입었네. 똑같이 입으면 좋겠다."

엄마의 그런 행동이 우스우면서도 슬펐다. 엄마는 기억은 잃었지만, 자신의 성격과 기질을 그대로 지니고 있었다. 엄마는 스킨십이 거의 없었다. 외할머니한테 스킨십을 받아본 적이 없어서 그렇다며 우리한테 늘 미안했다고 고백했다. 엄마는 딸들을 꾸며주는 데도 익숙하지 않았다. 그래서 수연이와 나는 어릴 때부터 늘 따로 손질하지 않아도 되는 단발이나 커트머리였다. 나도 모르게 그게 한이 되었는지 나는 두 딸이 어렸을 때 머리를 기르게 하고, 알록달록한 핀과 끈으로 장식해주곤 했다.

인지장애가 있는 구십 노인인 엄마가 얼떨결에 딸의 허벅지를 쓰다듬고는 쑥스러워하는 모습이 영락없는 우리의 '김미자'라서 좋았다.

"엄마, 엄마의 모든 기억이 여기 그대로 있는 거 같아. 기억 못 해도, 다 꺼내지 않아도 괜찮아. 우리가 기억하고 우리가 알아서 엄마 말을 알아들을게."

"그러면 내가 바보 같지는 않우?"

"아니, 전혀. 전혀 그렇지 않아."

"나는 내가 좋은 엄마가 아니었던 거 같아요."

엄마의 말에 눈앞이 흐려졌다.

"엄마, 아니야. 엄마는 좋은 엄마였어."

"그래요? 진짜요?"

엄마의 기억 창고에는 아직도 자격지심이 남아 있었다. 평생을 그 자책으로 얼마나 괴로웠을까.

"엄마, 내가 예전에도 말했어. 엄마 덕분에 우리가 이만큼 산다고. 엄마 우리 착하게 잘 살아. 그러니 안심해도 돼."

"진짜요?"

"그럼, 엄마 믿어도 돼."

초등학교 4학년 1학기 때였다. 저녁 늦게 선생님이 집까지 찾아와서 내가 미술대회에서 상을 받게 되었는데 서울로 가야 한다고 했다. 그런데 엄마는 내게 시상식에 안 가면 안 되겠느냐고 물었다. 그 시상식에 배우 김정훈이 온다고 해서 꼭 가고 싶었다. 초등학교 2학년인가, 3학년 때 〈꼬마신랑〉이란 영화를 무척 재미있게 보았다. 아버지는 유치해서 싫다면서도 〈꼬마신랑〉에 이어 〈돌아온 꼬마신랑〉 〈속 꼬마신랑〉까지 동광극장에 데려가서 보여주었다. 그때 내 또래에게 김정훈은 아이돌 같은 존재였다. 내가 부루퉁해 있으니 엄마도 미안했는지 밤늦게 고등학생인 주인집 둘째 언니한테 같이 가달라고 부탁을 했다. 내가 잘 따르던 언니라서 둘이 시상식에 가는 것도 나쁘지 않았다.

그때 어떤 사정 때문에 엄마가 못 갔는지는 기억나지 않는다. 시상식에서의 기억도 별로 없다. 김정훈을 봤는지 안 봤는지조차 생각나지 않는다. 시상식에서 유일하게 기억나는 것은 대상 받은 그림이다. 그때 대상은 초등학교 1학년인가, 2학년이 탔는데 술 취한 아빠의 얼굴을 도화지 가득 그리고 빨갛게 칠한 그림이었다. 그즈음 어디서 났는지 모르는 화집이 방에 돌아다녔다. 반 고흐, 세잔, 피카소, 호안 미로 등 여러 화가의 그림이 담긴 화집이었는데 책이 너덜너덜해질 때까지 보고 또 봤다. 대상 받은 아이의 그림을 보며 호안 미로를 떠올린 나는 내 그림이 초라하다고 느꼈던 것 같다. 내 그림은 제목이 '학교 가는 길'이었는데, 문방구와 다양한 주전부리를 파는 좌판과 아이들을 그렸다. 바탕색을 무엇으로 칠할까 고민하다가 비포장도로였던 학교 가는 길을 살려 황토색을 선택했다. 그런데 그날 전시장에서 내 그림을 보던 어른 둘이 말했다.

"황토색을 많이 쓰는 애들이 야뇨증이 있다는데?"

앞뒤 말은 기억나지 않는다. 그저 그 말이 대상 받은 그림 속 술 취한 아버지의 얼굴처럼 내 얼굴을 붉게 만들었다. 그 뒤로 그림을 그릴 때마다 황토색을 쓰지 않으려 애썼다.

초등학교에 입학하면서부터 미술대회에 나가면 상을 곧잘 받았다. 첫 번째 상은 1학년 때 받은 무슨 신문사 주최 미술대회의 최우수상이었다. 12색 크레파스를 가지고 나가 받은 상이었다. 아버지는 그게 걸렸던지 그날 읍내 문방구에 가서 올리브색 바탕에 알록달록한 열기구들이 그려진 42색 크레파스를 사주셨다. 그런데 엄마는 내가 상 받은 걸 축하하기 전에 1학년에게 너무 과한 선물을 사줬다고 아버지를 나무랐다. 엄마는 내가 상을 받은 게 별로 기쁘지 않은가 보다 생각했다. 그리고 얼마 뒤, 학교 문집이 나왔는데 거기에 내가 쓴 시가 실렸다. 엄마는 전교생이 사천 명인 학교에서 낸 문집에 1학년 작품은 나 하나뿐이라며 좋아했다. 제목이 '어머니'였던 것은 기억나지만, 내용은 전혀 떠오르지 않는다. 엄마는 그 시를 외우면서 두고두고 이야기했다. 그래서 나는 중학교 때까지 빈 공책에 시를 끼적였다. 초등학교 때 학기마다 선생님들은 나를 미술부에 넣으려고 하고, 나는 굳이 문예반에 들겠다고 고집을 피웠던 것도 엄마가 그림보다 글을 더 좋아한다는 생각 때문이었는지 모르겠다.

학년이 올라가면서 그림을 잘 그린다는 아이들은 미술학원에 다니기 시작했다. 나는 그 아이들이 부러웠다. 그 아이들은 나는 모르는 미술 용어들을 서슴없이 말했고, 6학년이 되자 '비구상화'라는 그림을 그리기 시작했다. 그 그림을 그리려면 수채화 붓과 다른 평붓을 사야 했고, 물감도 전문가용이라고 쓰여 있는 포스터물감을 써야 했다. 미술학원은커녕 붓과 물감조차 마음 놓고 살 수 없던 나는 열등감을 느꼈다.

그래서 중학교에 입학해서 일부러 미술부에 들어가지 않았다. 그런데 미술 선생님은 내가 그림을 그린다는 걸 어떻게 알았는지 수업 시간마다 대놓고 미술부에 들어오라고 성화였다. 미술부에 안 가고 버티던 중 때마침 생물 선생님이 나를 생물반으로 불렀다. 생물반은 2학기에 과학 경시대회에 나갈 준비를 하고 있는데, 나더러 해부도를 그리라고 했다. 해부도만 그리면 되는 줄 알고 생물반에 갔는데, 나도 다른 친구들처럼 붕어와 개구리를 해부해야 했다. 붕어까지는 견뎠지만, 개구리 해부는 감당하기 힘들었다. 개구리를 에테르라는 약물로 마취를 시킬 때부터 속이 울렁거렸는데, 해부하는 중에 개구리 다리가 움찔거렸다. 개구리한테 미안해서 더는 견딜 수가 없었다. 선생님께 해부는 하지 않고 해부도만 그리겠다고 했더니 안 된다고 했다. 도저히 생물반에 남아 있을 수 없었다. 생물 선생님은 수업 시간에도 계속 나를 노려보곤 했다.

중학교 2학년 때 새로 부임한 미술 선생님은 대학을 갓 졸업한 여선생님이었다. 첫 수업 시간에 내가 좋아하는 고흐, 밀레, 렘브란트 이야기를 해주어서 귀가 솔깃했다. 첫 실기는 정물화 그리기였는데 소재는 그때 누구나 들고 다니던 자주색 여학생 가방이었다. 밑그림을 그리고 색칠하려는데 동쪽으로 난 교실 창으로 들어오는 햇빛 때문에 책가방의 색깔이 계속 바뀌었다. 스케치북을 여러 장 찢어버린 다음에야 원하는 구도와 색을 찾았다. 미술 시간이 2시간 연속으로 있어

쉬는 시간에 화장실에 다녀왔더니 선생님이 내 그림을 보고 있었다. 그리고 두 번째 시간에는 아예 내 뒤에 서 계셨다. 선생님은 내가 그림을 완성하자마자 칠판으로 가져가 보여주며 말했다.

"얘들아, 이 그림 좀 봐. 나는 이제껏 색을 이렇게 쓰는 사람 처음 봤어."

그날 이후로 미술 선생님은 실기 시간이면 항상 내 옆이나 뒤에 있었다. 선생님의 기대와 칭찬이 싫은 건 아니었지만, 노골적인 편애가 부담스러웠다.

방학을 앞두고 선생님이 미술부도 아닌 나를 데리고 대학에서 열리는 미술대회에 나가겠다고 했다. 그러면서 내가 쓰는 붓과 팔레트는 초등학생 거라며 다 바꾸라고 했다. 홍익대 앞에 있는 화방을 알려주면서 거기 가서 붓과 팔레트, 물감을 사라고 했다. 엄마에게 조심스럽게 말을 꺼냈는데 한숨만 쉬었다. 그 한숨의 뜻을 잘 아는 나는 더 조르지 못했다. 며칠 뒤 선생님은 서울 가기 힘들면 당신이 가서 사 올 테니 나중에 돈을 달라고 했다. 나는 당황해서 엄마가 서울 가실 때 사 올 거라고 얼버무렸다. 선생님은 내가 형편이 어려워서 미술 재료를 살 수 없다는 생각은 전혀 하지 못하는 것 같았다. 내 처지를 솔직하게 말할 수 없었던 나는 선생님의 기대가 커질수록 위악을 부리고 반항했다. 기어이 미술대회에도 나가지 않겠다고 했다. 교무실에서 선생님이 큰소리로 혼을 냈고, 다른 선생님들의 시선이 나한테 쏠리는 게 느껴졌다. 인사도 하지 않고 교무실을 나왔다.

그렇게 1학기가 끝나고 여름방학이 되었다. 미술 방학숙제는 풍경화와 정물화 그리기였는데, 웰스 아저씨가 미국으로 가면서 선물로 줬던 다색 사인펜으로 달력 그림을 대충 베껴 냈다. 어떤 마음에서 그랬는지는 잘 기억이 나지 않는다. 개학해서 첫 미술 시간이었다. 선생님이 학생들이 숙제로 낸 스케치북을 잔뜩 안고 교실로 들어와 내 이름을 불렀다. 교탁 앞으로 나갔더니 갑자기 스케치북을 바닥에 내던졌다. 그리고 큰소리로 혼을 냈다.

"너 나한테 왜 그래? 이건 나를 모독하는 거야."

선생님은 눈물까지 글썽이며 목청을 높였다. 그때는 내가 선생님을 모독했다는 말을 전혀 이해할 수 없었다. 모욕당한 것은 나라고 생각했다. 그러나 아무렇지 않은 척 스케치북을 주워 자리로 돌아왔다. 나의 가난이 치욕스럽게 느껴진 것은 그때가 처음이었다. 몇 달 뒤 전학을 가게 되었을 때, 담임 선생님은 미술 선생님께 꼭 인사를 드리고 가라고 했다. 몇 번을 망설이다 용기 내 미술실에 갔다. 선생님은 전학 간다는 내 말에 의자에서 벌떡 일어났다. 그리고 눈물을 글썽였다.

"네가 그렇게 어려운 형편일 거라고 생각 못 했어. 중미야, 너는 그림을 포기하면 절대 안 돼. 알지?"

그러면서 인천에 있는 고등학교에 대학 동창이 있다며 전화번호와 이름을 적어주었다.

"내가 이야기해둘게. 언제든지 꼭 찾아가. 꼭 찾아가야 해."

선생님은 내게 그러겠다는 대답을 듣고서야 안심한 표정으로 안아주었다.

나보다 먼저 인천으로 간 엄마가 뺑뺑이를 돌려 내가 갈 학교가 정해졌다. 인화여중이었다. 인화여중에 가게 되었다고 하니 인천 살던 친척들은 다들 걱정을 했다. 그러나 나는 선생님이 적어준 인화여고 미술 선생님 전화번호를 떠올리며 은근히 기뻐했다. 같은 재단의 학교에 연락할 누군가가 있는 것만으로도 설렜다. 그때까지는 선인재단이 백선엽, 백인엽 형제가 박정희 정권의 묵인 아래 학교 장사를 하는 곳인지 미처 몰랐다. 그저 언제 인화여고의 미술 선생님을 찾아갈까 하고 머리를 굴렸다. 그러나 선생님이 적어준 전화번호는 곧 무용지물이 되었다. 인천에 온 지 한 달도 안 돼서 내가 처한 상황을 인식했고, 여상을 가기로 마음먹었기 때문이다.

인천으로 이사 온 뒤 방학이 되면 동두천 친구들이 찾아왔다. 밤새 수다를 떨고 나서 반장이던 친구가 미술 선생님 이야기를 꺼냈다.

"중미, 너 왜 선생님께 편지 안 썼어? 나한테 계속 너 얘기 물어보셨어. 선생님이 너한테 전화번호 주셨다며? 거기로 왜 전화 안 하냐고. 나한테 중미보고 꼭 전화하라고 전해달라 하셨어. 선생님 독일로 유학 가신대. 학교 그만두고."

가끔 생각한다. 내게 미술이 절실한 것이었다면 어

떻게 해서든 그 꿈을 이루려고 애썼을 거라고. 초등학교 때 꿈꾸던 마리오네트 인형극을 공부방 아이들과 함께하는 관절 인형극으로 이루었던 것처럼 말이다. 크라운산도 하나 사 먹을 수 없어서 아침을 거를 때도 책만큼은 손에서 놓지 못했던 것처럼 어떻게든 그랬을 것이다. 공동체 후배의 동생은 이름만 대면 아는 유명한 일러스트레이터다. 후배 동생은 미술 고등학교에 다니는 동안 물감 살 돈이 없어 가방에 붓만 넣고 다니며 친구들의 물감을 빌려 썼다고 했다. 나는 그만큼 절실하지 않았기에 그림을 포기할 수 있었던 것 같다. 그게 억압이든, 자존심 때문이든, 체념이었든 내게서 그림은 그렇게 멀어졌다.

그림이 더는 꿈이 아니었던 고등학교 시절에도 가을이 되면 습관처럼 덕수궁에서 열리는 국전 전시회에 갔다. 전시장에 걸린 그림을 보며 때때로 주변에 함께 전시되던 국화전이 낫다고 냉소하기도 했다. 중학교 때인지, 고등학교 때인지 기억이 가물가물한데 덕수궁에서 피카소 전시회가 열린다는 신문 기사를 읽었다. 며칠 동안 아버지를 졸라 전시회에 갔다. 덕수궁 석조

전과 그 앞마당에서 열린 피카소 전시회는 소품과 도자기 작품 위주였다. 실망하는 나를 보고 아버지는 한국처럼 작은 나라에는 피카소의 대표작이 올 리 없다며, 언젠가 스페인에 가서 '게르니카'랑 '한국에서의 학살'이란 대작을 꼭 보라고 했다. 그때까지 화집이나 사진으로 본 피카소 그림은 여인들의 초상화와 비둘기 연작 정도였다.

고등학교를 졸업하고 서울로 일을 다니게 되면서 종로서적에 갔다. 그리고 현대미술을 모아놓은 화집에서 '게르니카'와 '한국에서의 학살'을 확인했다. 화집에 인쇄된 그림만으로도 가슴이 뛰었다. 6·25전쟁이 머나먼 스페인 화가의 그림 소재가 되었다는 것이 놀라웠다. 그리고 얼마 뒤 대학로에서 연극을 보고, 종로 쪽으로 걸어오다가 아랍문화원이라는 곳에서 하는 '현실과 발언전'을 보게 되었다. 이미 3회인가, 4회째였던 현실과 발언 동인전에는 다른 전시회에서도 봤던 오윤, 임옥상, 강요배, 박재동, 민정기 등의 그림이 있었다. 그 전시회를 보며 가슴이 두근거렸다. 민중미술이라는 말도 머릿속에 각인되었다. 한국에서도 예술이 배부른

자만의 것이 아니라 가난하고 힘없는 이의 편이기도 하다는 데에서 작은 희망이 생겼다.

1985년 조세희 선생님의 『침묵의 뿌리』를 보고 찾아간 정선 사북에서 황재형이란 화가의 이야기를 들었다. '황지330'이라는 그림을 그린 화가가 태백으로 가서 광부가 되었다고 했다. 전율이 일었다. '어떻게 살 것인가'를 치열하게 고민하던 그때, 광부가 된 황재형 화백의 이야기는 내가 갈 길을 비춰주는 등불처럼 느껴졌다.

1993년에야 사북에 가서 임길택 선생님의 시에 등장했던 진료소 수녀님을 뵙고, 수녀원 벽에 황재형 화백과 광부들이 함께 그린 벽화를 보았다. 그동안 서울 전시회에서 보던 황재형 화백의 그림과는 다른 감동이 전해졌다. 그 벽화를 보고 또 보며 언젠가 공부방 아이들과 벽화를 그려야겠다고 생각했다. 1998년 공부방을 새로 짓게 되었을 때, 아예 공부방 한쪽 면을 그림판으로 만들었다. 화가 정승각 선생님의 도움을 받아 아이들과 함께 벽화 준비를 했다. 아이들과 벽화 작업을 하면서 내가 꿈꾸던 미술이 바로 이런 것이라는 사실을 깨달았다. 내가 좋아하는 미술은 내가 '화가'가 되는 게 아니라 미술을 통해 행복해지는 것이었다.

공부방을 하면서 후배들과 아이들이 예술을 만나고, 예술을 통해 행복해지기를 원했다. 그래서 함께 머리를 맞대고 창작을 하고 무대를 만들어냈다. 뛰어난 한 사람이 아니라 평범한 '우리'가 모여 공동 창작을 하는 기쁨을 느꼈다. 그러면서도 공부방에 그림에 재능을 보이는 아이들이 있으면 더 마음이 가고 어떻게든 돕고 싶었다. 예술은 가난하고 힘없는 존재들에게 사치가 아닌 위로고 힘이라는 것을 경험으로 알고 있었다.

단칸방에서 엄마 아버지와 함께 부르던 노래와 새해 아침 텔레비전에서 방영하는 신년음악회를 틀어놓고 아버지와 추던 왈츠가 힘들 때마다 나를 지키는 보루가 되었다. 우리를 성장시킨 것은 가난이 아니라, 가난한 삶 속에서도 엄마 아버지가 잃지 않았던 예술의 즐거움이었다. 따뜻하고 낭만적이었던 그때의 행복한 기억이 나를 어떤 어려움에도 주저앉지 않게 했다.

엄마의 꿈은 무엇이었을까?

 고등학교 때 서점에서 박완서 작가의 『꼴찌에게 보내는 갈채』를 샀다. 박완서 작가를 잘 모르는 채로 제목이 마음에 들어서 샀다. 엄마가 내가 읽던 책을 유심히 보더니 아는 체를 했다.
 "이 사람, 『나목』 쓴 작가지?"
 "응, 엄마도 알아?"
 "그 작가가 마흔 살에 첫 소설을 썼잖아. 미장원에 갔다가 잡지에서 봤거든. 박수근인가 하는 화가를 소재로 쓴 거라고 했어. 그래서 어딘가에서 빌려 봤어."
 "언제?"

"벌써 오래됐지. 동두천에 있을 땐데."

"재미있어?"

"마흔 살에 첫 소설을 썼다기에 궁금해서 봤는데, 잘 썼더라. 너도 읽어봐."

엄마는 왜 마흔 살에 첫 소설을 쓴 박완서가 궁금했을까. 예전에 엄마한테 어릴 적 꿈을 물은 적이 있었다. 엄마는 어색하게 웃었다.

"글쎄 꿈이 있었나?"

잠시 망설이던 엄마가 말했다.

"나는 좋은 엄마가 되고 싶었어."

"어떤 엄마가 좋은 엄마인데?"

"우리 엄마처럼 일하는 엄마 말고, 아들딸을 위해서 집에만 있는 엄마가 되겠다고 다짐했었어. 애들이 필요할 때 곁에 있는 엄마, 하루 세끼를 손수 해주고, 아이들이 학교 갔다 돌아오면 늘 맞아주는 엄마가 되고 싶었어. 나는 그런 엄마가 필요했거든."

내게 엄마는 그런 존재였다. 우리의 세끼를 위해 하루를 사는 엄마, 학교에 갔다 오면 항상 문을 열고 "왔니? 오늘 재미있었어?"라고 물어주는 엄마, 속상한 일이 있으면 언제나 들어주는 엄마. 나는 그 말을 들으며 엄마가 꿈을 이루었다고 생각했다. 엄마는 우리에게 푹신한 솜이불이나 바다와 같이 넓은 품이 되어주진 않았지만, 내가 필요할 때 언제나 거기 있는 엄마였다. 그래서 더는 엄마의 꿈을 궁금해하지 않았다. 인지 장애가 온 엄마를 보고야 나는 엄마의 다른 꿈이 궁금해졌다. 엄마 자신은 꿈을 이루었다고 생각했을까. 엄마가 원하는 삶을 살았던 걸까.

가족 눈치 보지 않고 영원한 피터 팬으로 살 수 있었던 아버지와 달리 엄마는 매 순간 자신과 싸워야 했을 것이다. 자신의 욕구를 억누르고, 적당히 체념하고, 포기하며 사는 것이 유일한 선택이었는지 모른다. 엄마의 기억을 되짚어가면서 엄마가 입 밖으로 내지 못했던 꿈이 문학은 아니었을지 뒤늦게 생각한다. 이모가 성악을 했던 사람이라는 것을 짐작조차 못 했던 이종사촌들처럼 나 역시 엄마에게 무지했다.

피란 시절 보수동 산동네에 살 때 엄마는 학교에 갈 수 없었다. 어떻게든 살아보겠다고 일자리를 찾는 외할머니 대신 엄마가 막냇삼촌을 돌보고, 이모만 피란민을 위한 공민학교에 다녔다.

"온종일 할 게 없잖아. 나는 책이 그렇게 읽고 싶더라. 우리가 살던 데서 국제시장이 가까웠는데, 막내를 데리고 국제시장에 가다가 노점에서 헌책을 파는 걸 봤어. 엄마를 졸라서 그 책을 사다 읽었어. 톨스토이, 도스토예프스키, 고리키. 나는 러시아 문학이 그렇게 좋더라고."

"그때 그런 책이 있었어?"

"그럼, 어디서 흘러왔는지 모르지만 일본어로 된 거였지."

전쟁통에 책을 파는 노점이 있었다는 게 신기했다. 엄마는 그때 부산에 있던 전신연합대학 덕분이었던 것 같다고 했다. 그 헌책 노점이 보수동 책방 골목으로 남았다는 걸 알게 된 건 먼 훗날의 일이다. 엄마와 아버지가 연애하게 된 계기 역시 책이었다.

"아버지 서재를 청소하다 보면 예전 이와이병원 원장 집이 내려다보였거든. 피란 갔다 와보니까 거기에 피란민들이 들어와 살더라고. 그리고 예전에는 없던 판잣집 하나가 마당에 있는데, 그 하꼬방만 한 방이 책으로 둘러져 있더라. 그때 네 삼촌이랑 고모는 아직 어린아이들이었잖아. 바로 앞집이니 친해졌지. 네 고모한테 물어보니까 그 방이 자기 오빠 방이라고 하대? 그래서 네 고모한테 책을 한 권씩 빌려달라고 그랬지. 하루는 빌린 책에 편지가 있더라고. 네 아버지가 글씨도 잘 쓰잖아. 알고 보니까 이북에서 고등학교를 다니다가 와서 대학에 가기 위해 못 마친 고등학교 과정을 이수하고 있다고 하더라고. 처음에는 그냥 책만 빌려 볼 작정이었는데 어쩌다 연애를 하게 됐지. 네 아버지 대학 들어가고 '내가 문학청년입네' 하고 얼마나 티를 내고 다니는지. 맨날 베레모 쓰고, 웃옷은 꼭 군복 야상을 까맣게 물들여 입고 다니고."

"그래도 그런 아버지가 좋았던 거잖아."

"그러게, 내가 눈이 삐었지."

고모는 엄마 아버지의 사랑이 열렬했다고 했다. 어쩌면 그때 엄마에게 아버지는 유일한 숨구멍이었을 것이다. 고모가 웃으며 말했다.

"처음에는 네 아버지랑 엄마가 연애하는지 까맣게 몰랐어. 근데 나중에 보니까 글쎄 너희 외가랑 우리가 살던 이와이병원 원장네 정원이 연결되어 있었는데, 그쪽으로 난 벽에다가 글쎄 개구멍을 만들어놓고 그리로 들락거리며 연애를 했던 거야. 네 아버지 재주가 좀 좋으니? 아주 감쪽같이 비밀 통로를 만들어놓았더라고."

목재회사 사택에 살 때 경리 과장이란 사람이 엄마에게 일제 기계 관련 팸플릿을 가져와서 해석해줄 수 있냐고 물었다. 엄마는 잠시 망설이더니 놓고 가라고 했다. 그리고 몇 장 되는 팸플릿을 공책에 금세 번역해 갖다주었다. 그날 저녁을 먹다가 물었다.

"아버지랑 엄마 둘 다 일제강점기에 학교를 다녔을 텐데 왜 엄마만 일어를 잘해?"

그러자 아버지가 엄마를 놀리듯 말했다.

"나야 소학교, 중학교 다 조선학교에 다녔지만 네 엄마는 일본이 패망하기 전까지 일본학교에 다녔잖아."

엄마가 일본학교에 다녔다는 말에 놀라 물었다.

"엄마, 신흥초등학교 다닌 거 아니었어?"

엄마가 마지못해 털어놓았다.

"신흥국민학교 전신이 아사히국민학교라고, 일본인 자녀들이 다니는 학교였어. 학생도 선생도 대부분 일본인이었지."

"근데 엄마는 왜 거기 갔어?"

"아버지가 나를 거기에 보냈어. 그 학교에 보내려고 창씨개명을 해서 미자가 된 거야. 우리 아버지는 내가 일본 애들을 제치고 일등 한다고 무척 좋아하셨지."

"엄마, 열 살 때 해방됐다며? 근데 어떻게 일어를 다 기억해?"

"어렸을 때 배운 언어는 잘 잊지 않는 법이야. 피란 시절에 일어로 된 책을 계속 사다 읽은 덕분이기도 하고."

아버지가 못마땅한 얼굴로 엄마의 말을 가로막았다.

"네 외할아버지가 도선사가 되기 전에도 일본 상선 선장으로 떵떵거렸단 말이야. 그때 그 정도 자리까지 갔으면 거의 친일파지 뭐. 네 엄마네 집은 집도 일본인들만 사는 조계지 안에 있었다고. 그러니 반은 일본인이었지 뭐."

당시 외갓집은 지금도 남아 있는 내동의 유항렬 도

선사 주택과 길 하나를 사이에 두고 있었다. 내동에는 조선인들의 저택이, 송학동에는 주로 일본인 저택이 있었는데 외가는 송학동 3가 5번지였다. 아버지 말에 엄마가 볼멘소리로 말했다.

"당신네는 뭐 달라? 솔직히 그 시절에 면사무소에 다니면서 유통, 무역업까지 하고 정미소, 여관까지 했으면 마찬가지야."

"기러니까 나는 일제 때 부르주아로 살았던 우리가 떳떳하다고는 생각 안 해."

"그럼 뭐 난 떳떳하대?"

그때 엄마 아버지의 말다툼을 들으며 내가 친일파의 자손일지도 모른다는 수치스러움이 일었다. 외가나 친가가 일제를 위해 헌신하고 독립운동가들을 억압하거나 팔아넘긴 친일파는 아니었겠지만, 그 시대에 그만한 부를 유지했다는 것은 떳떳한 일은 아니라고 생각했다. 엄마 아버지가 부유했던 그 시절을 그리워하지 않았던 건 어쩌면 그 때문인지 모르겠다. 엄마 아버지는 늘 돈에 쪼들리면서도 결벽증에 가까울 정도로 돈 벌 기회로부터 달아났다. 이제 와 돌아보면 엄마 아버지가 '부'를 이루지 못한 것은 무능함의 소치이기보다 부끄러운 삶을 살지 않으려는 몸부림이었을지 모르겠다. 아버지는 돌아가시기 전, 병원에 계실 때도 당신은 평생 부끄러운 삶을 살지 않았다고 힘주어 말했다.

엄마의 언어는 문학을 전공한 아버지보다 더 다채롭고 풍부했다. 우리를 꾸짖을 때나 세상일에 대해 말해줄 때도 속담이나 관용어를 사용해 비유로 말했다. 엄마가 속담이나 관용어를 많이 사용한 것은 엄마의 외할머니 덕이라고 했다.

"아사히국민학교에 다닐 때도 외할머니랑은 우리말을 썼어. 우리 외할머니는 일어를 하나도 못 하셨거든. 우리 외할머니가 속담이나 비유를 많이 썼어. 이야기도 많이 해주시고. 한글을 누구한테 배웠는지는 잘 기억나지 않는데 학교 들어가기 전부터 우리말로 된 책을 읽었어. 우리 집에 우리말로 된 어린이 책이 여러 권 있었고, 내가 사상가 삼촌이라고 따르던 외가 쪽 삼촌이 어린이가 보는 잡지를 가져다주셨고."

엄마의 다채로웠던 말들은 기억과 함께 사라졌다.

할 수만 있다면 엄마의 언어 창고를 열어 보고 싶다. 엄마의 말들이 다 귀에 감기는 언어는 아니었다. 미사여구가 많은 언어도 아니었다. 마음에 없는 말, 듣기 좋은 말을 감언이설이라며 좋아하지 않던 엄마의 언어는 따뜻하기보다 명징했고, 치우침이 없었다. 우리는 엄마 아버지한테 욕을 들어본 적이 없다.

큰애가 고등학생 때 말했다.

"엄마, 친구들이 내 말투가 꼭 책에서 나오는 말투 같대."

무슨 말인지 알 것 같았다. 나도 친구들한테 비슷한 말을 들었다. 바른말을 쓰는 게 늘 좋았던 것은 아니다. 반항심이 많던 청소년기에는 욕을 하는 친구들이 멋있고 부러웠다. 그래서 혼자 욕 연습을 하기도 했다. 스무 살 때 한 문학잡지에 연재되던 윤흥길의 소설 「완장」을 읽으며 욕의 재미에 푹 빠졌다. 윤흥길 작가 특유의 해학과 풍자도 재미있었지만, 임종술을 비롯한 등장인물들의 대화 속 걸쭉한 사투리와 욕설에 카타르시스 같은 걸 느꼈다. 그래서 「완장」을 읽을 때 마음에 드는 사투리와 욕만 추려 따로 메모하기도 했다. 그 메모장을 본 엄마는 꾸짖는 대신 진지하게 말했다.

"가만 보면 욕에도 다 이야기가 담겨 있어. '니 애미랑 붙어먹을 연놈'이라는 욕설 뒤에 감춰진 사연이 있을 거 같지 않니?"

그래서 엄마랑 그 욕설에 담긴 사연이 무엇일까로 한참 이야기를 나눴던 걸 생각하면 지금도 웃음이 나온다. 엄마는 매사에 너무 진지했다. 공부방 아이들이나 청년들은 나를 '진지충'이라고 놀린다. 너무 진지해 놀려먹기 좋은 사람이라고 킥킥거리기도 한다. 그래도 기분이 나쁘진 않다. 나를 '진지충'이라고 놀리던 아이들도 때로는 진지하게 이야기를 나눌 상대가 필요했고, 큰이모에게는 진지한 이야기를 하는 게 자연스러웠으니까.

엄마는 사투리에도 관심이 많았다. 드라마 속 동네 주민들이 쓰는 사투리를 똑같이 흉내 내곤 했다. 그건 수연이나 나도 마찬가지였다. 우리는 서로 사투리로 대화하는 걸 즐겼는데 특히 수연이는 전국 팔도의 사투리를 듣는 대로 따라 해 가족들을 웃게 했다. 수납실에서 일할 때 충청도 서산 출신인 선배가 있었다. 사투리가 재미있어 언니 말투를 자주 따라 했다. 내가 근무하던 병원 근처에는 충청도에서 온 노동자들이 많았다. 큰 대학병원에서 진료실, 검사실, 수납실을 빙빙 돌고 나면 대체로 넋이 나가 있거나 화가 잔뜩 나 있었다. 그러면 일부러 그분들에게 사투리로 응대하며 긴장을 풀어주곤 했다. 하루는 한 아저씨가 창구 안으로 음료수를 내밀며 고향이 어디냐고 했다. 그래서 인천이라고 하니 갑자기 버럭 화를 내셨다.

"말투를 보니 딱 서산 사람인데 뭐가 창피하다고 고향을 감추는 거요? 서산 어디요?"

엄마의 언어가 푸석푸석하게 메마르기 시작한 것은 인천으로 이사 온 뒤였다. 몸이 힘들었을 뿐 아니라 고립으로 마음의 병이 깊게 들었던 엄마는 목재공장을 벗어나 송림동 산동네에 살 때 잠시 활기를 되찾았다. 소방도로가 나면서 반이 뚝 잘려나간 집은 현관문만 열면 소방도로여서 앞집 옆집이 하나로 통했다. 엄마는 그 문을 열어놓고 이웃들과 이야기와 음식을 나누었다. 사소한 말다툼, 이웃에 대한 험담이 없었던 것은 아니지만 엄마는 그 골목을 좋아했다. 그래서 동두천을 그리워하듯 송림동 산동네를 그리워했다.

1990년 9월 11일, 그 부처산 기슭이 폭우로 인한 산사태로 무너져 내렸다. 그때 선인재단이 허술하게 쌓고 방치해온 축대가 무너지며 삼십여 명이 사고를 당했다. 축대가 무너진 건 폭우가 아니라 선인재단의 안일한 무책임과 탐욕 때문이었다. 선인재단은 부처산 너머에 초등학교부터 대학교까지 지으면서 배수 시설이나 주변 주택가의 축대 보강 따위는 아예 하지 않았다. 그때 부처산 기슭에 살던 사람들은 매사 그 축대가 무너질까 두려워했다. 그날 폭우로 무너져 내린 흙은 우리가 세 들어 살던 집 문 앞으로 쌓였다. 송림시장에서 노점을 하던 ○○엄마가, 건설 현장에서 막노동하던 ○○아빠가 비 오는 날이라고 집에 있다가 사고를 당했다. 엄마는 늘 없는 사람들만 당한다며 눈물을 훔쳤다. 우리가 거기 계속 살았다면 우리도 피해자가 되었을 것이다. 사고의 원인이 분명했지만, 사람들은 가난한 자신 탓을 했다. 악명 높은 선인재단이 시로 넘어간 것은 그로부터 4년 뒤였다.

엄마는 오랫동안 그때 돌아가신 이웃을 안타까워했고, 나도 억울한 죽음을 잊지 않기 위해 소설에 쓰기도 했다. 그러나 아버지는 그 이야기를 꺼낸 적이 별로 없다. 아버지는 옆집 앞집 혹은 아랫집 윗집에 누가 사는지 관심이 없었다. 그러던 아버지가 복지관에 다니고부터 같은 연배의 노인들과 어울려 다닌 걸 생각하면 고개가 갸웃거려진다. 어쩌면 복지관에서 비로소 잃었던 자존감이 되살아난 것인지 모르겠다. 다른 노인들에 비해 컴퓨터를 비롯한 디지털기기를 자유자재로 활용하면서 아버지는 그들 사이에서 '인싸'가 되었고 그것을 즐겼다.

 석남동은 서부공단을 끼고 있는 공장 지대이며 인천의 대표적인 서민 지역이다. 그곳 복지관에서 만난 노인들은 아버지를 점잖고 재주 많은 인텔리겐치아로 떠받들었다. 인천에 와 '김 씨'가 된 뒤 아버지는 세상으로부터 물러나 가족을 위한 노동이 전부인 삶을 살았다. 가족에 몸을 숨겼던 아버지는 뒤늦게 복지관에서 꺾인 날개를 펼쳤다. 수십 년 동안 손에 쥐지 않던 탁구 라켓을 잡고, 옷차림을 신경 쓰고, 이어폰을 끼고 노래를 들었다. 또 딸의 새 책이 나오면 은근슬쩍 가지고 가 자랑을 했다. 반면 엄마는 점점 더 외로워지고, 더 고립되었다.

엄마는 우리가 가난한 이유가 아버지 탓이라고 했다. 그런데 나이가 들고 나서는 성실하고 정직한 사람이 가난을 벗어날 수 없는 세상이 문제라고 했다. 둘 다 맞는 말이지만, 나는 그래도 엄마가 아버지라도 마음 놓고 원망하길 바랐다. 엄마는 부조리한 세상과 싸울 힘이 없었다. 고지식한 남편과의 싸움에서도 이길 수 없었다. 그렇게 가난에 짓눌리면서 절망하고, 세상과 통하는 문을 닫아버렸다. 그리고 점차 기억을 잃어갔다. 자격지심에 우리에게 드러내지 못했던 사랑마저도 잊었다고 생각했다. 그러나 요즘 엄마를 보면서 느낀다. 여전히 엄마 안에 우리가 깊이 새겨져 있다는 것을.

나는 엄마가 시들어가는 모습을 보며 엄마처럼 살지 않겠다고 다짐했다. 엄마처럼 세상에 지고 싶지 않았다. 그래서 빈민 지역으로 들어갔다. 나 역시 용감하고 투철한 운동가는 못 되었다. 다만 내가 선택한 자리에서 가난한 사람으로, 가난한 이들의 곁을 지켜왔다. 내가 하고자 한 일은 가난한 어린이와 청소년이 어려움을 딛고 성공해 부자가 되게 하는 것이 아니라, 가난한 이들을 서로 연결하고 고립되지 않게 연결망을 만드는 것이었다. 오랫동안 민중들이 살아왔던 방식. 그러나 이제는 사라지거나 잊히고 있는, 그래서 더 간절하게 지켜내고 싶은 방식. 엄마와 할머니들이 일제강점기와 전쟁으로 잃어버리고 평생 다시 잇고자 애썼던 방식. 그 방식을 현실에서 복원하는 데는 삶의 자리가, 공동체가 필요했다.

엄마의 양은 찬합 속
딸기와 배

2023년 가을, 엄마가 이미 내 이름도 잊었을 때였다. 엄마가 한숨을 쉬며 말했다.

"사람 노릇을 하며 사는 게 얼마나 무서운데."

"그게 왜 무서워?"

"무섭지. 사람 노릇 하는 게."

"사람 노릇 하며 사는 게 힘들다고? 그런 뜻이야?"

내 물음에 엄마는 나를 물끄러미 바라보다 말했다.

"그렇지. 다들 사람 노릇을 하고 사는지 모르겠다."

"그럼. 우리 모두 엄마한테 배워서 사람 노릇 하고 살아. 엄마, 우리 공부방 하잖아. 공부방."

"공부방?"

"응, 엄마 기억하나 보다."

"알지. 공부방."

"맞아, 엄마 알지? 공부방, 기억하지?"

"그럼. 살기가 어려워서 그렇지 원래 같이 서로 도우며 사는 거야. 같이 살아야지. 이렇게 서로 같이."

엄마가 팔까지 앞으로 뻗어 우리를 가리켰다.

"맞아, 엄마. 우리가 엄마한테 배워서 사람 노릇은 하고 살아 그러니 걱정 마."

"고맙습니다."

장난스러운 엄마의 대답에 눈앞이 흐려졌다. 그날 면회를 마치고 돌아오려는데 엄마가 우리를 돌아보며 말했다.

"나 같은 사람 때문에 그렇게 힘들어서 어떻게 해요. 미안해서."

"엄마, 엄마 같은 사람이 어때서. 엄마는 훌륭한 사람이야. 우리를 이렇게 키워주셨으니까."

"정말이에요? 정말로 그렇다고 생각해요?"

"그럼."

기억이 사라진다는 건 엄마가 지나온 시간, 사랑하는 사람과 쌓은 추억이 사라진다는 것이다. 엄마의 기억이 너무 빨리 사라지는 게 안타까워 가족 사진첩에 있는 사진을 일일이 찍어 엄마에게 보여주며 옛날이야기를 시도한다. 그때마다 엄마는 언짢은 표정으로 말한다.

"나는 몰라요. 나는 모르는 일이에요. 왜 자꾸 기억에도 없는 얘길 하고 그래요."

그렇게 모든 기억을 잃어가면서도 엄마는 자신이 '엄마'라는 것은 잊지 않는다. 그래서 더 슬프고 아프다. 자신은 사라지고 엄마만 남은 엄마가.

『치매의 거의 모든 기록』(문예춘추사, 2022)을 쓴 웬디 미첼은 인생에서 감정적으로 더 끌리는 기억은 뇌에 더 단단하게 결합되어 있다고 한다. 엄마의 뇌에 단단하게 결합된 기억이 우리 사 남매라는 게 다행이라는 생각은 들지 않는다. 우리가 엄마의 삶을 옭아맨 존재인 것 같기 때문이다. 그런 엄마를 요양원에서 지내도록 한 장본인이 나라는 생각을 하면 죄책감에 휩싸인다.

엄마는 우리가 늘 경우 바른 사람이 되길 바랐다. 인지장애를 갖게 된 뒤에도 엄마는 경우 바른 사람이려고 애쓴다. 타인을 먼저 배려하고, 고마움을 표시하고, 음식은 나눠 먹으려 한다. 누가 서 있기라도 하면 의자를 가리키며 앉으라고 권하고, 어린 사람은 위험에 빠지지 않게 살핀다. 말은 반드시 이치에 맞아야 하니 기억 창고를 뒤져 적절한 낱말을 찾아낸다. 얼마 전 조카가 롤러스케이트를 가져와 할머니 앞에서 타면서 자랑했다. 엄마는 불안하게 조카를 바라보았다.

"어서 가서 잡아줘요. 다치면 어떡해요."

엄마의 말주머니에 남은 말이 몇 가지 안 된다고 생각했는데, 다급해지자 기억 저편으로 넘어갔던 말이 튀어나온다. 일주일에 한 번씩 오는 조카를 볼 때 엄마의 표정이 가장 환하게 핀다. 엄마는 항상 조카를 난생처음 만나는 아이처럼 대한다. 그러면서도 조카가 엄마한테 다가가 애교를 떨면 좋아서 어쩔 줄 모른다.

"어머, 얘 말하는 것 좀 봐. 어쩌면 이렇게 예뻐. 어떻게 하면 좋지? 어떻게 하면 좋아?"

그러면서 눈으로 조카만 좇는다. 대화를 나누던 조

카가 딴청을 하자, 엄마가 무슨 말을 하려는지 조카를 가리키며 말했다.

"이게……."

얼떨결에 조카를 '이게'라고 해놓고는 손으로 얼른 입을 막았다. 마치 큰 실수를 한 것처럼 당황하더니 쩔쩔매며 말했다.

"아이고, 어쩌면 좋아."

나는 가만히 엄마가 알맞은 낱말을 찾기를 기다렸다. 엄마는 얼마나 애를 쓰는지 미간에 주름이 더 깊어졌다. 그러다 어느 순간 얼굴을 펴면서 말했다.

"쟤가……."

스스로 적합한 단어를 찾았다고 생각했는지 안도의 한숨을 쉬었다. 남편이 그 모습을 보며 눈물을 글썽거렸다.

"어머니는 참, 아직도 말 한마디도 함부로 하지 않으려고 하시네."

2024년 상반기의 엠알아이는 엄마의 치매가 중기를 넘어서 말기로 가는 상태라고 알려주었다. 실제로 숟가락 드는 법을 수시로 잊고, 때로는 음식을 거부하며 입을 앙다물어 보호사님들을 힘들게 한다. 엄마가 의미 있는 말을 하든, 의미 없는 말을 하든 항상 분명하게 드러나는 것은 존중받고, 사랑받고, 잊히지 않고 싶다는 바람이다. 엄마는 관계에 대한 욕구를 예전처럼 감추지 않는다. 그래서 나는 요즘에야 엄마의 사랑을 듬뿍 받는 느낌이다. 엄마의 뇌가 기억을 잃어가기 전에는 좀처럼 드러내지 않던 감정들, 특히 자녀에 대한 사랑을 숨김없이 드러내주는 것이 좋다. 엄마는 이제 먹고, 입고, 대소변을 가리는 일까지 갓난아기처럼 타인의 손을 빌려야만 한다.

얼마 전 외출해 집에 온 엄마와 하룻밤을 보내고 기저귀를 갈아주며 말했다.

"우리 엄마가 이제 아기가 됐네. 우리가 아니면 엄마는 아무것도 할 수 없게 되었는데, 왜 이제야 엄마가 엄마 같지?"

엄마의 기억 속에 있는 내가 그저 미안한 존재이기만 할까 두려웠다. 엄마의 뇌에서 무슨 일이 벌어지는지 알 수 없다. 가끔은 엄마가 입 밖으로 내는 말들이 엄마의 무의식에 남은 언어인지 아니면 인지장애의 증상인지 헷갈린다. 그러나 엄마가 기억 속 우리가 아닌 지금 자신의 눈앞에 있는 존재들을 사랑하는 것은 틀림없다.

"예뻐요. 멋있어요."

엄마가 우리에게 되풀이하는 말이다. 나도 엄마처럼 그렇게 타자들을 더 예쁘게 보고, 사랑스럽게 보는 사람으로 늙어가려고 한다.

15년 전쯤 엄마가 자궁 수술을 하고 입원해 있을 때 물었다.

"엄마, 나 때문에 힘든 적 많았지?"

엄마가 힘없이 웃었다.

"힘든 적은 없었어. 너는 아기 때부터 혼자 잘 놀았어. 커서도 손 타는 애가 아니었고."

"엄마, 내 야뇨증 때문에 안 힘들었어?"

"힘든 건 기억 안 나. 속상했던 건 기억나도."

엄마는 흐린 눈빛으로 한동안 천장을 바라보다 말을 이었다.

"너는 미련했어. 고집도 세고. 그래서 맞지 않아도

될 걸 맞고."

 엄마 아버지는 웬만해서는 매를 들지 않았다. 말썽꾸러기였던 막내는 크고 작은 사고를 자주 쳐서 종종 매를 맞았다. 순하고 착했던 수연이는 한 번도 맞은 적이 없으나 나는 엄마한테 맞은 적이 있다. 방학 때였는지 학기 중이었는지는 기억나지 않는데 엄마, 수연이 그리고 내가 방에 누워 책을 읽고 있었다. 그런데 갑자기 엄마가 화를 내며 나더러 일어나 앉으라고 했다. 엄마 말로는 나를 여러 번 불렀는데 내가 대답하지 않았다고 했다. 나는 대답했다고 우겼다. 엄마가 왜 거짓말을 하냐고 다그쳤고, 나는 거짓말이 아니라고 했다. 수연이한테 엄마와 내가 동시에 물었다.

 "언니가 대답했어?"

 겁 많은 수연이는 아무 대답도 못 하고 울어버리고, 화가 난 엄마가 긴 막대 같은 걸 들고 잘못했다고 하라고 했다. 나는 잘못한 게 없으므로 죽어도 말하지 않겠다고 버텼다. 그러자 엄마가 나를 때리기 시작했다. 얼마나 맞았는지 기억은 나지 않는다. 그날 엄마는 퇴근한 아버지와 밖에서 한참 이야기를 하고 들어왔다. 아버지는 엄마한테 단단히 화가 나 있었다. 그때까지도 나에 대한 편애를 숨기지 않던 아버지이니 엄마가 감정을 주체하지 못하고 때린 게 못마땅했을 것이다. 그런데도 엄마의 훈육을 인정하지 않을 수 없으니 말을 아꼈던 것 같다. 그날 밤 식구들이 다 잠들고 나서 엄마가 나를 부엌으로 데리고 나가 안티푸라민을 발라주면서 울었다.

"너는 왜 막내처럼 도망도 안 가고, 그 매를 다 맞고 있었니?"

그때의 감정도 기억나지 않는다. 엄마가 울면서 미안하다고 하는데도 끝까지 잘못했다는 말은 하지 않았던 것만 떠오른다. 이 기억이 또렷이 남은 것은 엄마가 그날 일을 동네 아주머니나 친척들 앞에서 여러 번 말했기 때문이다.

"때리면서도 속으로 제발 도망가라, 도망가라 했는데 꿈쩍도 안 하더라고. 내가 미안하다고 하는데도 끝내 잘못했다는 말도 안 하고. 애가 고집이 쇠심줄이야. 평소에는 순한데 한 번씩 저럴 때는 속이 터져."

그땐 엄마의 말이 매를 든 자신에 대한 변명이라는

것을 이해하지 못했다. 안티푸라민을 발라주며 눈물을 훔치던 엄마의 마음을 다 헤아리지도 못했다. 그날 내가 미처 알지 못한 일이 있어 엄마의 심사가 불편했을지 모르겠다. 그 뒤로 엄마는 다시 매를 들지 않았고, 오랫동안 그 일을 후회한 것 같다.

스무 살, 병원에서 야간근무를 하고 집에 오면 오전 10시 반쯤 되었다. 엄마는 항상 밥상을 차려놓고 나를 기다렸다. 엄마는 병원에서 있었던 일을 궁금해했고, 나는 밥을 먹으며 밤새 응급실로 들어온 환자들 이야기를 해주었다. 송림동 산동네에 살던 그때 엄마는 나를 통해 세상을 만났다. 나보다 어린 산재 환자, 돈 때문에 인큐베이터에 있는 아기를 데리고 나가야만 하는 가난한 엄마, 병원비를 떼먹고 야반도주한 환자 이야기를 하면 엄마는 걱정스러운 얼굴로 말했다.

"세상을 너무 부정적으로만 보지 마. 가난이 다 세상 탓만도 아니고……."

가난이 세상 탓이 아니라 누구의 탓이냐고 물으면 엄마 역시 선뜻 개인의 능력 탓이라고 말하지 못했다.

엄마는 내가 사회 문제에 관심이 있다는 걸 알고 늘 불안해했다. 심지어 이런 시국에 내가 대학생이 아니라서 다행이라고까지 했다.

서너 시간 자고 출근하기 위해 일어나면 엄마는 다시 밥상을 차려주었다. 자기 전에 먹은 아침이 소화되지 않았는데도 나는 저녁으로 차려진 그 밥상 앞에서 또 꾸역꾸역 밥을 먹었다. 내가 밥 먹는 동안 엄마는 남일에 나서지 말라고 때로는 못 본 척, 못 들은 척하며 살라고 했다. 그러면 나는 그렇게 살아서 지금 우리가 잘살고 있냐는 말로 어깃장을 놓았다. 그런 갈등이 있던 날이면 엄마는 버스 정류장까지 배웅을 해주었다. 버스에 오르면 차창 밖으로 집에 돌아가는 엄마의 쓸쓸한 등이 보였다. 그러나 그때는 엄마의 외로움과 두려움에 신경 쓸 여력이 없었다. 병원 수납처에서 대한민국이란 사회의 현실을 목도하고 '어떻게 살 것인가'에 골몰하고 있을 때였다.

내가 첫딸을 낳았을 때 만석동 판잣집에 와 손녀를 봐주며 엄마가 말했다.

"나는 사실 그때부터 불안했어. 네가 사고 칠 것 같

아서. 태업인지 뭔지 한다고 할 때도 그랬고. 그러더니 결국 이렇게 사서 고생하며 사는구나."

 1986년 가을, 동기들을 모아 수납처의 야간근무 제도를 바꾸자고 제안했다. 그동안 수납처의 야간근무는 신입사원이 도맡았다. 일주일에 6일을 오후 5시부터 다음 날 오전 8시까지 15시간 동안 근무해야 했다. 노동 강도가 너무 높았다. 야간근무를 하고 나면 잇몸이 내려앉을 정도였다. 야간에는 생명이 위급한 응급환자가 많고, 임종을 앞둔 중환자가 갑자기 퇴원할 때도 많았다. 전산화가 되지 않았을 때라 일일이 처방전 수가를 손으로 계산해야 해서 약명과 처치기호를 다 외우지 못한 신입은 수가를 잘못 계산하는 일이 종종 있었다. 그래서 야간 당직을 하고 나서 잠도 못 자고 환자의 집으로 치료비를 받으러 다녀야 했다. 야간근무 자체가 몸을 혹사하는 일인데, 혹시라도 치료비 청구를 잘못하지는 않을까 긴장하며 15시간을 일해야 했다. 또 야간근무 때는 술 취한 환자들이나 보호자들과 실랑이도 잦았다.

 누구든 야간근무를 할 때는 부당한 근무 제도를 바

줘야 한다고 생각하지만, 막상 야간근무에서 벗어나면 당연한 듯 후배들에게 맡기는 관행이 10년 넘게 이어지고 있었다. 나 역시 야간근무에서 벗어난 지 2년 만에야 동료들에게 태업을 제안했다. 야간근무 제도를 바꾸려면 수납처 직원을 더 충원해야 했기에 병원 관리자에게 요구해야 했다. 당시 수납처 직원들끼리는 단합이 잘되는 편이었다. 태업 얘기를 듣고 처음에는 주저하는 동료도 있었지만, 함께 머리를 맞대고 대화를 나누면서 모두 참여했다. 다만 관리자의 위치에 있던 주임은 끝까지 반대했다. 엄마에게는 태업이 끝나면 생각보다 빨리 퇴사해야 할지 모른다고 말해두었다. 엄마는 말리지도 못하고 착잡한 표정을 지었다. 그런데 태업 한나절 만에 우리의 요구가 관철되었다. 힘을 모으면 금세 해결될 부당 노동을 관행이라는 이유로 10년이나 참고 견뎠다는 게 어처구니없었다. 엄마는 내가 해고되지 않아 한숨 놓았지만, 이듬해 2월 사표를 냈다.

2024년 겨울, 오랜만에 병원에서 함께 일하던 친구들을 만났다. 그때 한 친구가 이제야 고백할 게 있다고 말했다.

"중미야, 그때 병원에서 나한테 널 감시하라고 했었어."

"왜?"

"네가 노조 만들까 봐."

"내가? 그때는 노조 만들 생각까지는 하지도 않았는데?"

"근데 병원에서 그렇게 생각했나 봐."

"그래서 뭘 보고했어?"

"그냥 아무 말이나 했어."

옆에 있던 다른 친구가 말했다.

"영인이랑 나는 강동에 새로 개원한 병원으로 발령 났잖아. 가자마자 내가 언니랑 친하다는 이유로 면담하고 감시받고 그랬어."

"근데 너희 나한테는 왜 그런 얘기 안 했어?"

"그런 얘길 왜 해. 우리가 김중미 덕분에 직장 생활 편하고 즐겁게 했잖아. 네 덕분에 우리가 그냥 직장 동료가 아니라 친구로 지낼 수 있었잖아."

"아닌데, 나는 너희 덕분에 인간이 됐는데? 나는 진

짜 너희한테 고마운 게 많아."

내 말에 1년 후배가 덧붙였다.

"나는 그때 언니가 우리한테 써줬던 편지들 결혼하고도 가지고 있었어. 언니, 그때 우리 수납 직원들한테 진짜 편지 많이 써줬어. 언니가 작가 될 줄 알았으면 그거 계속 갖고 있을걸."

우리가 각자 결혼해서 자녀를 키우느라 자주 못 만날 때도 엄마는 병원 친구들 이름을 하나하나 대며 잘 지내는지 물었다. 작년 겨울 진숙이, 영인이, 지영이와 나눈 대화를 엄마한테 해줄 수 있다면 엄마도 무척 반가워했을 것이다.

첫애를 임신하고 초기에는 입덧조차 없이 건강했는데, 겨울날 감기에 걸린 뒤 고생을 했다. 약을 먹지 못하는 데다 쉬지 못하고 잠도 깊이 자지 못해 몸이 점점 쇠약해졌다. 초여름까지 기침이 계속되는데도 병원에 갈 생각은 하지 않았다. 동네 슈퍼에서 배라도 사서 중탕을 하려고 했지만, 제철이 아닌 배 값이 너무 비쌌다. 그래서 저녁 찬거리만 사서 돌아오려는데, 슈퍼 매대

위 붉은색 플라스틱 접시에 수북이 담긴 딸기가 탐스러웠다. 향기는 또 어찌나 좋은지 침만 꿀꺽 삼키고 돌아오려니 나도 모르게 눈물이 핑 돌았다. 며칠 동안 그 딸기가 눈앞에서 어른거렸다.

며칠 뒤 통화를 하다가 내가 기침을 심하게 하는 걸 알게 된 엄마 아버지가 공부방 수업이 끝난 자정에 찾아왔다. 엄마 손에는 찬합 두 개가 들려 있었다. 하나에는 꿀을 넣고 중탕한 배가, 또 다른 찬합에는 설탕에 잰 딸기가 들어 있었다. 늘 궁핍했던 엄마는 과일을 사도 크고 잘 익은 것보다는 못생기거나 자잘해서 떨이로 파는 것을 주로 샀다. 딸기도 마찬가지였다. 무른 것은 따로 더 싸게 사서 딸기잼을 만들어주었고, 작아 신맛이 강한 딸기는 꼭지를 따서 설탕에 재어주었다. 엄마가 그 딸기를 가지고 온 것이었다.

"엄마, 내가 딸기 먹고 싶은 거 어떻게 알았어?"

"임신하면 먹고 싶은 거 많은데 넌 생전 먹고 싶은 게 있다는 말도 안 하니까. 지금 딸기가 한창인데 네 형편에 제대로 사 먹지 못할 거 아냐. 거북시장 갔더니 좀 잘긴 해도 향기가 좋은 딸기가 있어서 재 왔지."

목이 메었지만 괜찮은 척 딸기를 맛있게 먹었다. 손바닥만 한 딸의 신혼방에 처음 와본 아버지는 끝내 앉지도 않고 서 있다가 돌아갔고, 엄마는 이 좁은 방에서 어떻게 애를 키우겠냐며 한숨을 쉬었다. 그날의 공기, 먹먹했던 마음, 뚜껑이 찌그러졌던 양은 찬합, 설탕에 절어 적당히 무른 딸기 그리고 기침을 멈추게 했던 중탕한 배가 힘들 때마다 영화 필름처럼 떠오르곤 했다.

공부방 엄마들이 종종 말했다.

"큰이모, 친정 가서 좀 쉬다가 와. 친정엄마가 있는 게 얼마나 행운인지 알아?"

그러나 나는 친정이 그리 편하지만은 않았다. 엄마의 우울증, 정년퇴직을 앞둔 아버지의 불안을 마주하기 싫어 가고 싶지 않았다. 그런데 그날 밤만큼은 공부방 엄마들이 말하던 '친정엄마, 친정아버지'를 온전히 느꼈다.

분만실에 들어간 지 24시간이 지나도록 애가 나오지 않았다. 밤새 불안과 고통에 뒤척이고 나서 의사가 내진하더니 초음파를 찍자고 했다. 뭔가가 산도를 막고 있다고 했다. 급하게 수술실에 들어갔다. 무슨 일이 있어도 정상분만을 하겠다는 내 결심은 그렇게 무산되고 말았다. 열흘간 병원에 있는 동안 남편과 엄마가 번갈아 가며 산바라지를 해주었다. 아무래도 서툰 남편보다 엄마가 오는 편이 좋았다. 그런데 하필 그때가 엄마의 우울증이 가장 심할 때였다. 제왕절개를 하고도 모유수유를 하겠다는 내 고집에 엄마는 밤새 한잠도 못 자고 병원에 왔다. 병원에 오면 엄마는 수건을 뜨겁게 데워서 가슴 마사지를 해주면서 젖을 짜냈다. 유축기로 짜면 젖꼭지가 상한다며 꼭 손으로 젖을 짜주었다. 잠이 부족했던 엄마는 젖을 짜다가도 눈꺼풀이 자꾸 감겼다. 그러다가도 정신을 차리고는 내가 불편할까 봐 멋쩍게 웃었다.

일주일쯤 지나 항생제를 끊고서 수유를 시작했는데 아기가 젖꼭지를 물리는 순간부터 잘 빨았다. 퇴원할 때 간호사들은 산모가 고생하지 않고 수유하겠다고 덕담을 했지만, 문제는 그 뒤에 일어났다. 아기한테 황달이 와서 모유수유를 중단해야 했는데 엄마 젖을 먹어본 딸은 인공젖꼭지를 입에 대지 않았다. 엄마는 이참에 딸이나 나를 위해 분유로 바꾸는 게 낫겠다고 했다.

"어차피 아기한테 좋은 초유는 항생제 때문에 다 짜 버렸잖아. 요즘은 분유도 잘 나와. 너 일하면서 애 키워야 하는데 모유수유 하는 게 쉽지 않아. 잠 못 자고 못 먹으면 젖도 잘 안 나올 텐데."

그러나 나는 힘들더라도 모유수유를 하겠다고 고집을 피웠고, 산후조리를 위해 지내던 엄마 집에서 밤마다 수유 전쟁을 치렀다. 딸은 밤새 울며 보채다가 아침이 되면 새근새근 잤다. 그런 딸을 보며 저 연약한 생명을 어떻게 지킬지 두려웠다. 산후우울증이 왔다. 엄마가 아픈 몸으로 끓여놓는 미역국조차 잘 먹히지 않았다. 밤낮으로 아기를 안고 있다 보면 좋지 않은 생각만 났다. 나쁜 생각을 떨쳐내려고 일어나 움직였다. 엄마는 산후조리를 제대로 못 하면 평생 고생이라고 했지만, 아픈 엄마 곁에 있다가는 산후우울증이 더 심해질 것 같았다. 그래서 한 달을 다 채우지 못하고 만석동으로 도망쳐왔다.

만석동은 이미 깊은 가을이었다. 주방, 세면장 어디서도 따뜻한 물이 나오지 않으니 주전자에 물을 데워 아기 목욕을 시키고, 기저귀와 배냇저고리를 빨았다. 몸은 고됐지만 판잣집이라도 내 집에 오니 숨이 쉬어졌다. 그런 내가 걱정됐는지 엄마가 일주일에 한 번씩 아기를 돌봐주러 왔다. 그러면서 혹시라도 공부방 이모 삼촌들이 불편해할까 봐 세 평도 안 되는 안방에서 좀체 나오지 않았다. 화장실에 가려면 150미터나 떨어진 공중화장실을 써야 해서 불편하기 짝이 없는데도 엄마는 딸아이가 돌이 될 때까지 왔다. 늘 미안했지만 엄마가 오면 밀린 공부방 일을 할 수 있어서 또 좋았다. 주방 겸 거실로 쓰던 방에서 일하고 있으면 판자로 된 벽 너머에서 엄마가 딸에게 불러주는 노래가 들렸다. 우리가 어릴 때도 불러주던 '반달' '따오기' 같은 동요나 브람스와 모차르트 자장가였다.

"옛말에 친손자는 걸리고 외손녀는 업고 가면서 업힌 아이 발 시릴까 걱정한다는 말이 있어. 그만큼 외손녀가 예쁘다는 거야."

엄마가 딸을 업어 재우며 말했다.

"그래? 옛날에는 다들 친손주, 특히 아들을 더 예뻐하지 않았나? 어떻게 그런 말이 있었지?"

"딸의 딸이잖아. 당연히 외손녀가 예쁘지."

엄마는 첫 외손녀가 예뻐서 버스를 두 번이나 갈아타며 만석동까지 왔다. 그런 엄마의 외손녀가 예쁘다는 말이 나를 향한 사랑 고백으로 들렸다.

나는 왜 과업중심의
엄마가 되었을까?

 12월이 되자마자 요양원에 커다란 크리스마스트리가 생겼다. 엄마에게 트리를 가리키며 무엇인지 아냐고 물었다. 엄마가 힘없이 고개를 저었다. 엄마의 기억이 혹시라도 깨어날까 해서 아버지가 즐겨 부르던 빙 크로스비의 '징글벨'을 들려주었다. 반응이 없다가 노래가 두세 번 반복된 뒤에야 박자를 맞추기 시작했다. 그리고 '고요한 밤, 거룩한 밤'을 틀자 입을 벙긋거리며 따라 했다. 그런데 소리가 나지 않았다. 가슴이 철렁했다. 그러나 눈물을 삼키고 밝은 목소리로 물었다.
 "엄마, 우리 동두천 단칸방에서 크리스마스트리 만

들던 거 기억나? 난 크리스마스트리를 보면 이상하게 그때 생각이 나서 슬퍼. 우리 참 가난했는데, 그때 나는 행복하다고 믿었어. 엄마는 참 힘들었지?"

"몰라요. 나는 몰라요."

"그래, 엄마 힘들었던 기억은 다 잊어버려."

"나는 바보예요."

"엄마, 바보라서가 아니라 이제 그런 건 잊어버려도 돼서 그래. 그래도 엄마 행복했던 기억은 잊어버리지 마."

내 말에 엄마가 졸린 눈을 뜨고 손을 뻗어 우리를 가리키며 말했다.

"좋아요. 다 좋아요."

엄마 아버지는 성탄절이 되면 선물을 방이나 부엌 어딘가에 숨겨놓고 보물찾기하듯 찾게 했다. 때로는 우리가 잠든 사이 머리맡에다 책 선물을 놓아주기도 했다. 일찌감치 엄마 아버지가 산타클로스라는 것을 알았지만, 성탄절이 되면 그 산타클로스를 기다렸다. 엄마 아버지한테 큰 선물을 받은 적은 없지만, 성탄절을 그냥 지나친 적도 없었다.

엄마는 엄마로서 매 순간 최선을 다했다. 인천에 와서 우울증과 신경성 위장염을 달고 살면서도 자식을 먹이고, 입히고, 재울 의식주를 해결하기 위해 아버지와 함께 안간힘을 썼다. 수단과 방법을 가리지 않고 돈을 벌 의지도 욕망도 없었지만 적어도 자식들의 밥은 굶기지 않았고, 헐벗게 하지 않았고, 한데서 자지 않게 했다. 어렸을 때는 그것만으로도 다행이라고 여겼는데 막상 내가 엄마가 되고 나니 엄마는 왜 자식에게 '기대'란 걸 하지 않았을까 궁금해졌다.

뒤늦게야 깨닫는다. 엄마에게는 그 기대조차 사치였을지 모른다는 것을, 자식에게 기대를 품는 것이 염치없는 일이라고 여겼다는 것을. 엄마한테 미처 말하지 못했다. 나도 오빠도 수연이도 막내도 그 최선을 알고 있다고. 다만 엄마 아버지를 무조건 신뢰하고 사랑하던 시기를 지나 모든 것을 부정하던 시기와 의심하던 시기가 내가 어른이 되는 데 꼭 필요했다고. 그 시간을 거치고 나서야 엄마 아버지를 그대로 인정하고, 사랑하게 되었다고.

2019년 가을, 이전까지 수면 아래 가라앉아 있던 공동체 자녀들의 불만이 거센 파도처럼 몰아쳤다. 공동체를 시작한 엄마 아빠, 이모 삼촌들에게는 공동체와 공부방이 선택이었지만 공동체 아이들에게는 그렇지 않았다. 어렸을 때는 공동체에서 친형제자매로 지내면서 한시도 떨어지지 않으려고 할 만큼 돈독했지만, 청소년기를 지나 청년이 된 아이들에게 공동체는 올가미 같은 것이었다. 공부방 아이들의 존재 역시 내 부모의 사랑을 나눠야 하는 또 다른 압박으로 다가왔을 것이다. 그렇다고 나쁜 기억만 있는 것도 아니니 무조건 공동체를 원망할 수도 없어 양가감정으로 힘들어했다. 자녀들이 뿌리를 흔들자, 공동체 어른들도 흔들렸다.

이십 대 초반에 만나 공동체를 이루어가는 과정이 순탄하기만 했을 리 없다. 우리는 서로 성장 과정이 다르고, 성격과 기질이 다르고, 욕구도 달랐다. 공부방과 공동체를 선택한 이유도 조금씩 달랐다. 그러나 모두 기꺼운 선택이었고, 30년이 훌쩍 넘는 동안 함께해왔다. 대학을 졸업하면서 공부방과 공동체를 선택한 후배들은 공립학교 교사로 혹은 꽤 든든한 기업의 회사원으로 살면서도 수십 년째 집값이 오르기는커녕 추풍낙엽처럼 떨어지기만 하는 주변 LH아파트와 빌라에 살았다. 오로지 공동체를 선택한 때문이었다. 아예 취업을 포기하고 30년 넘게 활동가로 산 후배들의 사정은 더 어려웠다. 자발적인 가난을 선택했다고 하지만, 우리의 가난은 여러 가지 이유로 균일하지 않았다. 위기가 닥치자 거기에 대한 반응과 대처도 달랐다. 우리는 여전히 함께였지만, 서로의 차이를 확인하고 각자의 상처를 치유할 시간이 필요했다. 팬데믹으로 인한 거리두기가 그런 기회가 되어주었다. 그러나 공부방까지 닫혀서는 안 되었다. 공부방이 유일한 숨구멍이자, 품을 내어주는 따뜻한 공간이자, 안전하게 숨을 수 있는 공간인 아이들이 있었다. 그 아이들을 위해 문을 열어야 했다.

많은 이들이 거리를 두어야 살아남는다고 할 때 우리는 서로 만나야만 살아남을 수 있다고 믿었다. 정부가 말하는 사회적 거리두기를 지키면서도 더 촘촘하게 그물망을 짜며 서로를 연결했다. 팬데믹이라는 난생처음 겪는 위기에 대응해가는 것만으로도 벅찼는데 공동체의 위기도 같이 넘으려니 힘들었다. 처음에는 공동체에 생기는 균열이 불안하고 위험하게 느껴져 어떻게든 메우고 싶었다. 그러나 그 균열을 메울 수 있는 주체 역시 공동체였다. 혼자 조급해하지 않기로 했다. 아니 그 틈이 영영 메워지지 않는다고 해도 상관없었다. 취약하고 불완전한 모습이 우리 공동체의 모습이었다. 우리는 늘 어딘가 모자랐지만, 오히려 그래서 지금까지 함께할 수 있었다. 완전하지 않다고 해서 공동체가 아닌 것은 아니다. 가난한 존재들과 함께 살기를 꿈꾸는 한 우리는 여전히 공동체다.

공동체에 닥친 파고가 어느 정도 가라앉기 시작하던 2022년 1월 딸들과 1박 2일로 가족 여행을 갔다. 하필 그날 속초에 폭설이 내려 온종일 고생하고 숙소에 들어가서 오붓하게 이런저런 이야기를 나누던 중 첫째가 불쑥 물었다.

"엄마, 왜 나는 아기 때 엄마랑 같이 있던 기억이 거의 없고, 아빠하고 있던 기억만 있어?"

갑자기 기습당한 병사처럼 온몸이 얼어붙었다. 무슨

말을 해야 할지 몰라 당황하다가 변명했다.

"그때 아빠가 아팠어. 아빠는 힘든 일을 하면 안 됐고, 엄마가 공부방 일이며 집안일을 다 해야 했어. 당연히 아빠가 널 돌볼 때가 많았지. 그래서 늘 미안했어."

딸의 질문에 미안하다는 말을 덧붙이지 않아도 되었건만, '엄마'인 나는 그 순간에도 미안함과 죄책감이 먼저 떠올랐다. 첫째가 태어난 지 7개월 만에 남편이 급성간염에 걸려 한 달간 병원에 있었다. 혈청지피티, 혈청지오티 수치가 천사백에서 천오백을 오르내렸다. 의사는 조금만 더 수치가 높아지면 위험하다고 했다. 입원한 지 한 달이 지나면서 위험한 고비는 넘겼지만, 만성간염 진단을 받았다. 그때부터 남편의 간병과 공부방 일을 병행해야 했다.

아침부터 밤늦게까지 딸을 업고 종종거렸다. 엉덩이를 방바닥에 붙이고 있을 시간은 모유수유 할 때뿐이었다. 수면 시간이 절대적으로 부족하고 쉬지도 못하니 모유가 자꾸 줄었다. 그러나 아이가 인공젖꼭지를 물지 않아 모자란 양을 분유로 채울 수도 없었다. 첫째는 모든 유제품을 입에 대지 않았다. 그러니 일일이 이유식을 만들어야 했다. 다행히 위급한 상태를 넘긴 남편이 딸을 돌봤다. 그렇다고 내 일이 줄어들지는 않았다. 급성간염에서 만성간염으로 넘어간 뒤에도 식욕이 돌아오지 않는 남편의 밥상은 늘 내 몫이었다. 어느 방송에서 간염 환자에게 녹즙이 좋다고 해 딸의 돌반지를 팔아 녹즙기를 샀다. 녹즙 이야기를 들은 인천가톨릭사회복지회 수녀님께서 녹즙하는 데 쓰라고 수시로 돈을 보태주셨다. 그 돈으로 아침에는 비트, 케일, 컴프리로 녹즙을 만들었다. 점심과 저녁은 간염에 좋다는 생선과 육류, 채소가 골고루 들어간 반찬을 준비해야 했다. 몸만 고달픈 게 아니라 늘 돈에 찌들었는데 항상 도와주시는 분들이 있었다. 그래서 게으름을 피울 수 없었다. 몸이 좀 나아지고 나서 녹즙만큼은 남편이 직접 갈아 마셨다. 그것만으로 일이 준 것처럼 느껴질 만큼 팍팍한 날들이었다.

엄마는 쪼들리는 형편에도 간에 좋다는 음식 재료를 수시로 사다 주었다. 그러나 남편은 올케언니가 간염에 좋다고 십정동 축산시장까지 가서 사 오는 소꼬리도, 엄마가 사다 주는 전복도 입에 대지 않았다. 하루는 엄마가 어디서 들었는지 간에 좋다며 개소주를 해 왔다. 엄마 아버지는 평생 한약 한 첩, 영양제 한 알 먹어 본 적이 없었다. 그런 엄마가 건강원에서 개소주를 달여 왔다니 가슴 한구석이 저릿했다. 그러나 남편의 병에 개소주는 좋지 않았다. 눈물을 삼키며 개소주를 하수구에 버려야 했다. 개소주를 버린 지 며칠 지나지 않아 엄마는 이번에는 아침 방송에서 간염에는 운지버섯이 좋다고 했다며 용산 농협까지 가자고 했다. 엄마에게는 몇 년 만의 서울 나들이였지만, 젖먹이를 남편에게 맡기고 간 터라 우리는 점심 한 끼 먹지 못하고 인천으로 돌아와야 했다.

시어머니한테는 걱정을 끼치면 안 된다고 해서 남편이 아프다는 말도 못 하는데, 우리 엄마는 마음을 졸이며 이것저것 좋은 것을 찾아다니는 게 억울했다. 엄마한테 고맙다고 말하는 대신 사위 신경 쓰지 말고, 엄마나 아프지 말라고 투덜거렸다. 엄마는 그때마다 말했다. "딸 가진 죄인이라서 그래." 그러면 또 그런 말도 안 되는 말 하지 말라고 부르댔다. 엄마는 그런 나를 답답해하며 말했다. "사위가 건강해야 내 딸이 덜 고생하니까 그런 거야." 엄마의 그 말마저 속상했지만, 원망과 자기 연민에 빠져 무기력해 있을 수는 없었다.

자원 교사들은 대학 수업이 끝나고서야 왔으므로 그 전까지는 첫째를 데리고 공부방 아이들을 돌봤다. 논술 강사를 하던 수연이가 짬을 내서 수업을 맡아주었지만, 수연이도 몸이 아플 때여서 마음이 편치 않았다. 남편이 퇴원한 뒤에 아이와 함께 있는 시간이 많아지는 것은 당연했다. 그런데 누구도 그 당연한 일을 자연스럽다고 생각하지 않았다. 나부터도 엄마 노릇을 못 하는 것 같아 아픈 남편에게 딸을 맡기는 게 편치 않았다. 밤에 딸이 울거나 보채면 항상 내가 먼저 그 소리에 반응했다. 아이는 내가 젖을 물리거나 안아야 안정을 찾았다. 그걸 보고 남편이나 후배들은 "역시 아이에게는 엄마가 최고야"라고 말했다. 그때마다 숨이 막혔다.

세라 블래퍼 허디는 그의 책 『어머니의 탄생』에서 어머니가 아버지보다 갓난이의 울음에 더 예민하게 반응하거나 아이가 어머니의 품에서 더 빨리 안정을 찾는 것이 '모성애'라는 본능 때문은 아니라고 했다. 어머니가 아이의 필요에 더 빠르게 반응하는 것이 본능이 아닌 오랫동안 돌봄 행위를 하며 갖게 된 습관이라면, 아버지 또한 그렇게 될 수 없다고 할 수 없을 것이다. 그래서 저자는 아빠가 아기와 애착을 형성할 수 있게 단둘이 내버려두는 상황을 더 많이 만들 필요가 있다고 말한다. 내가 세라 블래퍼 허디의 책을 조금 더 일찍 읽었더라면 죄책감에서 해방될 수 있었을까. 남편이 힘들지 않은 일 정도를 하게 된 건 발병한 지 5년이 지나서였다. 그 5년 동안 내 수면 시간은 5시간을 채 넘은 적이 없었다. 남편은 2002년 완치 판정을 받았다. 의사조차 기적 같은 일이라고 했다. 그로부터 30년이 지나 첫째에게 그런 질문을 받자 갑자기 당황스러웠다.

공부방을 하면서 두 아이를 키우는 일은 쉽지 않았지만, 아이들 덕분에 하루하루 충만했고 행복했다. 아이 덕분에 조금 더 나은 사람이 되었고 공동체의 싹을 틔울 수 있었다. 그런데도 첫째의 질문에 당당하지 못했던 것은 내가 여전히 '엄마'라는 사회적 통념에 얽매여 있기 때문이었다. 내가 사는 사회는 가부장적 문화의 이분법과 위계가 작동하는 사회였다. 남편과 결혼하면서 모든 일을 균등하게 나누며 살자고 약속했다. 일터와 사적인 공간이 구분되지 않는 환경에서 역할 분담이 잘되지 않으면 갈등이 일어날 수밖에 없다는 것을 모르지 않았다. 그래서 충분히 이야기를 나누었다고 생각했다. 주제넘게도 나는 우리 부부의 평등한 삶이 가부장제가 뿌리 깊이 배어 있는 공부방 엄마 아빠들에게 본보기가 되어야 한다고 생각했다. 그러나 평등한 삶은 혼자만의 착각이었다. 결혼하고 나니 모든 집안일은 내 일인데, 착하고 따뜻한 남편이 잘 도와주는 것이었다.

공부방 엄마 아빠들은 한결같이 말했다. "큰삼촌 같은 아빠가 어디 있어." "큰삼촌 같은 남편이 어디 있어." "큰이모처럼 대가 센 아내랑 사는 큰삼촌이 대단한 거야." 시어머니는 "우리 막내 같은 아빠가 어디 있냐. 애들이 아빠를 저렇게 좋아하는 것 봐라. 우리 손주들은 진짜 아빠를 좋아해"라며 흐뭇해했다. 그 말은 우리 애들이 엄마는 좋아하지 않는다는 말로 들렸다. 그리고 거기에 한두 마디를 덧붙였다.

"우리 막내는 아들이 없어서 어깨가 늘 축 처져 있

다."

 아들을 향한 시어머니의 안쓰러움은 딸들이 중학생이 될 때까지 이어졌다. 나는 그런 말에 적절하게 대처하지 못하고 속앓이만 했다. 우리 엄마도 단비 아빠 정도면 잘 도와주는 거라고 했다. 당시 같은 이십 대인 후배들도 마찬가지였다. 다들 "홍찬이 형 같은 남편이 어디 있어"라고 말했다. 실제로 남편은 딸들에게 헌신적인 좋은 아빠였다. 1998년 가을부터 이듬해 초까지 공부방을 새로 짓고 이사하는 과정에서 둘째가 분리불안을 겪고 어린이집 등원을 거부하는 일이 생겼다. 우리 부부가 다 바쁘다 보니 둘째를 돌보는 일이 충분하지 않았던 것이다. 그러나 제대로 된 부모 노릇을 위해 공부방 일을 줄여야 한다는 이야기는 남편이 아닌 나를 향했다. 후배들의 도움으로 공부방 일을 줄이고, 두 달 동안 둘째를 어린이집에 보내지 않았다. 그렇다고 온종일 둘째하고만 있었던 것도 아닌데 두 달이 지나자 둘째가 말했다.

 "엄마, 나 이제 어린이집 갈래."

 고작 세 살이었던 둘째가 내게 "엄마, 그 정도 노력

이면 됐어"라고 인정해주는 것 같았다. 그런데 그 말에 오히려 미안한 마음이 커졌다. 두 아이가 성장하는 동안 나는 늘 부족한 엄마라는 자의식에 시달렸다. 모성애라는 신화가 끊임없이 숨을 틀어막고 몸을 옭아맸다. 같이 공부방을 하고, 같이 아이를 키우는데 남편에게는 그런 자의식이 없었고, 외부의 압박도 없었다. 불공평하다고 느꼈다. 억울했다. 그래서 분노가 치밀다가도 자책으로 괴로웠다. 그 감정을 누르고 누르다가 남편한테 짜증으로 터뜨렸다. 그 감정은 누구에게도 이해받지 못했다.

딸들은 딸들대로 판자와 슬레이트로 된 집에서 자라면서 여름에는 땀띠로, 겨울엔 비염과 감기로 고생했다. 밤에 잠을 못 자고 고생하는 아이들을 보면 미안하고 안쓰러웠다. 그런데 공부방 아이들 모두 그런 환경에서 자랐고 살고 있었다. 내 아이가 안쓰러울수록 내 아이보다 더 열악한 환경에서 자란 공부방 아이들이 아프게 다가왔다. 내 아이가 눈에 넣어도 아프지 않을 만큼 사랑스러울 때마다 이렇게 온몸과 온 마음으로 사랑해줄 '엄마'가 없는 아이들이 사무쳤다. 그러면서도 내 아이를 온전히 사랑할 수 없어 또 미안했다. 그 미안함을 덜기 위해 없는 살림에도 유기농 재료로 아이 음식을 만들고, 한 평도 안 되는 수돗가에 쪼그리고 앉아 천연 세제로 천 기저귀와 옷을 빨았다. 그것이 엄마로서 내가 할 수 있는 최선이었다.

그래도 딸들에게 미안한 건 일을 내려놓고 딸들과 늘어져 있는 시간을 많이 갖지 못한 것이다. 공부방에는 늘 해야 할 일이 많았다. 밥과 청소 같은 사소한 일들, 그 일은 누가 대신 떠맡고 싶지 않은 '하찮은 일, 궂은 일, 중요하지 않은 일'이었다. 그러나 공동체를 이루는 데 밥 만큼 중요한 일은 없었다. 공부방을 깨끗이 유지하는 것은 환대의 기본이었다. 그래서 일을 놓지 못하고 남편에게 아이를 맡겼다. 엄마가 일 때문에 아이와 충분히 놀 수 없다면 쉬고 있는 아빠가 놀아주는 것이 당연해야 했다. 그것이 아이에게 결핍이어서는 안 됐다. 아이는 부와 모가 함께 돌보는 것이니까. 그러나 '엄마'라는 존재에게는 어떤 상황도 면죄부가 되지 않았고, 나 또한 스스로 괜찮다고 말하지 못했다. 모든 엄마가 바다와 같을 수 없고, 여성이라고 누구나 모성애가 넘칠 수 없다. 사회적 관계와 관습 속에서 만들어진 "엄마는 이래야 하고, 여성은 이런 존재야"라는 정의와 규범이 엄마 세대만이 아니라 우리 세대까지 영향을 주고 있었다. 그제야 엄마가 참 억울했겠다는 생각이 들었다. 딸인 나마저 엄마를 이해하지 못해 엄마가 너무나 외로웠을 거라는 생각에 먹먹했다.

그런데 속초에서의 그날 밤, 둘째가 말했다.
"엄마는 과업중심 엄마야. 그렇다고 과업중심 엄마가 나쁘다는 건 절대 아니야. 엄마도 엄마가 처음이었으니까, 어떻게 해야 하는지 몰랐을 테니까 이해해."
딸이 이해한다고 했다. 딸이 나를 원망하거나 비난하기 위해 한 말은 아니었다. 그러나 과업중심이라는 말이 자꾸 귀에서 맴돌았다. 과업중심의 엄마 때문에 딸들이 행복하지 않았던 것 같아 마음에 걸렸다. 딸들이 자라는 '우리 집'은 엄마 아빠의 일터였고, 누구에게나 언제든지 열려 있는 곳이었다. 딸들은 이모 삼촌, 공부방 언니 오빠들한테 넘치는 사랑을 받았지만 늘 북적거리는 공부방에서 '내' 것이 없이 자랐다. 엄마도, 공간도, 장난감도, 좋아하는 간식도 다 나눠야 했다. 나는 내 아이들이 당연히 그렇게 자라야 한다고 믿었다.

처음 빈민운동을 하겠다고 만석동에 왔을 때, 빈민운동의 선배이자 스승인 제정구 선생님이 말했다.

"네 딸까지 빈민이 될 각오가 아니라면 빈민운동을 선택하지 말아야 한다."

그렇게 말한 선배들 대부분이 현장을 떠나거나 이상과 삶을 분리했지만, 나는 첫 마음을 잊고 싶지 않았다. 그것이 잘못이었을까, 결혼하지 말았어야 했나, 애초에 엄마가 되지 말았어야 했나, 활동가의 삶을 선택해 놓고 아이를 낳은 것이 욕심이었을까, 아이를 선택했다면 그 후에는 빈민 지역을 떠나야 했을까. 속초에서 돌아온 이후 때를 놓친 고민으로 며칠 밤을 새웠다.

만석동에서 만나는 이웃들은 모두 새벽부터 밤늦게까지 공장에서, 부둣가에서 일하며 아이를 키웠다. 밤낮으로 일해야 하는 부모는 좌식 식탁에 아이의 저녁까지 챙겨놓고 출근했다. 그런 부모한테 아이를 방임한다고 말할 수 없었다. 아이를 돌보고 교육하는 일이 오로지 한 가정의 몫이던 그 시절, 나는 돌봄과 교육을 지역 공동체의 일, 사회의 일이라고 생각했다.

공부방 아이들은 공부방이 끝나고 해가 져도 엄마 아빠를 기다리며 덤프트럭이 오가는 도로에서 공을 차고, 술래잡기하며 놀았다. 그 아이들이 어느 날 말했다.

"이모, 이모가 만약 어디 가게 되면 공부방 불은 켜고 가요. 우리가 밤에 놀다가도 공부방에 불이 켜 있으면 안심이 되거든요. 그러니까 어디 가더라도 꼭 불 켜놓고 가요."

그래서 약속했다. 공부방은 언제까지라도 불이 꺼지지 않을 거라고. 너희가 어른이 될 때까지, 아니 어른이 되어서도 언제나 공부방에 불을 켜고 기다릴 거라고. 엄마를 닮은 나는 따뜻하고 살가운 '큰이모'가 되지는 못했지만, 우리 엄마가 그랬던 것처럼 성실하게 변함없이 늘 그 자리에서 아이들을 기다릴 수는 있었다. 나는 딸들을 사랑하는 만큼 공부방 아이들도 사랑하고, 딸들에게 최선을 다하는 것처럼 공부방 아이들에게도 최선을 다하고 싶었다. 그러나 그저 최선을 다했을 뿐 늘 어딘가 모자랐다. 나의 부족함과 욕심이 딸들의 마음 어딘가에 깊은 상처를 낸 것 같아 아프다. 그러나 그 때로 다시 돌아가더라도 같은 선택을 할 것이다. 엄마로서 나의 미흡함과 상관없이 나는 내 아이들이 불행하게 자랐다고 생각하지 않는다. 부족한 엄마의 자리를 채워준 공동체 식구들이 있었기 때문이다.

속초에서의 그 밤에 심한 어깨 통증으로 잠에서 깼다. 오십견을 3년 가까이 앓았지만, 그 통증은 처음 겪는 것이었다. 모두 잠든 새벽에 누가 보는 것도 아닌데 의연한 척 통증을 참고 있는 나를 발견했다. 사람 참 안 변한다고 자책하면서도 집에 올 때까지 통증을 참았다가 다음 날 병원에 갔다. 방사선과 초음파 검사를 한 뒤 의사가 물었다.

"언제 그런 거예요?"

"그제 새벽에요."

"아니, 그런데 그 상태로 응급실을 안 갔다고요? 참기 힘드셨을 텐데. 어깨 석회화건염이라고 노화 현상이에요. 기계도 많이 쓰면 고장 나는 것과 같은 이치예요. 주사 치료로도 낫지 않으면 수술을 하셔야 합니다."

그날 이후, 1년 넘게 침을 맞아야 했다.

얼마 뒤에는 난생처음 겪어보는 어지러움과 울렁증에 잠에서 깼다. 뇌졸중을 걱정하며 어지럼증이 좀 가라앉기를 기다렸다가 핸드폰에 검색했다. 증상을 찾아보니 뇌졸중보다 이석증일 가능성이 컸다. 1시간쯤 가만히 누워 있다가 날이 밝고 나서 남편을 깨웠다. 강화의 유일한 종합병원에서는 쓸데없이 엠알아이와 씨티를 찍자고 했다. 여전히 걸을 때 어질어질했지만, 누워 있으면 괜찮아지는 것을 보아 이석증이 분명했다. 앞으로 발생하는 모든 사태에 책임을 지겠다는 각서를 써주고 응급실을 나왔다. 그 뒤 읍에 있는 이비인후과를 다녔지만, 어지럼증이 계속 재발했다. 그러던 어느 날, 만석동에 일하러 가는 도중에 심한 어지럼증이 와 서둘러 가까운 이비인후과를 찾았다. 이석증 검사를 한 뒤, 늙수그레한 원장이 담담하게 말했다.

"늙어서 그래요. 기계도 이만큼 쓰면 고장이 나는 법이에요. 이명도, 이석증도 다 늙어서 생긴 현상이에요. 그렇지만 몸이나 마음에 갑자기 무리가 왔을 때 발병

합니다. 너무 스트레스를 받지 않아야 해요. 그러면 앞으로 계속 재발할 겁니다."

병원은 빈민 지역과 서민 아파트 사이에 있었다. 원장은 일하는 가난한 중년 여성의 형편을 잘 알았다.

"대부분은 쉬면 나아요. 그런데 쉴 수 없는 형편이실 수도 있잖아요? 일을 나가셔야 한다거나 가족을 돌봐야 하거나. 그래서 며칠씩 누워서 쉴 수 없는 형편이라면 병원에 오세요. 오늘처럼 물리치료 1시간이면 나아지니까요."

그러면서 어지럼증이 재발하면 집에서 할 수 있는 자가 치료와 명상 앱을 소개해주었다.

"이 방법대로 하면 어지럼증이 가라앉을 거예요. 많이 쓴 몸일수록 빨리 탈이 나요. 여성들이 그렇죠. 남자들도 육체적으로나 정신적으로 혹사한 분들이 빨리 고장 나요. 사람의 몸도 쓰면 닳고 고장 나는 거예요. 이제는 살살 달래면서 살아야죠."

의사는 당연한 의료적 처치와 조언을 한 것이었을 텐데 큰 위로를 받는 느낌이었다. 그 병원에 다시 가야겠다는 생각이 들 정도였다. 그러나 의사가 알려준 대로 자가 치료를 하면 병원에 갈 필요가 없었다. 이석증이 생겼던 전날, 시댁 일로 남편에게 크게 화를 냈다. 엄마도 아버지와 크게 말다툼을 하거나 속상한 일이 있으면 다음 날 어지럼증으로 일어나지 못했다. 엄마를 꼼짝도 못 하게 했던 병이 이석증이라는 것을 내 몸이 늙고 고장 난 뒤에야 알았다. 이렇게 쉽게 가라앉을 수 있는데 엄마는 병원 한 번 못 가고 앓은 것이다. 얼마나 많은 가난한 엄마들이 그렇게 자신을 억누르며 살았을까. 공부방에서 만난 엄마들의 9할이 그랬다.

스물다섯에 만석동에 들어가기 전까지 나는 한 번도 아침을 거른 적이 없었다. 엄마는 몸이 아플 때도, 우울증으로 고개조차 제대로 들지 못하던 때에도 밥상을 차렸고, 우리는 한 밥상에 둘러앉았다. 엄마의 그런 모습을 보면서도 나는 엄마의 수고를 덜어주기보다 대신 화를 냈다. 아프면 밥을 하지 말라고, 그냥 누워 있으라고. 아버지가 라면이라도 끓여 먹게 놔두고 우리도 굶든 말든 상관하지 말라고. 그러면서 또 엄마가 차린 그 밥상에 앉아 밥과 함께 슬픔과 분노를 삼켰다. 뻔뻔하게 그 밥으로 살 힘을 얻었다.

그 밥상이 엄마가 사랑하는 방식이었음을 깨달은 것은 철이 든 뒤였다. 밥상을 차리는 일이 몸만 쓰는 게 아니라 몸과 마음과 자신의 삶을 온통 갈아 넣는 일이라는 것 역시 엄마가 되고야 알았다. 그래서 나도 똑같이 했다. 딸들이 고3 때까지 같이 아침을 먹고, 딸들이 새벽 한두 시까지 불을 켜고 공부하는 동안 글을 썼다. 다음 날 아침 여섯 시면 일어나 다시 아침을 차렸다. 그렇게 나는 과업중심의 엄마가 되었다. 엄마로서 내가 할 수 있는 최선이 그것뿐인 줄 알았다.

이 땅에서 사는 여성들의 대부분은 과업중심 엄마일 것이다. 다른 엄마들에게 그것이 최선이었던 것처럼, 우리 엄마에게 그것이 최선이었던 것처럼. 우리 엄마가 딸인 나에게 미안해야 할 것이 없는 것처럼, 나도 내 딸들에게 미안할 것이 없다. 내가 아는 사랑의 표현이 그 방식뿐이었던 걸 애달파하지도, 그것밖에 안 됐던 것을 후회하지도 않겠다. 엄마의 그 최선이 지금의 내가 되게 했고, 나의 최선으로 딸들이 자랐으니까. 그래서 나는 내게 괜찮다고, 수고했다고 말해주고 싶다. 엄마에게도 그동안 참 많이 애썼다고, 고맙다고 말하고 싶다.

나만 여기 있어요?

2024년 봄, 엄마가 갑자기 집으로 가고 싶다고 했다.

"엄마, 왜 갑자기 집에 가고 싶어?"

"가고 싶어요. 거기에 남자들이 있을 텐데."

남자라니, 어쩌면 오랫동안 아버지, 막내, 조카와 산 기억을 한 건지 모른다는 생각에 다시 물었다.

"엄마, 남자들이랑 살았어?"

"네."

"엄마, 어떡하지? 그런데 그 남자가 멀리 떠났어."

말이 끝나기 무섭게 엄마가 놀란 목소리로 물었다.

"혹시 그 남자가 죽었어요?"

곧장 죽었냐고 묻는 말에 당황한 나는 얼른 대답이 나오지 않았다. 어떤 대답이 엄마에게 가장 좋을지 고민하다 겨우 말했다.

"네, 그 남자가 아주 멀리 갔어요."

"언제요? 나는 몰랐어요. 나는 몰랐어요. 왜 죽었어요?"

엄마는 멀리 갔다는 말을 '죽었다'로 정확히 알아들었다. 엄마가 기억하는 그 남자가 김창삼인지 알 수는 없었다. 그렇지만 엄마는 누군지 모르는 그 남자를 그리워하고, 그 남자의 부재를 정확히 인식했다.

"엄마, 미안해요. 미리 말 못 해서."

엄마는 그 후로도 한참 동안 슬픈 목소리로 되풀이했다.

"나는 몰랐어요. 나는 몰랐어요."

아버지가 돌아가시고 얼마 지나지 않아 엄마의 상태가 나빠졌다. 여름에 탈장 수술 후 잠시 기력이 쇠한 적이 있지만, 비교적 건강하던 편이라 요양원에서도 당황해했다. 엄마를 모시고 함께 병원에 갔던 요양보호사가 말했다.

"미자 할머니가 이러시는 거 할아버지가 돌아가셔서 그런 것 같아요. 저번에 갑자기 식사를 거부하고 며칠 동안 잠을 못 주무신 적이 있었어요. 알고 보니까 그때가 할아버지 장례식 치를 때였어요. 그래서 우리끼리 그랬다니까. 아무래도 미자 할머니가 할아버지 돌아가신 걸 느낀 것 같다고요."

10월 중순에는 강화병원에서 씨티 촬영과 혈액 검사까지 했는데 특별한 이상이 발견되지 않았다. 일흔이 넘은 내과 과장은 오히려 혈액 검사 결과를 보니 식사 외 영양주사나 건강보조식품을 드리지 않아도 될 만큼 건강하다고 했다. 그런데 11월 20일 밤, 지방 강연을 마치고 올라와 청소하는데 요양원에서 응급실로 가니 병원으로 오라고 했다. 응급실에서 만난 엄마는 다행히 의식이 없지는 않았다. 내가 딸이라는 것도 단박에 알아보았다.

"왜 이제 와요."

"엄마, 무서웠구나. 병원이라 긴장돼요? 괜찮아, 엄마 아프지 않게 도와줄 의사, 간호사 선생님이 계시니까."

　엄마가 불안한 눈으로 자꾸 주변을 살피며 마지못해 고개를 끄덕였다. 응급실 간호사는 밖에서 기다리라고 했지만, 엄마가 불안해해서 검사가 끝날 때까지 곁에 있어야 했다. 새벽에야 병실로 올라간 엄마를 두고 나오는데 두려움이 엄습했다. 이렇게 엄마마저 떠나보내는 것은 아닌지. 엄마는 입원 날짜가 늘어날수록 더 불안해하며 음식까지 거부했다. 그나마 내가 가서 한참 달래고 얼러야 미음 몇 숟가락이라도 받아먹었다. 그런데 하필 그때 지방 강연이 줄지어 있었다. 내가 안 되는 날에는 인천에 있는 오빠와 동생이 점심시간에 와서 엄마를 돌봤다. 뉴케어로 겨우 버티던 엄마가 다시 죽을 드시게 된 것은 입원한 지 2주가 지나서였다.

　엄마가 입원해 있는 병실은 4인실이었는데, 모두 인지장애가 있는 환자들이었다. 그래서 간호사와 간병사들이 몹시 고생했다. 중국인이거나 귀화한 동포들인 간병사들은 나보다 연장자였다. 24시간 내내 병실에서 지내며 6일을 일하니 모두 근골격계 질환으로 고생을 하고 있었다. 돌봄이 화두인 세상이 도래했지만, 여전히 돌봄은 이주민이나 가난한 여성들이 하는 기피 노동이다. 돌봄이 개인과 가정만의 몫이었다가 사회 문제가 되자 시장으로 떠밀려나갔다. 이제 중국 동포들을 비롯한 이주민이 아니면 노인 돌봄은 불가능하다. 담낭 제거 수술을 하고 퇴원한 시어머니는 안동에 있는 유명한 재활병원에 계셨는데, 아무리 고가의 병원이라고 해도 병실 간병사는 고려인이거나 중국 동포였다.

입원한 지 2주가 지나자 엄마가 밤에 잠을 자지 않고 혼잣말을 하기 시작했다. 면회를 가면 엄마는 계속 무섭다고 말했다. 요양원 원장님은 병원 환경이 엄마에게 좋지 않은 것 같다며 빨리 퇴원을 하는 게 낫겠다고 했지만, 병원에서는 검사 결과가 좋지 않다고 퇴원을 계속 미뤘다. 엄마는 3주가 돼서야 다시 요양원으로 돌아갔다. 다행히 엄마는 요양원에 가신 뒤 다시 좋아졌다. 시설은 허름해도 팀워크가 좋은 요양보호사님들이 계신 요양원을 만난 것은 엄마에게나 우리에게 행운이다. 엄마를 요양원에 버려둔다는 죄책감은 수시로 나를 괴롭히지만 그래도 다행이다.

"엄마, 이 사람이 누군지 알아?"

엄마가 어느 정도 회복이 된 뒤 아버지 사진을 보여주었다.

"이게 누구예요?"

"엄마 남편."

엄마가 인상을 쓰며 고개를 저었다.

"아니에요. 이렇게 못생긴 남자는 내 남편 아니에요."

엄마의 반응에 우리는 배꼽이 빠지도록 웃었다. 그러자 엄마가 기분 나쁜 얼굴로 말했다.

"왜 자꾸 웃어요? 왜 놀려요."

나는 엄마 아버지의 결혼식 사진을 보여주었다.

"엄마, 이것 봐. 이게 엄마랑 아버지야. 엄마 면사포 참 예쁘다. 엄마 이때 오빠 임신해서 웨딩드레스 안 입고 한복 입었다며. 엄마 기억나?"

"몰라요."

엄마는 기억나지 않는 이야기를 하면 몹시 불쾌해했다. 더는 사진을 보여드리며 기억을 강요할 수 없었다.

2024년 추석 작은아버지와 작은엄마가 오셨다. 엄마는 작은아버지와 작은엄마를 기억하지 못하면서도 무척 반겼다. 작은엄마를 흐뭇하게 바라보다 손을 내밀어 뺨 가까이에 대고 연신 예쁘다고 했다. 딸들에게도 하지 않던 행동이었다. 작은아버지가 엄마를 보며 자꾸 눈물을 흘리자 걱정스러운 얼굴로 말했다.

"왜 자꾸 울어요? 무슨 일 있어요? 울지 말아요."

아버지가 울 때는 짜증을 내더니 작은아버지한테는 마치 달래듯 말했다. 엄마가 작은아버지와 고모를 처음 만났을 때 일곱 살, 열한 살이었다고 했다.

"결혼하기 전에는 그냥 누나 동생, 언니 동생이었지 뭐. 네 고모랑 작은아버지는 아버지와 달리 친탁을 해서 다 예쁘고 잘생겼었지. 재주도 많고, 똑똑하고. 네 고모는 얼마나 당찼는지 혼자 고등공민학교를 찾아서 인천여중에 들어갔잖아. 인천여중고 선후배인 이모랑도 친했지. 고등학교 졸업하고는 동양자수를 했잖아. 집에서 병풍을 만들어서 팔았어. 보통 솜씨가 아니었어."

나도 그 기억이 어렴풋이 난다. 고모가 짙은 군청색 비단에다가 형형색색 명주실로 꽃과 학, 사군자, 산과 나무를 수놓던 모습이. 육상을 하던 작은아버지와 작은엄마는 중학교 1학년 때부터 친구로 지내다가 연애를 했다. 그래서 엄마한테도 작은엄마는 막내여동생 같은 존재였다. 어렸을 때 엄마와 작은엄마는 다른 집처럼 '형님, 동서' 하지 않고, 언니 동생으로 지내는 게 이상했지만 싫지는 않았다. 엄마가 누군지도 모르는 작은아버지와 작은엄마를 어린애 대하듯 하는 걸 보니 엄마의 기억 어딘가에는 여전히 관계에 대한 기억이 남아 있는 게 분명했다. 엄마는 작은아버지와 작은엄마가 떠날 때까지 두 분에게서 눈을 떼지 않았다. 요양보호사 말로는 그날 면회를 마치고 이 층으로 올라온 엄마의 기분이 무척 좋았다고 했다. 물론 누가 왔었냐고 묻는 말에는 "누가 왔었어요?"라고 되물었다지만.

엄마가 그 남자라고 말했던 아버지에 대한 기억도 엄마의 뇌 어딘가에 여전히 각인되어 있을 터였다. 엄마는 그의 죽음을 깨달은 뒤, 더는 '그 남자'를 묻지 않는다. 엄마는 우리가 면회하고 나올 때마다 묻는다.
"다들 가요? 나만 여기 있어요?"
"응, 엄마 또 올게."

그러면 엄마는 몇 번이고 진짜 다시 올 건지 묻고 또 묻는다. 그러면서 힘없이 손을 흔들며 말한다.
"기다릴게요."
엄마는 항상 나를 기다렸다. 언제나 엄마를 외롭게 두었으면서 여전히 엄마를 기다리게 한다. '나의 일'을 포기하지 못하는 나는 이름조차 잊은 딸을 아니, 그리운 누군가를 기다리고 있을 엄마를 거기에 두고 이 글을 쓰고 있다. 요즘도 나는 엄마에게 사랑한다는 말을 잘 하지 못한다. 인지장애가 오기 전, 아니 그보다 더 오래전 엄마가 왜 그렇게 사랑 표현에 인색했는지 이제 온전히 이해한다. 엄마는 내게 늘 미안해했다. 그게 오히려 나를 옭아매서 "미안하다"는 말이 그렇게 싫을 수가 없었다. "미안하다"는 말밖에 할 수 없었을 엄마의 마음을 깨달은 지금에야 내가 엄마와 아버지의 사랑으로 채워진 존재라는 것을 깨닫는다. 그래서 나는 딸로서 김중미, 김중미로서 나, 엄마로서의 김중미가 대립하지 않고 서로 균형을 잡아가도록 조율하려고 노력한다. 그중 어느 하나만을 나라고 할 수 없으므로. 공부방 큰이모 김중미, 포도 농부 김중미, 작가 김중미 어느 한 가지가 무너지면 '나'의 균형이 무너지는 것과 같이 나는 그 모든 정체성이 통합된 '내'가 좋다. 그 분리와 통합이 자유로운 덕에 나는 엄마와 다르다. 이런 나를 있게 한 엄마가 무척 고맙다.

(에필로그)

행복한 삶은 혼자 이룰 수 없다

2024년 12월 29일, 수연이의 중학교 때 친구가 엄마를 보겠다고 왔다. 현주는 수연이가 산동네 우리 집에 데려올 수 있는 유일한 친구였다. 현주는 외롭고 힘들 때, 우리 집에 와서 엄마와 이야기를 하면 안정감을 느꼈다고 했다. 몇 주 동안 엄마의 상태가 썩 좋지 않았던 터라 현주를 보고 어떻게 반응할지 걱정스러웠다. 그런데 엄마가 손님 대접이라도 하는 듯이 현주와 눈을 맞추었다. 그리고 현주가 사 온 귤과 롤케이크와 카스텔라를 맛있게 드셨다. 그러면서 계속 현주를 바라보며 "맛있어요"를 되풀이하다 다른 단어를 떠올리려고 애썼다. 그러다 어느 순간 환한 얼굴로 말했다.

"다 예뻐요. 다 좋아요."

내가 그런 엄마를 보며 웃자, 엄마도 따라 웃으며 말했다.

"바보."

그리고 덧붙였다.

"너는 더 예뻐."

우리가 1시간 만에 일어서려고 하자 엄마가 말했다.

"나도 가요?"

엄마와 함께 갈 수 없는 나는 또다시 억장이 무너졌지만 애써 밝게 웃었다.

"엄마, 우리 다음 주에 또 올게."

"꼭 올 거죠?"

"그럼요. 엄마, 이제 2024년도 다 갔네. 내년에도 딱 이만큼만, 이 모습 그대로만 있어줘요."

그러자 엄마가 작은 목소리로 말했다.

"미안해요. 내가 미안해요."

엄마는 아직도 뭐가 그렇게 미안한 걸까. 엄마를 안아주었다.

"엄마, 아니야. 이제 미안해하지 않아도 돼. 엄마의 사랑은 충분했어. 이제는 알아, 내가."

해를 넘기면서 엄마의 상태가 급격히 나빠졌다. 씹고 삼키는 기능이 눈에 띄게 퇴화했고, 때때로 음식을 거부했다. 면회 시간에 조는 시간이 길어졌고, 때로는 엄마의 목소리를 듣지 못한 채 헤어지는 날도 있었다. 일주일에 한 번씩 만나는 요양보호사님들은 엄마의 식사 시중을 드는 게 여간 힘든 게 아니라고 토로했다. 이러다 콧줄을 끼게 되는 것은 아닐까 조마조마했다.

2025년 3월 말, 1박 2일 외출 나온 엄마를 돌보다 보니 요양보호사님들이 엄마 식사를 도와드릴 때가 가장 힘들다고 하신 까닭을 알 것 같았다. 불과 두 달 전만 해도 손으로 직접 카스텔라나 바나나를 드셨던 터라 더 안타까웠다. 음식을 거부할 때와 달리 기저귀를 갈 때는 아무런 저항 없이 몸을 내맡겼다. 엄마의 몸은 근육 하나 없이 코끼리 피부 같은 쭈글쭈글한 가죽만 남았다. 1년 전만 해도 딸들에게도 자신의 음부와 사타구니를 보이고 싶지 않은 듯 몸에 힘을 주었는데, 이제는 아무런 감정이 느껴지지 않는지 허공만 바라보았다.

자신의 몸에 대한 권리를 잃어버린 엄마를 보며 '의지'에 대해 생각한다. 혹시 엄마가 입을 벌리지 않는 것은 먹는 것을 거부하려는 의지일까. 언어로 표현되지 않는 엄마의 의지를 해석하는 것은 어렵다. 곁에서 늘 돌본다면 엄마의 사소한 움직임, 표정 하나에서도 엄마의 의지를 읽을 수 있을지 모른다. 그런 생각을 하기 시작하면 죄책감을 감당하기 어렵다. 그래서 나는 또 타협한다. 엄마의 시간과 나의 시간에 순응하기로.

2025년 봄 개나리가 흐드러지게 핀 날, 몸이 아파 자주 오지 못하는 큰올케가 면회에 함께했다. 엄마는 큰올케가 누군지 알아보지 못했지만, 올케언니에게서 눈을 떼지 않았다. 언니가 하는 말에 대답하려 애썼고 웃기도 했다. 언니가 엄마를 안으며 여러 번 사랑한다고 하자 엄마가 말했다.

"나두 사랑해요."

눈물이 그렁그렁한 올케언니가 우리 사 남매를 돌아보며 물었다.

"여기 김씨들, 엄마한테 사랑한다는 말 안 하죠?"

우리는 아무 말 하지 못했다. 올케언니가 엄마 손을 잡고 계속 말했다.

"우리 엄마 같은 사람 세상에 또 없는데. 인자하고 고상하고 따뜻하던 어머니가 이렇게 늙으셨네. 어머니는 아시죠? 내가 어머니 진짜 사랑하고 존경해요."

그러면서 우리에게 말했다.

"엄마가 모르는 것 같아도 다 안다고. 일주일에 한 번 오면 뭐 해? 엄마한테 사랑한다고 말해요."

그래도 쭈뼛거리는 나를 보던 남편이 다가가 엄마 손을 잡고 말했다.

"어머니, 저 단비 아빠예요. 저도 어머니 사랑해요."

면회가 끝나고 나오려는데 엄마가 언니에게 말했다.

"나도 같이 가면 안 돼요?"

엄마는 올케언니와 헤어지기 아쉬운 듯 손을 놓지 않았다. 언니도 발을 떼지 못했다. 엄마는 자신의 손을 잡은 사람이 며느리라는 것을 인지하지 못했다. 그러나 올케를 아주 오랫동안 기다린 것처럼 애틋하게 대했다. 지난 추석 때 작은아버지와 작은엄마에게 그랬던 것처럼. 엄마에게 올케언니는 어려운 시절을 함께

한 동지였다. 섭섭하고 서운했던 적이 있겠지만, 그건 올케언니도 마찬가지였을 것이다. 엄마는 언니를 며느리로 대하지 않았지만, 그렇다고 며느리인 올케언니에게 시어머니가 엄마일 수는 없었을 것이다. 엄마는 언니에게 무언가를 요구하거나 서운한 마음을 드러내지 않았다. 오빠가 한국으로 돌아온 뒤에는 제사뿐 아니라 명절에도 엄마 혼자 음식을 준비했다. 차례 음식을 하느라 지친 엄마는 오히려 내 눈치를 보며 변명했다.

"네 언니 말이다. 시댁이라고 오고 싶겠니? 남편이 10년 만에 빚만 지고 돌아왔는데. 제 속도 말이 아니니 병이 난 거겠지. 그 속을 내가 왜 모르겠니."

엄마는 기억을 잃었지만, 올케언니와 주고받았던 의존과 동지애는 잊지 않은 것 같았다. 엄마는 우리가 나올 때까지도 언니의 손을 놓지 않았다.

나는 할머니와 엄마, 동네 아주머니들에게서 상호 의존과 나눔의 힘에 대해 배웠다. 내가 공동체에 매력을 느끼고, 그 안에서 아이를 키우겠다는 꿈을 꾼 것은 제도적인 복지만큼 중요한 것이 공동체라고 생각하기 때문이다. 최근 열여덟 살 이상 자립 청년을 위한 사회적 관심이 형성되면서 정부나 지자체의 지원이 늘어났다. 그동안 외면하고 있던 자립 청년들을 위한 관심이 늘어난 것은 바람직하나 정부나 지자체의 지원은 대부분 물질적 지원에 그친다. 물질적 지원은 자립 청년들의 독립에 필수 조건임은 틀림없다. 그러나 자립 청년들은 다양한 지원제도에 접근하는 데도 어려움을 겪는다. 운 좋게 정보를 얻었다 해도 절차에 어려움을 느끼고 중간에 포기하는 경우가 많다. 하다못해 LH 청년전세임대주택을 얻는 데도 어려움을 겪는다. 집주인이나 임대 사업자들이 LH 청년전세임대주택을 꺼리는 이유도 있지만, 시설에서 막 독립한 청년들에게는 절차가 매우 까다롭기 때문이다. 자립 청년들은 가족이 없고, 지역 사회에서 자라지 않았기 때문에 주변에 인적 자원이 거의 없다. 그래서 대학을 진학하거나 취업한 낯선 곳에서 고립되기 쉽다.

한 지자체에서는 기업의 후원을 받아 자립 청년들에게 한 달 동안 먹을 수 있는 밀키트를 제공하는데 신청자들이 의외로 적다고 한다. 밀키트를 신청해 음식을 해 먹기 위해서는 의지가 필요하다. 그 의지는 혼자 영차영차 주문을 왼다고 생기지 않는다. 혼자인 그에게 손을 내밀어주고, 앞에서 끌어주고, 뒤에서 밀어주는 누군가가 있어야 움직일 수 있다. 밀키트로 조리해 같이 밥을 먹을 사람이 필요하다. 바로 공동체다. 나는 공부방 아이들뿐 아니라 딸들도 그 공동체 안에 있기를 바랐다. 혹시라도 엄마 아빠의 자리가 비는 일이 일어나도 그 자리를 메워줄 공동체가 있다는 생각에 불안하지 않았고 든든했다. 그러나 그 공동체가 우리 '기찻길옆작은학교'여야 할 필요는 없다. 공동체를 경험한 아이들이 새로운 공동체를 만들어가도 좋다.

엄마는 행복한 삶은 혼자 이룰 수 없다는 것을 삶으로 가르쳐주었다. 엄마와 할머니로부터 타인을 존중하고, 곁을 내어주는 법을, 섬기고 배려하고 나누며 사는 삶의 행복을 배웠다. 그래서 가족 안에 갇히지 않고 세상으로 나아갈 수 있었다. 내 주위의 어른들은 공동체가 어떤 것인지를 보여주었다. 자라면서 나쁜 어른을 만나지 않은 건 아니지만, 좋은 어른들이 늘 울타리가 되어주어 안전했다. 나는 엄마 아버지와는 다른 노년을 맞고 싶다. 자신이 존재했던 연결망에서 떨어져나가 외롭게 죽음을 맞고 싶지 않다. 그래서 돌봄과 생명의 관계망을 새롭게 만들어가고 싶다. 내가 사는 이 마을에 늙은 우리가 서로를 돌보며 살아갈 장소를 만들고 싶다. 여러 세대와 다양한 문화를 가진 사람들이 자연과 함께 공생하는 커뮤니티 '나스마을 만들기'처럼 돌봄이 필요한 다양한 사람들이 모여 서로 돌보며 살아가고 싶다.

그러다 내게도 인지장애가 온다면 마을에서 가까운 요양원으로 가고 싶다. 진강산 어디쯤이면 더 좋겠다. 자연 속에 있으면 내가 시들어가고 있음을 직관적으로 이해할 수 있을 것 같다. 새싹이 돋고, 꽃이 피고, 비가 내리고, 바람이 불고, 햇볕이 뜨겁게 내리쬐는 것을 보면서 봄과 여름을 느낄 것이다. 푸르름이 빛바래가는 숲 어디선가 열매가 익어가고, 보랏빛 개미취꽃과 노란 들국화가 폈다가 지고, 억새꽃이 햇살에 눈부시게 반짝이면 가을이 왔음을 알 것이다. 기러기 떼와 말똥가리가 그림자를 만들면 가을이 가고, 곧 겨울이 올 것을 알 것이다. 북풍이 몰아치고 모든 사물이 꽁꽁 얼어붙는 겨울이 죽음의 시간이 아니라 생명을 잉태하고 기다리는 시간임을 알 것이다. 자연 속에 있으면 내가 시들고 죽어가는 것이 꽃이 피고 지는 것처럼 자연스러운 일임을 받아들일 수 있을 것이다.

이제 엄마와 이별할 날이 얼마 남지 않았음을 느낀다. 엄마의 존재가 완전히 사라진 세상은 어떨지 아직 모르겠다. 엄마가 사라지기 전, 엄마에게 이 긴 이야기를 담은 책을 선물하고 싶다. 부끄러운 기록이기에 오래 망설였는데 책을 엄마에게 드리며 말하고 싶다.
"엄마, 내가 엄마를 이해하기 위해 글 쓰는 사람이 되었나 봐."

(작가의 말)

 지난 8월, 엄마가 갑자기 위독해졌다. 응급의학과 의사는 원인불명의 폐렴에 패혈증까지 왔다며 마음의 준비를 하라고 했다. 엄마는 중환자실에서 세 가지 종류의 링거와 승압제, 산소호흡기를 단 채 일주일을 보내고, 무사히 일반 병동으로 옮겼다. 그리고 2주 뒤 퇴원해 다시 요양원으로 갔다.

 씹고 삼키는 기능을 상실한 엄마는 경관식으로 음식을 섭취하게 되었지만, 오히려 필요한 영양원을 안정적으로 공급받아선지 퇴원 후 건강이 더 좋아졌다.

 퇴원한 지 한 달 만에 만난 의사는 엄마의 상태가 전반적으로 양호하다고 했다. 단 3분 진료를 위해 강화에서 김포까지 사설 응급차를 어렵게 구해 오간 게 허탈

했지만, 엄마가 괜찮다니 그걸로 충분했다. 진료를 마치고 요양원으로 돌아가던 응급차에서 엄마가 말했다.

"여기가 어디예요? 자꾸 시끄러운 소리가 들려요."

"엄마, 여기는 응급차고 저 소리는 사이렌 소리야. 응급차가 엄마를 안전하게 모시고 가는 중이야."

"이제 집에 가는 거예요?"

나는 그 말에 얼른 대답하지 못했다. 엄마가 가는 곳이 집이 맞는 걸까.

"엄마, 엄마는 어디로 가고 싶어요?"

"우리 집이요."

"아, 엄마가 집에 가고 싶구나."

"네."

"그 집에 누가 살아요?"

"그걸 몰라서 자꾸 무서워요."

"뭐가 무서워요?"

"모르겠어요. 아무것도 몰라서 무서워요."

어쩌면 엄마는 자꾸만 사라지는 기억 때문에 텅 빈 공간에 버려진 것처럼 느끼는지도 몰랐다.

"엄마, 걱정 마요. 그 집에 아들이랑 며느리랑 손자

가 살아. 엄마 거기 가고 싶어?"

엄마는 잠시 생각하는 듯하더니 물었다.

"다 예쁘게 살아요? 잘 살아요?"

목이 메어오는 걸 참고 가볍게 대답했다.

"그럼 잘 살지요."

엄마가 깊은 한숨을 쉬고 대답했다.

"그러면 됐지요. 그래야지요. 다 잘 살아야지요."

퇴원 후 엄마의 건강이 좋아지면서 면회 시간이 다시 조금씩 늘어났다. 입원 전까지 몇 달 동안은 그렇게 예뻐하던 손자를 봐도 무심했는데 이제 다시 손자한테 눈길을 보낸다.

"너는 이름이 뭐니?"

엄마는 사랑 가득한 눈빛으로 손자의 이름을 매번 묻는다.

추석날엔 엄마와 1시간 가까이 같이 있었다. 의미 없는 말을 주고받는 것이 아니라 대화를 하고 있다는 생각이 들 정도로 엄마의 말이 조리 있었다. 자신의 눈앞에 있는 사 남매의 이름조차 기억하지 못하면서도 우리가 자신의 자녀라는 걸 조금도 의심하지 않았다. 여전히 엄마에게 남은 기억이 엄마뿐인 것 같은데 퇴원한 뒤부터 그 사람에 대해 말하기 시작했다.

그 사람이 멀리 돌아갔다고 하거나 그 사람이 자꾸 꿈에 나온다고 했다. 추석에도 그 사람에 대해 말했다.

"그 사람이 또 왔어. 꿈에."

"엄마, 그 사람이 김창삼이야?"

"몰라요. 그건 몰라요."

"근데 그 사람이 보고 싶어요?"

"네."

"그래서 속상하고 슬퍼요?"

엄마가 아주 깊은 한숨을 쉬며 대답했다.

"그럼요. 속상하지요."

"엄마, 그 사람이랑 같이 살았어요?"

"네, 그런 것 같아요."

"그때 행복했어요?"

"그럼요. 좋았지요."

엄마에게 말했다.

"엄마, 그 사람이 자꾸 와도 같이 가지는 마요. 아직은 우리랑 더 같이 있어요."

엄마는 이름도 잊은 그 사람이 무척 그리운 모양이다. 엄마만 남은 줄 알았던 기억 속에 엄마의 그 사람이 있어서 다행이라는 생각이 든다.

추석 일주일 전, 아버지의 두 번째 기제사를 오빠와 남동생이 드렸다. 나와 여동생은 가지 않았다. 제사 같은 거 하지 말자고 해도 오빠와 남동생은 제사를 고집한다. 추석에 만난 남동생이 미안해하는 내게 말했다.

"처남이 음식 하는 것도 도와주고, 제사도 같이 드렸어."

"해솔이 외삼촌도 왔구나. 고맙네."

"제사 지내는 내내 처남이 우리 아버지가 보고 싶다고 울더라고. 처남이 아버지랑 잘 지냈잖아."

막내올케의 남동생이 한국으로 온 뒤, 아버지는 타지에 와서 일하는 사돈총각에게 가족이 되어주어야 한다며 어디든 같이 다니고, 같이 밥을 먹었다. 요양원으로 엄마 면회 올 때도 늘 함께였다. 그러더니 아버지 제사에도 딸들 대신 베트남에서 온 사돈총각이 함께했다. 나는 아직도 '혈육'보다 함께 먹는 밥에 힘이 있다고 믿는다. 그래서 가족이란 말보다 '식구'가 더 좋다. 그런 내가 '가족 이야기'를 쓸 줄은 상상도 못 했다.

이 책은 사계절출판사의 김태희 이사와 수다를 떨다가 시작됐다. 김태희 이사의 권유가 아니었다면 가족 이야기를 쓸 생각조차 하지 못했을 거다. 또 이미 오래전에 포기한 외할머니의 이야기를 쓸 엄두도 내지 못했을 거다. 글을 쓰는 동안 시국이 어지러워 이런 사사로운 개인 이야기를 써도 괜찮을지 의심하고 망설였다. 그때마다 김태희 이사와 윤설희 편집자가 용기를 주었다. 에세이 작업은 허구 뒤에 숨을 수 없어 몹시 힘들다. 몇 번이고 엎고 싶었지만, 아무것도 아닌 사람, 아무것도 아닌 개인은 어디에도 없다는 생각으로 끝까지 썼다. 글을 쓰면서 내 안에는 아픈 기억보다 가족과 공동체에서 받은 사랑이 더 깊게 새겨져 있다는 것을 깨달았다. 그들에게 사랑과 감사의 마음을 전한다.

김중미

엄마만 남은 김미자

2025년 11월 28일 1판 1쇄

지은이
김중미

편집		디자인
장슬기, 윤설희, 최경후, 강수연		박다애

제작	마케팅	홍보
박흥기	김수진, 이태린, 이예지	조민희

인쇄	제책	
천일문화사	J&D바인텍	

펴낸이	펴낸곳	등록
강맑실	(주)사계절출판사	제406-2003-034호

주소		전화
(우)10881 경기도 파주시 회동길 252		031)955-8588, 8558

전송
마케팅부 031)955-8595, 편집부 031)955-8596

홈페이지	전자우편	블로그
www.sakyejul.net	literature@sakyejul.com	blog.naver.com/skjmail

페이스북	트위터	인스타그램
facebook.com/sakyejul	twitter.com/sakyejul	instagram.com/sakyejul

ⓒ 김중미 2025

값은 뒤표지에 적혀 있습니다. 잘못 만든 책은 구입하신 서점에서 바꾸어 드립니다.
사계절출판사는 성장의 의미를 생각합니다.
사계절출판사는 독자 여러분의 의견에 늘 귀 기울이고 있습니다.
이 책은 저작권법에 따라 보호받는 저작물이므로 무단전재와 복제를 금합니다.

ISBN 979-11-6981-405-8 03810